U0906383

21 世纪高职高专精品教材·经贸类通用系列

公共关系实务

主　编　蔺洪杰
副主编　范　平　张雅琳　吴雪贤　王珏瑜

中国人民大学出版社
·北京·

前　言

为贯彻落实教育部《关于全面提高高等职业教育教学质量的若干意见》(教高〔2006〕16号)文件精神，积极探索“工学结合、校企合作、注重实践、强化训练”的高职教育教学模式，我们编写了这本面向高职高专学生的《公共关系实务》教材。本书力求突出高等职业教育的特点，按照为生产、建设、管理、服务第一线培养高级应用型专门人才的要求，充分体现“以就业为导向、以应用为主线、理论够用为度、强化实践训练”的高等职业教育特点，紧紧围绕公共关系这个中心内容，选编大量的公关故事和经典案例阐述公共关系的概念和原理，内容新颖，通俗易懂。通过“经典案例”，提高学生发现问题、分析问题的能力；通过“模拟训练”，提高学生公关实战能力与创造性解决问题的能力。每章内容包括引例、正文、要点回放、模拟训练、复习题、经典案例、趣味阅读等，注重素质教育与能力教育的结合。本书可作为高职高专院校相关专业的教材，也可作为广大组织管理人员的参考用书。

本书由浙江特殊教育职业学院蔺洪杰拟定编写思路与框架，并担任主编，浙江长征职业技术学院范平、张雅琳、吴雪贤及浙江特殊教育职业学院王珏瑜担任副主编。具体分工如下：蔺洪杰编写第三章，范平编写第四章、第九章，张雅琳编写第五章、第七章，吴雪贤编写第一章、第二章，王珏瑜编写第六章、第八章。

由于编写人员水平有限，加上时间仓促，书中缺点、错误在所难免，恳请广大读者批评、指正。

编　者

目　录

第一章　公共关系概论

学习目的

1. 掌握公共关系的概念
2. 理解公共关系的三要素
3. 了解公共关系的分支概念和原则
4. 了解公共关系产生与发展的历史
5. 掌握公共关系产生的历史条件

引例

善解人意的“美食家”

一双筷子上写着这样两行字：“假如我的菜好吃，请告诉您的朋友；假如我的菜不好吃，请告诉我。”这两句富有浓厚情感的公关语言同“美食家”餐厅的名字一起传遍了整个杭州。

一次，一对新人在“美食家”餐厅举行婚礼，正赶上滂沱大雨。新人和客人被大雨淋得很懊丧，使得婚礼气氛很不愉快。这时，餐厅经理来到100多位客人面前微笑着高声说：“天公不作美，赶来凑热闹。但是，这是入春以来的第一场好雨。好雨兆丰年，这象征着今天这对新人的未来是十分幸福的。雨过天晴是‘艳阳天’，象征着今天在座的所有客人都将迎来更加灿烂的明天。我提议，为了创造和迎接雨过天晴的明天，大家干杯!”话音一落，整个餐厅的气氛发生了180度的转变，一下子变得热闹起来。

凡是在“美食家”餐厅举行婚礼的新人，餐厅经理再忙也要亲临现场予以祝贺；凡是到“美食家”餐厅举办生日宴会的老人，都能吃到一碗由餐厅经理亲自捧上的长寿面。顾客从中感受到的是“美食家”真挚的情感。

有一位工程师在餐厅订了一桌菜。到了吃饭时间，这位工程师对服务员说：“10位客人走了7位，一桌菜吃不了，你们看怎么办呢?”按常规，订好的饭菜是不能更改的，但他们还是从顾客的切身利益考虑如何将这事处理得更妥善，于是便将配好的一桌菜分成两桌，工程师的桌上5菜1汤，另外7个菜恰好安排给了6位急于赶火车的客人。工程师没有受到丝毫损失，连连道谢。那6位急于赶火车的客人及时吃上了饭菜，也是谢声不断。

阅读本引例，回答下列问题：

1. 请评价“美食家”餐厅经理的做法。
2. 假设您也是服务业的从业人员，“美食家”餐厅的以上做法能给您什么启示?

第一节　公共关系的概念

一、公共关系的定义

“公共关系”一词源自英文的“Public Relations”。用中文可表述为“公共关系”，也可译为“公众关系”。一些海内外学者认为，翻译为“公众关系”在含义上更为准确，因为这个词的本义就是指组织与公众之间的关系。但是在我国，“公共关系”一词已经被广泛使用，为大多数人所接受，所以一般都采用“公共关系”这种译法。

1882 年，美国律师、文官制度倡导者多尔曼·伊顿在耶鲁大学法学院作了题为《公共关系与法律职业的责任》的演讲，第一次使用了“公共关系”的概念。从那时起至今，有关公共关系的研究就没有间断过。但是，正像其他边缘性学科一样，公共关系作为一门综合性的应用学科和一种正在发展中的管理功能，对其定义的讨论众说纷纭，已经构成了公共关系学研究的一个部分。目前较有影响、较有代表性的公共关系定义有下述几种。

（一）公共关系是一种管理

这类定义突出公共关系的管理属性。比较典型的如美国著名公共关系学者雷克斯·哈罗博士提出的定义为：“公共关系是一种独特的管理职能，它帮助一个组织和其公众之间建立交流、理解、认可和合作关系；它参与各种问题和事件的处理；它帮助管理部门了解公众舆论，并对之做出反应；它明确并强调管理部门为公众利益服务的责任；它帮助管理部门掌握情况的变化，并监视这些变化，预测变化的趋势，以使组织与社会变化同步发展；它以良好的、符合职业道德的传播技术和研究方法作为基本的工具。”这个定义是哈罗博士受美国公共关系教育基金会的委托，在研究分析了 472 个不同的公共关系定义之后提出来的，被公众认为是一个最全面的定义。它比较全面地说明了公共关系的主要功能和作用，使人看了以后便明白公共关系是做什么的。

美国学者卡特利普和森特也认为：“公共关系是一种管理职能：它确定、建立和维持一个组织与决定其成败的各类公众之间的互益关系。”

（二）公共关系是一种传播沟通

这类定义侧重于公共关系的传播属性。如英国著名公共关系学者弗兰克·杰夫金斯提出的定义：“公共关系就是一个组织为了达到与其公众之间相互了解的目标，而有计划地采用一切向内和向外的传播沟通方式的总和。”

（三）公共关系是一种传播管理

这类定义将管理论和传播沟通论结合起来，强调公共关系是组织一种特定的传播管理行为。当代美国公共关系界权威、雪里兰大学教授詹姆斯·格鲁尼格提出的定义为：“公共关系是一个组织与其相关公众之间的传播管理，其目的是建立一种与这些公众相互信任的关系。”

（四）公共关系是一种活动

这类定义强调公共关系是一种公众性、社会性的活动，突出公共关系是社会活动的一部分。如美国普林斯顿大学资深的公共关系教授蔡尔兹提出的定义：“公共关系是我们所从事的各种活动、所发生的各种关系的通称，这些活动都是公众性的，并且都有其社会意义。”

（五）公共关系是一门艺术与科学

这类定义侧重于公共关系的决策咨询功能。最有代表性的是国际公共关系协会于1978年8月发表的《墨西哥宣言》中提出的定义："公共关系是一门艺术和社会科学：它分析趋势，预测结果，向机构领导提供意见。履行一系列有计划的行动，以服务于本机构和公众的共同利益。"这个定义目前在国际上有一定的代表性和权威性，算得上是各国公共关系人士对公共关系的一个共识。

（六）公共关系的核心就是塑造组织形象

这类定义从塑造形象的角度揭示了公共关系的本质属性，强调公共关系的宗旨是为组织塑造良好的形象。从这一角度下定义的多见于国内学者。如熊源伟主编的《公共关系学》提出的定义："公共关系是社会组织为了塑造组织形象，通过传播、沟通手段来影响公众的科学与艺术。"余明阳主编的《公共关系学》称："组织形象是公共关系理论的核心概念。"国内16所高等院校教师合编的《公共关系学》称："组织形象问题是公共关系理论的核心问题。"他们对公共关系定义的表述是一致的。

以上这些公共关系定义都是从不同的角度揭示公共关系的本质属性，都有其存在的合理性。实际上这些定义之间并不矛盾，只是突出的侧重点不同而已。公共关系的定义之所以难以形成一个比较统一的看法，原因大致有二：其一，现代意义上的公共关系也只有一百多年的历史，还在成长过程中，并不完全成熟；其二，由于公共关系运用的广泛性，国内外学者、各界人士、不同组织几乎都可以从自己的价值取向来理解和解释公共关系。相对而言，目前在国内外公共关系界，以"管理论"、"传播沟通论"、"组织形象塑造论"三种说法影响最大。本教材支持把"管理论"与"传播沟通论"结合起来的"传播管理论"的定义，即"公共关系是一个组织与其相关公众之间的传播管理。"因为这一定义准确地揭示了公共关系的基本要素与本质特征。

二、公共关系的三要素

当我们把复杂的公共关系过程提炼后可以发现，公共关系活动过程的三个基本要素是组织、公众和传播。任何公共关系活动都是由这三个要素构成的。组织和公众是公共关系的承担者，分别是公共关系的主体和客体，这二者之间的相互作用方式是传播（Communication，也可译作"沟通"）。组织、公众、传播是公共关系中的三个最基本的构成要素，它们显示了公共关系现象和活动最基本的内容所在。

（一）组织——公共关系的主体

组织是公共关系活动的主体，这里的组织是指人们有计划、有目的、有系统建立起来的一种社会机构，可以泛指政府行政机关、企业、社会团体等。组织既是公共关系方案的策划者、承担者，又是公共关系活动的实施者，在公共关系活动中处于主导地位。任何公共关系活动，都是组织行为，而不是个人行为，它涉及组织的整体目标，追求的是组织的整体形象与整体的公共关系效应。公共关系是组织的活动和群体职能技巧的表现，而不是个人的私人事务；公共关系涉及组织管理的目标、战略、政策、计划、方法、活动、产品、人员、环境等各种管理要素，而不只停留在个人活动的范围内；公共关系处理的是组织与公众的关系和舆论，而不是私人的关系和纠纷；公共关系要求实现组织整体的社会效应和组织的社会形象，而不止于个人的意愿、情感和利益。

公共关系学把组织作为传播沟通行为的主体来进行研究。从传播沟通主体的角度看，组织的公共关系活动是一个有目的、有计划的持久过程。组织要管理或控制自己的公共关系状态和活动，就要建立一定的管理和控制系统，形成相应的公共关系职能和工作机制，设置必要的职能机构和配备专门的管理人员，即公共关系机构和公共关系工作人员。

（二）公众——公共关系的客体

公众是公共关系传播沟通的对象，是公共关系活动中的客体。公共关系是由在组织运行过程中涉及的所有个体、群体和组织所共同构成的公众环境。组织的公共关系工作就是针对公众环境进行的。因此，公众总是与特定的公共关系主体相关，与社会组织的公共关系传播沟通行为相关：公众的态度和行为会影响到组织的目标、决策和行为；相反，组织的目标、决策和行为也会影响到公众的态度和行为。这种相互影响和相互作用具有社会公共管理的意义。公共关系活动的过程就是组织与公众之间通过传播沟通活动相互影响、相互制约的过程。公众是任何公共关系活动不可缺少的一个方面。离开了公众，公共关系活动就失去了目标，公共关系活动本身也失去了意义。因此，任何组织在计划和实施其公共关系工作的时候，都必须首先定位好自己的公众对象，分析研究自己的公众对象，根据公众对象的特点去制定公共关系工作的目标和计划，随着公众对象的变化去调整自己的公共关系政策和行为。这样，组织的公共关系活动才能更具有针对性，获得更好的公共关系效果。组织越来越认识到自身的存在与发展离不开公众的认可与支持，公众是组织事业成功的决定性因素。

公众作为公共关系的对象，并不是完全被动的，也不是被随意摆布的。各类公众对象都是有意志、有愿望、有行动的活动群体，会主动地采取行动来表达自己的意志和要求，主动地对公共关系主体的政策、行为做出相应的反应，从而对公共关系主体形成舆论压力。可见，公众的观点、意见、态度和行为以及公众舆论在公共关系过程中是一个不断运动、变化的因素，这就要求开展公共关系工作时要对公众进行研究。这就要求组织从传播沟通对象的角度，研究公众的总体特征和各类目标公众的具体特点，研究影响公众行为和舆论的心理、文化等因素，研究不同的公众类型及其对公共关系政策和活动的影响，研究一些主要的公共关系活动对组织的作用和意义。只有这样，才能有的放矢地开展公共关系活动。

（三）传播——公共关系的介体

传播作为公共关系活动的过程和方式，是连接组织与公众的纽带与桥梁，是公共关系的介体。公共关系活动的过程，就是运用各种传播媒介和沟通手段，在组织与公众之间建立有效的双向沟通和交流，相互了解、达成共识、建立好感、促成合作。英文“Communication”一词既可翻译成“传播”，又可翻译成“沟通”，其含义是人类社会中信息的传递、接收、交流和分享。即运用一定的符号，通过一定的媒介，将信息传递给对方；对方接收到信息后引起一定的反应，亦以一定的信息形式反馈回来。通过这种双向的交流与沟通，双方逐渐了解，达成共识。传播既是公共关系的方式，也是公共关系活动的过程。组织与公众联结的方式、公共关系的运行机制都是传播。公共关系作为一种管理职能和经营艺术，其特点就是运用传播手段去影响公众，树立形象。因此，具体研究各种传播媒介和沟通方法的特点和作用，研究它们在公共关系中的应用方式，研究组织与公众之间的传播过程与模式，构成了公共关系学的主要内容。因此，离开了“传播”就没有公共关系。

三、公共关系的分支概念

要完整地理解公共关系这一概念，还需要进一步分析这一概念延伸出来的一些分支概念。这些分支概念可以帮助我们从不同角度去认识和理解公共关系，这些概念在公共关系学中的使用频率很高，而且被用来直接注释公共关系这一概念。因此，必须弄清楚它们的含义及其之间的关系。

（一）公共关系状态、公共关系活动、公共关系观念、公共关系职业

1. 公共关系状态

公共关系状态是指一个组织与其公众环境之间存在的关系状态和舆论状况。任何组织都处在一定的公共关系状态之中，这是一种不以人的意志为转移的客观存在。组织的公共关系状态具体包括与组织相关的社会关系状态和公众舆论状态两个方面。社会关系状态是指组织与其相关公众之间相互交往和共处的状况；公众舆论状态指的是社会公众舆论对组织反映和评价的情形与状况。任何组织都必须面对特定的社会关系和公众舆论，它们制约着组织的生存和发展。一个组织总是在特定的公共关系状态之中开展自己的公共关系活动，不能脱离特定的公众背景，必须以现存的关系状态和舆论状态为基础。同时，组织的公共关系活动又以形成、维持或改变特定的公共关系状态为目标，以影响和改变自己的公众环境为具体任务。因此，可以说公共关系状态既是组织公共关系活动的基础，又是组织公共关系活动的结果，公共关系状态的好坏总是与公共关系活动的成败联系在一起的。

2. 公共关系活动

公共关系活动也称公共关系实务，即运用传播的方法来协调组织社会关系，影响组织公众舆论，塑造组织良好形象，优化组织运作环境的一系列公共关系工作。公共关系实务是组织经营管理活动的一部分，也是组织的管理职能之一。当人们采取实际行动去改善自己的公共关系状态时，就是在从事公共关系活动。因此，公共关系活动也包括日常人际交往中的有礼貌、有涵养的沟通行为，如谦虚有礼、热情待人等。现代公共关系活动已成为专业性、规范性较强的传播沟通业务，成为组织的一种经营管理业务活动，包括调查研究、咨询、设计制作、活动策划、宣传实务、交际实务等。这需要动用一定的资源，运用专门的媒介和技术，制定具体的目标与计划，由专门的职能机构来实施。公共关系学所研究的“公共关系活动”主要是这种经营管理工作中的公共关系业务。公共关系活动也是客观存在的。人们在从事某种活动时，总要设法争取他人对自己的理解和支持，总要自觉不自觉地从事一些公共关系活动。而现代公共关系活动的意义在于从自发转变为自觉，从无意识转变为有意识，从盲目转变为有计划，从零散活动转变为系统活动，从纯经验转变为科学，也就是成为一种在公共关系意识和理论指导下的有目的、有计划、有系统的科学行为。

3. 公共关系观念

公共关系观念是一种影响和制约着组织的政策和行为的经营观念和管理哲学，它不仅指导着公共关系工作的健康发展，而且渗透到管理者日常行为的各个方面，成为引导组织行为的一种准则和价值观。当人们自觉地意识到公共关系状态的客观性和公共关系活动的重要性时，便会形成一定的公共关系意识或公共关系观念，如形象观念、公众观念、传播观念、协调观念、互惠观念、服务观念等。

（1）形象观念。形象观念表现为在决策和行动中高度重视自身的声誉和形象，自觉地进行形象投资、形象管理和形象塑造，把树立和维护良好组织形象作为重要的战略目标。

（2）公众观念。公众观念表现为重视公众的利益，将公众的意愿作为决策和行动的依据，把满足公众的需要作为经营方针和管理政策的重要内容。

（3）传播观念。传播观念表现为有强烈的传播欲望，会自觉地利用一切传播机会去影响公众、引导公众和争取公众，并善于运用双向沟通的方法赢得理解、信任与好感。

（4）协调观念。协调观念表现为善于调节、平衡和统一各种不同的关系、不同的利益、不同的要素，懂得“兼顾”、“统筹”、“缓冲”和必要的“调和”、“折中”的意义和价值，努力在矛盾中求平衡、求和谐。

（5）互惠观念。互惠观念表现为在交往与合作中，将平等互利作为处理各种关系的行为准则，将自身的发展与对方的发展联系起来，通过协助对方来争取双方的共同利益。

（6）服务观念。服务观念表现为对他人、对社会的一种奉献精神，使自己的存在和努力给对方带来满意和方便，用服务去赢得好感和信誉。

除此之外，公共关系观念还包括信息意识、整体意识、社会意识等。这些公共关系观念是任何管理者都不应缺少的。用这些公共关系观念来指导实践便成为一种行为规范和准则，将这些观念系统化、理论化便成为现代公共关系理论。公共关系学是公共关系观念的理论表现。

4. 公共关系职业

《公共关系人员国家职业标准》将公共关系职业定义为：“公共关系是专门从事组织机构信息传播、关系协调与形象管理事务的调查、咨询、策划和实施的工作。”

公共关系公司是有偿提供公共关系服务的职业机构，公共关系部是组织开展公共关系工作的职业部门，公共关系人员是以公共关系工作为职业的社会成员。一般认为，公共关系职业产生于1903年，美国人艾维·李创建了世界上第一家公共关系公司，被称为公共关系之父。我国的公共关系职业开始于20世纪80年代改革开放之后。1999年1月4日，国家劳动和社会保障部正式发文，成立国家职业资格工作委员会公共关系专业委员会，同年5月出版发行的《国家职业分类大典》中，收录了公共关系职业的名称、公共关系职业的定义及公共关系职业工作，这标志着国家正式承认了公共关系这一职业。

（二）关系、舆论、形象

在公共关系的理论演绎和实务分析中，使用频率很高的另一组概念是关系、舆论和形象，它们是公共关系的常用概念。

1. 关系

在公共关系学中，关系主要是指组织与公众之间相处和交往的行为和状态，简单说就是组织与公众之间的联系，这种联系的程度和状况是衡量公共关系状态的客观标志。组织与公众之间的联系在不同的环境条件中表现为：密切的或是疏远的；稳定的或是动荡的；长期的或是短暂的；积极的或是消极的；融洽的或是紧张的；合作的或是对抗的；友善的或是敌意的等。这种交往程度和状况是组织的公众环境状态中具体、直观的方面。公共关系是“好”还是“不好”，从这种联系的情形中就可以直接判断出来。“公共关系”不是泛指“任何”或“所有”的社会关系，它作为人类社会关系中的一种特殊形态，有两个主要特征：一是特指组织与公众之间的关系；二是特指信息交流的关系。前者表明“谁和谁”这种特定关系的结构，后者表明这是“什么关系”，是关系的“性质”所在。把握了这两个特征，就能够将公共关系区别于一般的社会关系或其他类型的具体关系。在理解了关系概念的基础上，可以进一步分析公共关系中的各种具体关系，如内部关系和外部关系，内部关系中的员工关系、股东关系，外部关系中的社区关系、媒介关系等。公共关系所研究的这些关系都离不开上面所说的两个特征。公共关系是研究关系、改善关系的艺术，但限定于组织与公众之间的传播关系。

2. 舆论

舆论是公众评价的程度和状况，同样是衡量公共关系状态的客观标志。舆论反映和评价的程度及状况，是组织公众环境状态中无形的方面，标志着大多数社会公众对组织的基本态度和行为。在公共关系学中，舆论是社会公众对组织的政策、行为、人员或产品所形成的意见、看法、评价的总括，特指大多数人的看法和意见的公开表达。舆论反映的是无形的社会关系。因为人们的意见、态度会直接影响行为，人们相互之间的联系行为就形成关系。良好的评价会带来良好的行为、良好的关系；不利的评价则产生不利的行为和形成负面的关系。组织与公众之间的关系是大范围、远距离甚至不见面的关系，因此，公共关系的水平和状态就必然通过公众舆论反映出来。公众舆论和公众关系的状态是基本成正比存在的。公共关系学研究关系，也研究舆论；公共关系活动的目标不仅在于协调和改善公众关系，而且还在于影响和完善社会对组织的舆论。

3. 形象

形象是指组织的实际表现在社会公众中形成的反映，也是组织在社会公众中得到的总体评价的固化。组织的社会形象体现了其社会关系状态和社会舆论状态的总状况。好的公众形象意味着良好的公众关系和公众舆论的形成。建立良好社会关系、争取舆论支持的工作，就是塑造组织公众形象的工作。所有公共关系工作都要围绕塑造公众形象主题进行，运用各种传播手段去协调关系、影响舆论，为建立组织形象、维护组织形象、调整组织形象、控制组织形象变化、纠正组织形象、优化组织形象开展各种活动等。从这个意义上说，公共关系是一种以塑造组织形象为己任的传播管理艺术。公共关系塑造的是组织的整体形象，不会仅限定在具体的产品形象或个别人员形象上，它强调各种形象要素之间的整合与效果。即使是对于个别的形象，如产品形象，也要从它对组织整体形象的影响效果来考虑。脱离了总体形象的规范，视觉效果再好的个别形象也无法符合公共关系要求。不能配合整体形象塑造而进行的个别形象投资，从公共关系的角度来看甚至是一种浪费。因此，公共关系是从全局的、统一的角度考虑组织形象问题，是区别于单纯市场营销策略的。公共关系首先要求完善组织形象的内涵，同时注意建构组织形象的外观。内在形象要素的完善是公众形象的客观基础，如产品质量、人员素质、企业精神、经营作风、服务态度等，确立这些要素在公众心目中的位置，是塑造公众形象的首要任务。公众形象是通过组织的传播活动去影响公众的观念和态度的，这种传播活动虽然也借用各种直观设计的方法和视觉渠道的效果，但不是单纯靠感官的刺激，而要靠理性的说服、思想的沟通、情感的交流去影响人心。形象外观可以靠设计、包装去解决，但公众的意见、看法和评价就要靠传播去解决。因此，公众形象主要是传播的结果，组织形象管理的工作就表现为组织协调关系和影响舆论的公共关系活动。对公众形象的研究包括从主体角度分析形象的构成要素、从客体角度研究形象设计与策划的程序和步骤等。

四、公共关系的活动范畴

公共关系作为一门综合性、边缘性的应用学科，在履行职责的过程中经常会涉及一些外围的、相关的活动范畴。这些活动范畴与公共关系既有联系，又有区别，容易发生混淆，从而造成认识上和实践上的混乱。因此，有必要对这些活动范畴与公共关系概念进行简要的辨析。

（一）交际

交际是指人与人之间面对面的直接交往，其交往的主体是个人，须借助于个人媒介进行相互沟通，即人际沟通。公共关系也需要人际沟通，如公共关系人员接待投诉者，组织领导人宴请社会名流等。交际是公共关系的传播方式之一，但不是公共关系的主要手段，更不是唯一的手段。有人将公共关系看成是应酬交际，这无疑是一种片面、肤浅的看法。实际上，公共关系工作面对的是不同类型的公众，要进行大范围、多角度的沟通，更倚重于组织传播、公众传播与大众传播的手段。因此，交际仅仅是公共关系沟通的一种手段，不能等同于公共关系工作。

（二）宣传

宣传是一种单向的心理诱导、行为影响和舆论控制方式。在公共关系活动中需要做大量的宣传工作，要借助于各种宣传手段去吸引公众、影响公众。因此，宣传是公共关系人员执行公共关系计划时的一种重要手段。但宣传是一种单向的传播，公共关系活动则是双向的传播，既有向外的信息传播，又有向内的信息输入和反馈，所以，宣传计划的完成并不等于公共关系活动的结束。另外，公共关系中的“传播”是一个中性词，指的是“信息交流”，要求客观、公正、全面、平等；而宣传则有鲜明的倾向性与强制性，要求通过灌输以控制公众，这两者的区别是非常明显的。

（三）新闻传播

新闻是新近发生事实的报道，它兼有报道和宣传双重功能。公共关系与新闻传播有一种天然的联系，最早的公共关系人员多是记者出身。在国外，许多公共关系人员本身就是组织的“新闻代理人”。因此有公共关系专家说：“公共关系人员的第一要务，就是与新闻界充分合作。”在公共关系的实践发展过程中，事实上已经产生了一种介于客观的新闻报道与主观的宣传活动之间的“公共关系新闻传播”现象，即公共关系活动中的“发布新闻”和“制造新闻”。这两种新闻传播方式常常会产生巨大的轰动效应，是公共关系活动中的最重要、最有效的传播方式，但不是唯一的方式。实际上，过分依赖新闻传播方式也会产生负面效应。

（四）营销推广

营销推广是工商企业组织在市场交易中，以各种手段向消费者宣传产品或服务，激发其购买行为，以扩大销售量的一种经营活动。虽然公共关系活动本身不直接推销产品与服务，但它通过交流信息、观念、情感等，满足了公众要求与组织相互了解、理解、信任的需要，这无疑有助于市场的销售。因此，工商企业常常把公共关系作为一种推广的策略，让公共关系活动与营销活动结合在一起，使两者紧密结合，以期取得更好的效果。但公共关系与营销推广的区别也非常明显：营销推广活动只是工商企业组织的行为，而公共关系是现代各种类型组织的行为；营销推广满足的是消费者的物质需求，而公共关系满足的是消费者的情感需求；营销推广注重的是近期的经济效益，而公共关系注重的是社会效益，侧重考虑的是组织的长远发展。

（五）论题处理

论题处理又称作问题管理，主要是指公共关系人员对正在出现的问题以及这种问题对组织的直接或潜在的影响进行分析与预测，并充分利用有利因素，排除不利因素，帮助组织制定应变的对策和措施。论题处理的出现表明现代公共关系作为组织的预警系统的管理功能日益突出，可以帮助组织对复杂的公众环境及其变化保持高度的敏感性，提高组织的适应力与应变力，维持组织与整个社会环境之间的动态平衡。

在实践中，以上这些活动范畴都可以看做是公共关系功能、实务或方法的一部分。在使用时，这些活动范畴不应与公共关系概念相混淆，更不可与公共关系概念相等同。

五、公共关系的原则

公共关系的原则是公共关系的基本理论问题，是公共关系本质属性的具体体现，是公共关系职能活动的规范化。正确认识并掌握公共关系的原则，对于指导公共关系的实践具有重大意义。

（一）尊重事实的原则

事实即客观存在。尊重事实就是一切从实际出发，按客观规律办事。无论是信息交流、关系协调还是形象塑造，公共关系工作都必须坚持实事求是地反映情况，真实地传递信息，这是公共关系活动的前提，也是每一个组织及公共关系人员都必须无条件遵循的法则。公共关系人员必须懂得一个简单的道理：客观事实在先，公共关系在后。公共关系是以事实为基础开展工作的，一切离开客观实际的公共关系活动都是毫无意义的。

在公共关系范畴中，事实不只是一种客观现象和状况，它还承载了一定的公共关系信息。组织在开展公共关系活动时，一方面要以事实为基础，客观、真实、公正、全面地传播信息；另一方面还要善于选择能够反映事物本质的信息，正确引导社会公众把握事物的客观发展规律，而不是仅仅停留在事物的表面现象上。

公共关系尊重事实的原则总是与活动公开、诚实守信紧密联系的。活动公开就是增强公共关系工作的透明度和民主化，让公众对组织行为有更多的知晓机会与参与机会。诚实守信是指在公共关系活动中不弄虚作假，言必信，行必果，珍重信誉。组织要把维护信誉作为立足之本，公共关系人员要把真诚待人作为工作信条。

（二）互惠互利的原则

互惠互利的原则是指公共关系的主体与客体双方受益的原则。组织对公众“投之以桃”，公众也会对组织“报之以李”，这是公共关系互惠互利原则的必然结果。组织与其公众之间的相互适应、共同发展从根本上说就是组织与其公众间利益的相互兼顾、共同获取。

在商品经济社会，没有利益目标的公共关系是虚伪的、不存在的。参加公共关系活动的各方，不论是自觉的还是自发的，都带有强烈的功利色彩，只不过有的功利色彩明显和及时显现，有的功利色彩淡化和延缓显现。公共关系敢于承认、敢于公开各方利益目标的态度，只会使各方的利益目标更趋合理。

互惠互利具有大体平衡的特点。参与公共关系活动的各方为实现自己的利益需求，都会向对方进行物质的或精神的投入，其所得到的利益回报在质和量上也是大体相等的，可能也有些差别，但不可能太悬殊。在实现目标过程中，一旦发现利益的不平衡，就应该自我调节，使双方或多方都能获益，才能保证公共关系活动的成功。公共关系主体与客体在道德规范下的利益目标的实现，不存在“我赢你输”或“你赢我输”的问题，“大家都赢”才是公共关系互惠互利的生动写照。

（三）以情动人的原则

以情动人的原则是通过联络感情，满足公众心理、精神的需要，使公众与组织在价值观上趋于一致。一般来说，促成公众与组织合作的基本方式有四种：权利、金钱、赞助、劝服。以情动人的原则属于劝服方式。

公共关系工作的目的在于通过摆事实、讲道理，来改变公众的态度，引导公众的行为，争取公众的理解与支持。要达到这样的目的，自然需要有利益的趋同与协调，但仅仅凭利益的趋同与协调是远远不够的，还需要有情感的聚合与投入。“摆事实、讲道理”就需要“以情动人”。

组织的公共关系活动是不能强迫公众参加的，情感联络则是与公众沟通的有效的手段和方式。公众总是倾向于信任言辞直率、态度诚恳、处事公正的公共关系人员，而厌恶神情诡秘、虚情假意、口是心非的传播者。因此，情感联络一定要真心实意、以情待人、以情感人，这样才能使公众产生情感上的共鸣，从而转变态度，改变行为。

以情动人的原则，是建立在晓之以理的基础上的。人都有理性的一面，通过晓以利害，引起对方理性的思考与情绪上的反应，再动之以情，就会取得意想不到的效果。但如果失去了晓之以理的基础，变成以情代理，不讲原则，那就违反了公共关系的职业道德，公共关系也就变成私人关系了。

（四）整体战略的原则

整体战略的原则是指组织在制定公共关系目标及策略、执行公共关系计划以及在公共关系活动中对人力、物力、财力的调度与监控，都必须从组织的全局出发，进行综合考虑与把握。

从系统论的角度分析，公共关系目标是根据组织的总目标制定的，是为组织总目标的实现服务的，是组织总目标中的一个子目标。执行公共关系计划，进行公共关系活动，也必须与组织的各种构成要素保持有机的联系，与组织行为的方向取得一致。任何脱离了组织整体性、全局性的公共关系目标及公共关系计划都是无意义的，甚至是有害的。而且，除了公共关系这一子系统外，组织还有很多其他子系统。各子系统的相互联系及子目标的实现，都必须统一在组织的总目标与整体利益之下。

整体战略的原则还体现在公共关系计划的执行与公共关系活动的开展必须依靠组织的综合力量上。公共关系的特殊性在于，它渗透到组织日常的行政、业务工作的各个环节，必须从全局和战略的角度加以协调管理。组织的公共关系活动绝不是单靠公共关系部门和公共关系人员就能完成的，还必须依靠组织整体力量的合理使用与人员配备的优化组合，提高组织所有成员公共关系行为的自觉性，加强整体协调，形成组织全员参与公共关系活动的氛围。

（五）坚持长久的原则

坚持长久的原则是指公共关系作为一种软性管理手段，必须做出积极持久的努力，要具有长远的眼光。

公共关系追求的是组织与公众之间稳定而长久的良好关系状态，但这并不是一蹴而就、一朝一夕能够建立起来的。由于组织及社会环境的复杂性，组织需要做出长期、艰苦的努力，只有持之以恒，日久才能见出功效。即使已经建立了良好的公共关系，也要不断调整，精心呵护，不可能一劳永逸。

在公众中树立良好的信誉和形象，维护组织的长远利益，更要高瞻远瞩，着眼未来，持久不懈地努力。有时为了长远的利益要舍得付出眼前的代价，通过平时的点滴积累，取得公众的信任。那种欺骗公众的“急功近利”与“临渴掘井”的应急心态都不是原本意义上的公共关系。

公共关系作为一种管理职能，是对组织与社会公众之间传播的目标、资源、对象、手段和效果等基本要素的管理，这是一种日常性、动态的管理过程。对于一个组织来说，专题性的公共关系活动固然重要，但更多面对的还是日常的公共关系工作，公共关系管理职能的日常性也决定了公共关系工作的经常性与长久性。

以上分析的公共关系的五个原则不是孤立的，它们相互依赖、互为条件、相互补充又相互制约，贯穿于公共关系工作的全过程，是实现公共关系目标的根本保证。

第二节　公共关系的起源和发展

公共关系作为一种客观存在的社会关系与社会现象有着悠久的历史。但是，作为一种专门化的社会职业，成为一门较为系统和完整的学科体系，至今却不过近百年的时间。公共关系活动的产生是人类社会发展进步的必然现象，是近现代商品经济快速发展、政治民主化浪潮日益高涨和大众传播带动的信息社会来临的产物。

一、公共关系的起源

公共关系作为一种职业和学科，最早产生于美国。但公共关系作为一种客观的社会现象，作为人类朴素的思想意识观念，作为人类一种不自觉的社会活动，却早已问世了。

（一）公共关系的孕育阶段

朴素的公共关系思想和原始的公共关系活动古已有之。公共关系思想及类似于公共关系的活动，在各个国家、各个民族的古代社会都可以找到影子。人类在与自然抗争中结群而居，为能安定生活，必须和相邻的人们友好相处、友好往来。这种相互依存、共处的观念可以说是最古老的公共关系思想的萌芽。

中国古代历史中的说客、统治者的仁政与怀柔统治策略可以看做是我国古代公共关系观念、活动的萌芽。比如春秋战国时期郑国“子产不毁乡校”的故事，就包含着典型的公共关系思想。对于乡人聚会所议政的乡校，然明主张毁掉，子产不同意，他说：“其所善者，吾则行之，其所恶者，吾则改之，是吾师也。”用今天的话来说，子产把乡校作为获取群众议论政事的反馈信息的场所，而且注意根据来自公众的意见，调整自己的政策和行为。子产执政后，重视听取百姓的意见，还把刑书铸在鼎上公告于世，努力疏通统治者与被统治者之间的关系，颇得百姓的爱戴，从而使郑国强盛起来。在古代中国的经济生活中，这种例证也是很多的。比如，酒店门前挑出一面旗帜，上书“酒”字以招徕顾客，就类似于今天的广告宣传。

在西方，精明的统治者和学者也看到了沟通、传播影响公众舆论的重要性。统治者和宗教人士进行说教、宣传、鼓动活动争取民众的支持，也可以看做是早期公共关系的观念萌发。比如在古希腊，社会对于沟通技术就非常重视，并对从事这门技术的人给予很高的评价和奖酬，有些深谙沟通学问的第一流演说家常常被推为首领。此外，那些参加国家最高统治者竞选的人们大多是些擅长言辞及在学识上享有较高声望的诡辩学者们，善于对自己的功德、业绩和才能大肆吹嘘和赞扬，以争取选民。

无论在中国还是在外国的历史上，都可以找到大量类似现代公共关系的思想和活动。不过在大众传播技术不发达的商品经济社会未出现之前，这些早期的公共关系活动是不成系统的，也不可能成为专门职业、成为一门学科。早期的争取民心的活动与真正的公共关系活动有着重大的区别：前者以利用民众为目的，并多数是临时性和投机性的，它依靠的是编造神话传奇和宗教活动，并不是真正意义上的公共关系活动。需要强调的是，这些活动仅仅是“类似”公共关系活动而已，公共关系作为一种新的社会思想活动，其源头并不在古代，而是在近代的美国。

（二）公共关系的职业化阶段

公共关系成为一种职业是在19世纪中叶至20世纪初。在那个时期，通过美国“报刊宣传活动”的酝酿和“清垃圾运动”的催化，公共关系逐渐成为一种社会职业。

1. 便士报运动

19世纪上半叶，随着政治的民主化、经济的繁荣与科技的提高，美国的大众传播事业得到了迅速发展。30年代，《纽约太阳报》率先发起了一场便士报运动，即报纸以低廉的价格（用一便士即一美分便可买到一份报纸）以及通俗和关切大众的内容去争取大量的读者，使报纸完成了大众化、通俗化的飞跃。从此，价格低廉、以大众为读者对象的报刊大量出版发行。报纸成为政府部门及各类企业巨头们不敢忽视、竞相争取的具有重要影响力的社会舆论工具。报刊的大众化与报刊的商业化相辅相成，发行量增长使广告费猛涨。一些大公司为节省昂贵的广告费就雇用一些“浪人”记者或宣传员来制造煽动性的新闻，制造关于自己的神话。而报刊为迎合下层读者的阅读心理，增加可读性，也乐此不疲。这种互相利用与配合的结果推动兴起一场声势浩大的报刊宣传活动。

报刊宣传活动的初期主要奉行“凡宣传皆是好事”的信条，为取悦读者或为雇者利益而不惜欺骗民众，这是一段完全不考虑公众利益、“愚弄公众”的不光彩时期。其中，以巴纳姆最为典型。巴纳姆片面追求知名度，编造奇闻怪谈来吸引公众的注意，以扩大生意，最有名的是巴纳姆编造的“黑人女奴海斯”的故事。他的信条是“不管恨我、爱我，只要越来越多的人知道我的名字，这就是成功，就能赚钱”。为了使自己和公司扬名，置公众利益于不顾，任意编造谎言和神话，利用新闻媒介“愚弄公众”，是该时期的显著特点，这一段不光彩的历史被称为“巴纳姆时期”。

相关链接

愚弄公众的巴纳姆

费尼斯·巴纳姆是一家马戏团的老板，以制造和杜撰“神话”而闻名于世。他所处的时代是公共关系的重要演变时期，其影响至今依然存在。巴纳姆最典型的宣传是制造了这样一个神话：马戏团有一名叫海斯的黑人女奴，在100年前曾经抚养过美国第一任总统乔治·华盛顿。这一消息发表后引起了轰动。巴纳姆乘机以各种笔名向报社寄去表明不同看法的“读者来信”，引起一场争论，以使这一事件的影响越来越大。巴纳姆认为，只要报纸没有把他的名字拼错，随便怎么说都无妨。于是，很多人抱着好奇心纷纷到马戏团看个究竟，使马戏团票房收入猛增。海斯死后，尸体解剖表明，她才活了80多岁，根本不像巴纳姆宣传的那样活了160多岁，也根本不可能抚养过美国第一任总统华盛顿，可巴纳姆却声称，他本人也是受骗者，实际上巴纳姆早已从这场他策划的争论中得到了好处。此外，巴纳姆还将马戏团的一个侏儒吹嘘成汤姆将军，说他当年曾率领一群小矮人，赶着矮种马拉的马车拜见维多利亚女王。如此等等，不一而足。巴纳姆恪守的信条是“公众要被愚弄”、“凡宣传皆是好事”。凭着巴纳姆制造假新闻的能力，巴纳姆的马戏团一直是美国生意最好的马戏团。后来，巴纳姆的做法开始受到谴责，而巴纳姆时期也被后人称为黑暗的“公众受愚弄时期”。

资料来源：夏年喜：《世界上最迷人的公关大师》，北京，工商出版社，1997。

2. 揭丑运动

随着经济的日益趋于垄断集中，美国少数经济巨头为了追逐利润不注意处理内部关系，更不重视外部社会关系，强取豪夺般的经营管理加上实行封闭保密政策，引起了公众的反感。铁路大王威廉·范德比尔特毫不掩饰地在记者面前谩骂公众，人们辛辣地称之为“强盗大王”。

这些现象引起社会公众与新闻界的不满，使社会矛盾日趋激化。于是，新闻界率先掀起了一场“清垃圾运动”。一批热血沸腾、年轻正直的记者，充当揭丑斗士，形成了一股为民众鸣不平、与寡头针锋相对的力量。他们直指那些不顾公众利益只重私利的不法巨头以及政府的腐败行为，利用新闻宣传将不法巨头们的丑恶行径暴露于光天化日之下。一些正直的记者组织“揭丑运动”。他们自己创办专门揭丑的杂志，成为美国报刊宣传活动中“清垃圾运动”的一面旗帜。“清垃圾运动”与当时此起彼伏的工人罢工运动相互映衬，极大地冲击了那些政治、经济巨头。

揭丑运动与罢工运动使美国的经济界开始看到新闻界与社会公众对企业发展的重要影响。许多企业开始走出封闭的“象牙塔”，修建开放透明的“玻璃屋”，增强企业经营的透明度。一些企业还聘请新闻专家来兼任自己企业的“新闻代言人”，委托他们进行传播沟通活动，增进与新闻界和社会公众的联系，塑造和改善自身在社会大众中的形象。于是，公共关系活动的作用凸显出来，公共关系活动频繁出现。

在这场修建“玻璃屋”的热潮中，一种代表企业、政府、组织的利益，为实现组织与社会公众之间的对话，而从中收取服务费用的新职业应运而生，这就是最早的公共关系职业化机构。

美国记者艾维·李是开创这一崭新行业的先驱者。艾维·李原是《纽约时报》与《纽约世界报》的一名记者，记者生涯使艾维·李深感社会关系的不协调，误导了社会公众。于是，在1903年，艾维·李辞去记者工作，和乔治·派克合资成立了第一家公共关系公司，为社会公众提供收费的公共关系服务。这是美国、也是世界上最早的公共关系性质公司之一。从此，艾维·李开始了他的公共关系职业生涯，正规的公共关系职业也由此开始。艾维·李的公司成立后，马上生意兴隆。美国的电话电报公司、洛克菲勒集团、铁路公司、公平人寿公司等许多大企业，乃至当时改革派的纽约市长塞思·洛等，都成为该公司的客户。

相关链接

艾维·李生长在美国佐治亚州的一个牧师家庭，大学毕业后曾在《华尔街日报》、《纽约日报》等几家报纸、杂志社任记者和编辑。1903年，艾维·李创办了第一家公共关系事务所——宣传顾问事务所，专门为企业提供传播与宣传服务，协助客户建立和维持与公众的联系，这标志着现代公共关系的诞生。

艾维·李声称其工作是公开进行的，目的是提供新闻。首先，他经常向报社提供免费的新闻公报，并总是在公报后标明作者或他所代表的组织名称，这种做法使他在新闻界与公众中获得了好评。同时，他还反复向其顾客灌输如下信条：凡是有益于公众的事业，最终必将有益于企业或组织。其次，艾维·李认为企业与工会关系紧张的主要原因是双方缺乏沟通，因而无法建立理解、同情和相互支持的关系，与以前的欺骗手段相反，他的指导思想是"说真话"、"公众必须被告知"，他认为只有企业或公司将本身的真情实况告诉公众方能赢得好声誉。如果披露真相自身对生存发展不利，那就应及时调整或改变自身的行为。

艾维·李的早期客户有洛克菲勒集团、无烟煤业的业主、宾夕法尼亚州铁路公司和美国电报电话公司等。

当时，洛克菲勒因公然下令在科罗拉多残杀罢工的工人而一度声名狼藉，与公众之间的矛盾十分尖锐。为平息工人的罢工怒潮，改变自身的形象，洛克菲勒聘请艾维·李处理劳资纠纷及其与新闻媒介的关系。艾维·李果敢地采取了一系列的措施，聘请有威望的劳资关系专家来核实与确定导致这次事故的具体原因，并公布于众；邀请劳工领袖参与解决这次劳资纠纷；建议洛克菲勒广泛进行慈善捐赠、增加工资、方便儿童度假、救贫济困。这些做法使工人对洛克菲勒的看法有了微妙的改变，为洛克菲勒集团在内外公众中树立了较好的形象。

1906年，无烟煤业的业主们竭尽全能仍无法诱迫罢工的工人们复工，同时他们受到新闻界舆论的猛烈攻击，便相互指责，推诿责任，致使整个无烟煤业陷入一片混乱。后来他们聘请名声大噪的艾维·李来解决这些问题，协调好劳资、业主内部、业主与新闻界之间的关系。业主们被迫接受了艾维·李提出的两个先决条件，即他有权与该行业的最高管理者接触并影响最高层的决策过程；有权在他认为必要时向全社会公开全部事实真相。于是，艾维·李积极协助记者了解罢工情况，安排劳资双方接受记者采访，记者写出报道的内容真实且丰富，这使劳资双方通过报纸了解了对方的态度和立场，社会舆论对整个事件的看法等。最后，劳资双方在互相理解的基础上，同时做出让步，解决了若干具体问题，企业又恢复了正常生产。

同年，艾维·李又应邀协助宾夕法尼亚州铁路公司处理一起意外事故的善后工作。他要求保护现场，然后派车接记者们前来采访，让他们了解事故的真实原因，目睹铁路公司为处理事故做出的种种努力，如向死难者家属提供赔偿，为受伤者支付医疗费，向社会各方诚恳道歉等；安排有关人员诚实地回答记者的提问，向记者们做技术性解释，为实地采访提供种种便利。当首批有关该事故的专稿公开见报后，公司的董事们惊喜地发现，这家公司得到了有史以来最公正、最善意的评价，大大改善了公司的形象。

1908年，有效控制着84%电话业务的美国电话电报公司，率先在公司内设立专职的公共关系部，由一位公司副总经理主管公共关系工作，将公共关系正式纳入企业经营管理的范围，早期也曾聘请艾维·李为其公共关系顾问。

艾维·李时期被人们视为公共关系萌芽或兴起的时期。公共关系的兴起是社会生产方式变革的结果。在艾维·李所处的年代，不仅社会生产结构由以“生产为中心”向以“市场为中心”过渡，而且由于传播媒介的介入，迫使社会组织从“象牙塔”改变为“玻璃屋”，亦即完成了从门户关闭到门户开放的过程。此外，现代管理理论也实现了“以物为中心”向“以人为中心”的转变。

艾维·李公共关系思想的核心是“说真话”、“讲实情”；他的口号则为“公众必须被告知”；他反复向其客户强调这样的信条：“凡是有益于公众事业，最终必将有益于企业或组织。”

1906年，艾维·李向报界发表的著名的《原则宣言》既明确论述了公共关系的职业目标，又倡导公共关系工作应进入企业的高级管理层，以实现企业人性化的管理。

艾维·李以其积极的努力与出色的工作，为公共关系工作在社会上赢得了一席之地并产生重大影响，同时又促成了公共关系正式成为一种职业，为此人们都尊其为“公共关系之父”。

（三）公共关系的学科化阶段

公共关系职业化的发展，促进了对公共关系规律性、系统性及其原则与方法的探索，使公共关系成为一门独立学科的条件逐步成熟。艾维·李虽然是现代公共关系的创始人，但他的公共关系实践却被认为“只有艺术，无科学”。他虽然有丰富的公共关系实践经验，但没有提出系统而科学的公共关系理论。真正为公共关系奠定理论基础，使现代公共关系学科化，是现代公共关系的先驱——美国著名公共关系学者爱德华·伯尼斯。美国学者爱德华·伯尼斯是推动公共关系学科化的代表，他更注重公共关系的理论研究，并努力使之形成一个独立的科学体系。

出身维也纳的奥地利裔美国人爱德华·伯尼斯是著名心理学泰斗弗洛伊德的外甥。1923年，他以教授的身份首次在纽约大学讲授公共关系课程，同年出版了被称为公共关系理论发展史上第一个里程碑式的专著——《公众舆论的形成》。伯尼斯在书中详尽阐述了“公共关系咨询”这一概念，而且提出了公共关系的原则、实务方法和职业道德守则等。1928年，他推出《舆论》一书。1952年，他又出版了《公共关系学》教科书。伯尼斯的主要贡献在于，他把公共关系学理论从新闻传播领域中分离出来，并对公共关系的原理与方法进行系统的研究，使之最终成为一门独立完整的新兴学科。伯尼斯不仅是一位公共关系理论家，同时又是一位公共关系的实践家。他与妻子合作进行公共关系咨询，接受过多位美国总统和实业界巨头的委托，运用公共关系实务成功地帮助他们塑造了良好的社会形象。有人评价道："伯尼斯同公共关系这门学科的发展方向保持一致，并且考虑得更深远、更全面。"伯尼斯在理论上做出的贡献，对于公共关系学科的形成和进一步发展具有划时代的、里程碑式的意义。

继伯尼斯之后，1937年，雷克斯·哈罗博士在斯坦福大学开设公共关系课程。1947年，波士顿大学成立了第一所公共关系学院，培养公共关系学士及硕士。许多公共关系的论著也相继出版。1952年，美国的卡特利普和森特合作出版了权威性的公共关系专著——《有效公共关系》，论述了"双向对称"的公共关系模式，在公共关系的目标上将组织和公众的利益置于同等重要的位置，在方法上坚持组织与公众之间的双向传播沟通。此书不断再版，成为公共关系的畅销书，还被誉为"公共关系的圣经"，该书的作者由此成为公共关系的理论权威。

至此，公共关系正式进入了学科化阶段，一门充满时代特征的、具有强大实用性的新兴学科以其崭新的身姿崛起于学科之林。

二、公共关系的发展

20世纪20年代之后，公共关系首先在美国，继而在国际范围内得到迅速发展，成为一种既普遍又十分重要的热门职业，公共关系学科也发展成为一门新兴的学科。

（一）公共关系在西方的发展

艾维·李的早期客户之一——美国电话电报公司，早在1908年率先在公司内部设置公共关系部及分配一名副经理主管该部门工作，并长期聘用公共关系顾问至今。该公司将公共关系纳入了公司经营管理的范畴，凡公司的一切重大决策若未经公共关系部参与研究，不能做出决定和付诸实施执行。

美国《商业周刊》在1937年第一次就公共关系进行调研并提出报告。据统计，当时全美有公共关系顾问公司250家，从业人员达5 000人；到1960年，公共关系顾问公司已增加到1 350家，从业人员近10万人；迄今，全美职业公共关系从业人员已近15万人，各种公共关系公司超过2 000家，每年的公共关系耗费竟达几十亿美元。美国联邦政府也雇用了12 000多人处理政府日常公共关系事务，每年经费高达25亿美元。如今，85%以上的企业都有公共关系部门与机构。美国是公共关系的发源地，同时也一直保持了公共关系领域的领先地位，对各国公共关系事业的发展一直发挥着重要的影响作用。正如日本的奥村纲雄所指出的："公共关系的学问，发源于美国。回顾当初的美国，所谓公共关系还只是企业家手上的小玩具。后来才发展成企业家所必须采用的政策，乃至变成了企业家的重要哲学。"这一评价道出了美国公共关系发展之精义。

在第二次世界大战期间，公共关系受到美国政府的重视。为配合战争，政府组建战时信息办公室，运用公共关系方法激励士兵斗志，向社会民众宣传远征军的意义，号召社会各界支持政府和军队。在军中，也充分利用公共关系方法，对内协调军官、士兵之间的关系，对外协调远征军与欧、亚各国当地社会大众之间的关系，使得公共关系在战争中发挥了重大的作用，从而令全美、全球对公共关系都有了新的认识。20 世纪 30 年代以来，特别是第二次世界大战之后，在美国公共关系热的辐射之下，欧洲各国也引入或兴起了公共关系热。“国际公共关系就像十几岁的小孩一样，突然以活泼的脚步前进”。

1920 年，公共关系由美国传入英国。1926 年，英国成立了第一个正式的公共关系机构——皇家营销部。为弥补经济萧条的重大损失，皇家营销部竭尽全力组织了一场声势浩大的公共关系活动，支持首相“买英国货”的号召，这次大规模的成功的公共关系活动，使人们认识到公共关系能创造社会与经济价值。

1940 年后，公共关系相继传入加拿大、法国、荷兰、挪威、比利时、瑞典、芬兰、德国等国，各国相继成立了公共关系协会。

1947 年，美国盟军将公共关系引入日本，强行设立公共关系机构并举办多种演习会、训练班，广为发动宣传，在日本兴起公共关系热。日本的 PR 王国——电通公司便是其中的突出代表。1957 年，日本成立了首家公共关系公司。

1950 年后，公共关系在中美洲、南美洲、澳大利亚、日本、新西兰和南非扎根。

第二次世界大战后国际公共关系热潮的助动力，一是在于各国间经济交往的日趋频繁，跨国公司和国际贸易以极快的速度增长；二是由于战后政治格局变化，人们渴望和平和重整国际秩序。各国政府间、各阶层间协商对话得到加强；三是在于科技进步，通信传播迅猛发展，世界日益成为一个“天涯若比邻”的地球村，这使得公共关系日益重要。

同时，各国的公共关系协会相继成立。1939 年，美国公共关系理事会（1944 年改名为全国公共关系理事会）成立。1948 年，全国公共关系顾问协会（NAPRC）和全国公共关系理事会协会合并，在纽约成立了美国公共关系协会（PRSA），雷克斯·哈罗博士担任主席。1948 年，英国公共关系协会（IPR）在伦敦成立。1955 年，法国公共关系协会成立。1955 年，国际公共关系协会正式成立，总部设在瑞士日内瓦，标志着公共关系作为一种世界性的行业而独立存在了。

公共关系学科化的发展使得公共关系教育事业也得到蓬勃的发展。1937 年，美国斯坦福大学开始开设公共关系课程。1947 年，波士顿大学开办了第一所公共关系学院，并开始颁发公共关系学士和硕士学位。1955 年，美国有 28 所院校创设公共关系专业，招收学士和硕士生，66 所院校开设“公共关系”课程。至 1970 年，美国已有 100 所院校设置此专业，约有 300 所院校开设此专业课程。其中设博士学位的有 10 所大学，设硕士学位的有 23 所大学，设学士学位的有近 100 所大学。

进入 20 世纪 80 年代以来，公共关系的教育已开始按不同的行业分门别类进行，各有一套不同的大纲要求，逐步向更细、更深入的领域健步发展。

20 世纪 90 年代至今，随着世界局部战争、恐怖事件的频繁出现，公共关系更成为各国政府用以沟通公众、修正政策影响的有力工具。

（二）公共关系在中国的发展

公共关系传入我国较晚。20 世纪 60 年代，我国台湾、香港地区经济迅速发展，美国、日本、西欧国家的一些跨国公司在我国台湾、香港地区设立子公司，这些子公司按照公司模式设立了公共关系部，公共关系开始流行。到了 20 世纪 80 年代，几乎所有的新闻传播机构、企业都设置了公共关系部。

1979 年，我国设立了深圳、珠海、汕头三个经济特区，出现了一批合资企业。1981 年，一些中外合资企业中设立了公共关系部，开展公共关系工作，聘请海外公共关系人员主持工作。1984 年 4 月 28 日，北京长城饭店在其美籍公共关系部经理的策划下，把美国前总统里根访华的答谢宴从人民大会堂的宴会厅搬到了刚刚开业的北京长城饭店，来自全世界各地的 500 名记者把里根连同长城饭店一起推销到了世界的每一个角落。1984 年，广州、佛山、北京等地合资企业也设立了公共关系机构，开展公共关系活动。同年，广州的白云山制药厂率先挂出了国内第一块国有企业公共关系部的招牌。白云山制药厂的声名也随着其赞助的足球赛事和收购的歌舞团南征北战而威名远扬。许多国营、集体企业纷纷效仿。

1984 年，全球最早成立（1927 年）的世界第二大公共关系公司伟达公司（Hill & Knowlton）在北京设立了办事处。该公司亚洲地区经理认为，在中国首都没有公共关系机构是不可想象的。1985 年 8 月，世界上最大的公共关系公司——博雅公司与中国新闻发展公司达成一项协议，共同为在中国从事外贸的外国机构提供公共关系服务。后来，中国新闻发展公司于 1986 年 8 月在北京成立了大陆第一家公共关系公司——中国环球公共关系公司。随后，各种公共关系公司像雨后春笋般发展起来，各类专业公共关系公司达数百家。1991 年，伟达公司受中国政府所聘，负责在美国国会游说，争取美国给予中国最惠国待遇，成为第一家服务中国政府的外国公共关系公司。

1999 年 5 月，国家劳动和社会保障部正式出版发行了《国家职业分类大典》（以下简称《职业大典》），公共关系正式列入《职业大典》之中。这标志着我国已正式承认公共关系这一行业。1999 年 9 月，国家劳动和社会保障部出版《公关员职业培训与鉴定教材》，2000 年，开展公关员的培训与考核工作。2000 年 12 月 3 日，首届全国公关员职业资格统一考试进行，24 个省、市、自治区的近 7 000 人参加了初、中、高三个等级的公关员职业资格鉴定考试。公共关系作为一种专门职业被社会认可，同时也成为一个求职热点。

公共关系作为一门新兴的学科，也受到我国教育界的重视。1985 年 9 月，深圳大学首先设立了公共关系专业，开设公共关系的必修和选修课程。从此，公共关系进入了高等学府的讲堂。到 1987 年，国家教委正式把公共关系列入行政管理、工业经济、新闻学等专业的必修课。1994 年，中山大学开设公共关系本科专业，杭州大学开设公共关系策划方向的本科专业。1986 年 11 月，中国社科院新闻研究所公共关系课题组编著的我国内地第一部公共关系专著——《公共关系学概论》由科学普及出版社出版。目前，中国的公共关系教育已经正式走向正规化、系统化、多层次化。全国至少有 20 所大学设立了公共关系专业，已有 300 所大学开设了公共关系课程，不仅有较高层次的“公共关系”本科、专科教育和研究公共关系方向的硕士、博士教育，也有成人、夜大、函授等自学考试形式。各种层次的公共关系教育为中国培养了大批公共关系人才，为中国公共关系事业的发展奠定了基础。

随着公共关系在中国的迅速传播和普及，各种类型的公共关系组织纷纷成立。1986 年 11 月 6 日，我国内地第一个公共关系协会——上海公共关系协会成立。1987 年 6 月，中国公共关系协会在北京成立。同年 8 月，浙江省公共关系协会成立，并创办了全国第一份公共关系专业报纸——《公共关系报》。1989 年 1 月，全国第一家公开发行的公共关系杂志——《公共关系》创刊。1989 年 4 月，《公共关系导报》公开发行。1989 年 9 月，《中国公共关系职业道德准则》在全国第二届公关组织联席会议上通过草案。1991 年 4 月

26日，中国国际公共关系协会在北京成立，前任美国大使钱泽民任会长，并提出了“让世界了解中国，让中国走向世界”的宗旨和“知道、协调、服务、监督”的工作方针。1993年起，由中国国际公共关系协会主办了中国最佳公共关系案例大赛，每两年举行一届，至今已举办了十届。2002年，中国申奥成功、国足出线、入世成功使该年度成为世界的中国公共关系年。2003年的公共关系最高奖项“环球杯”授给了北京2008奥运会申办委员会；2003年，嘉利公关顾问公司收购本土品牌博能公关公司，中国本土第一公共关系并购案诞生。中国公共关系业进入了一个新的整合时代。

中国公共关系经历了30多年的风风雨雨，有过成功，也有过低潮，还存在着一些问题和不足，但在这30多年中，中国公共关系得到了迅速的发展，成绩斐然，无论是理论研究、公共关系实务，还是公共关系教育，都令世界刮目相看。随着21世纪的发展，特别是我国加入WTO和经济体制改革的深化，我们有理由相信，公共关系在我国必将进入一个更高的发展阶段。

三、公共关系产生和发展的条件

公共关系经过长期的零散活动及职业活动后，诞生于20世纪20年代，并不是偶然的。它是当时文化背景、政治背景、经济背景及技术背景等诸方面历史条件综合作用的结果，是时代进步的必然产物。

（一）社会经济条件——商品经济和资本主义大工业生产的发展

在封建社会，其经济模式是自给自足的小农经济，生产组织方式是以一家一户为基本单位，一村一乡为界限，其社会联系也脱离不了这种以家庭、村落为支点的血缘、地缘、姻缘等人缘关系。这种关系一是非常狭隘，二是相当固定，三是极端封闭。直至资本主义社会前期，大工业尚不十分发达，受经济水平的限制，人们的社会关系仍然是相当狭隘的。

商品经济和资本主义大工业生产的发展改变了人们生活的模式，使得公共关系产生出现于工业革命之后。在商品经济中，任何生产者都不可能过万事不求人的生活，任何经济组织的利益只有得到公众的认可才能实现自身的利益，这就迫使组织争取社会的广泛认可和支持。

20世纪初，美国的社会环境、政治环境已趋于安定，经济发展速度迅速提高，大工业的商品经济方式突破了时空的局限，重新形成了以市场为轴心的极广泛的社会分工协作，这反过来又促进了商业经济的快速发展。商品经济社会以社会化生产、社会化交换为其重要特征。任何组织，均需得到社会广泛的承认，获得社会整体的支持，方能生存和发展起来。因此，商品经济社会势必需要公共关系。

在生产力还不发达的资本主义商品经济前期，买方市场是不会考虑公众的需求的，因此产生了无视公众利益和需要的现象。随着生产力的不断提高以及消费者选择空间的拓展，买卖双方的利益依存关系日益凸显出来。

在商品经济的发展过程中，市场形式经历了由“卖方市场”向“买方市场”的逐步转变。正是在“买方市场”这种商品经济的温床中，公共关系才得以产生并越来越重要。在卖方市场的状态下，卖方可以根本不考虑公众需要，无须公共关系。但随着生产力的提高，产品供给日益充足，市场上供求关系发生了根本变化，形成了以消费者为重心的买方市场。在买方市场的状态下，必须通过发展良好的相互感情关系方能更有效地维护交换关系。因此，搞好公共关系，增进相互理解与感情，提高组织声誉就显得越来越迫切与重要。

此外，随着商品经济的发展，消费者的消费水平也随着商品的不断丰富而不断提高，从初始的满足温饱、安全等基本生存需要，逐步转向满足个性、情感等各不相同的生活品质选择需要。由于人们的选择需要是人人相异、多种多样并不断发展的，为满足公众这一选择需要，产销的直接见面就日益重要。生产者、销售者必须对消费者多样的、多变的选择需求有及时、深入和全面的了解与掌握，以便能提供适销对路的商品，这就需要公共关系工作来促进双边沟通和相互了解。在市场经济的背景下，能否争取市场、争取顾客、争取公众支持，成为决定企业生死成败的关键，这就直接促成了公共关系的兴起。

（二）社会政治条件——民主政治取代专制政治

在商品经济之前的自然经济社会，广大民众自然分散，进行自给自足的生产。由于社会化程度低，社会联系松散，缺乏统一组织，公众的力量分散，共同意识薄弱，民众的政治参与程度很低。加上封建社会生活的核心是专制，统治者的独裁统治，使民众百姓成了百依百顺，逆来顺受的“顺民”。在这种政治条件下，民众百姓只有绝对服从，表现为“民怕官”。在这种统治者依靠高压政策、愚民政策来实施统治管理的专制政治下，民众既无须关心政治运作，亦无法干预政治运作，舆论不可能对社会进程产生重要影响，在这样的社会中是决无公共关系可言的。

与专制独裁的封建政治不同，大工业社会政治生活的核心是民主政治。在民主政治条件下，社会民众的公民意识、民主意识日益提高，有统一组织的社会公众越来越强烈地要求了解和参与政治生活，对政治运作的影响力也越来越大。组织起来的民众，成为政治生活中不可忽视的政治力量，政治运动促进了资本主义工业社会民主政治的发展。民主政治必须体现大多数人的意愿，满足大多数人的要求，这就需要相应的民主制度来保证，而民主制度主要是通过代议制、纳税制及选举制来实现。

代议制是由各种利益集团推选出自己的代表来进行公共事务的决策与管理，这是民主政治的基本体现与保证。而促使民众关注与参与公共政治的动力，主要来自经济上的纳税制和政治上的选举制这两种民主化制度。由于纳税制，民众就促使纳税人有权了解政府的运作情况，并会产生关心和参与政府运作的需要；政府则有义务将政府事务的决策与运作情况定期向纳税人公布与报告，接受纳税人的监督，这就是从经济上促使公共政治生活民主化的动因。同时，由于实行选举制，一方面要求民众认真比较、精心挑选能真正代表自己意愿的代表人去执政、行政，并且有权经常不断地监督自己的代表是否准确地反映自身阶层的利益与意见，赋予民众知情权、议政权，要求政治有透明度；另一方面，被选举者为了掌握权力和稳固地位，更须及时倾听民众呼声，关心和解决民众所关心的问题，这是从政治上促进公共政治生活民主化的动因。由于代议制的民主政治在经济上靠纳税制来支持，政治上靠选举制来保障，这使得当权者不得不与社会各界公众搞好关系，重视民意，接受公众的监督，甚至千方百计地取悦选民和纳税者，赢得选票，争得民心，保住职位。为此，当权者必须努力通过传播媒介来促进双边沟通及对话交流。在这种民主政治的社会氛围中，政府机关、社会公共组织与其公众之间，除了服从外，还有民主协商、民主对话、民主监督。民主政治取代专制政治，必然促进公共关系的产生。

（三）社会文化条件——由“理性”转向“人性”

美国文化体系中有三个突出的特性，即个人主义、英雄主义和理性主义。个人主义使美国人富于自由浪漫的色彩；英雄主义使美国人崇拜巨头伟人，富于竞争的精神；理性主义使美国人注重严密的法规，崇尚教条、数据和实效。科学管理的鼻祖泰罗的思想及其制度，便是理性主义的典型代表。泰罗制的核心是通过“时间和动作分析”，强调对一切作业活动的计量定额，强调严格的操作程序，甚至连手足动作幅度、次数等都要计算限定，“人是机器”是这一时期最典型的代表性口号。这种制度将人视为机器的一部分，颠倒了人与机器的关系，使手段异化为目的。这种机械唯理主义的管理，虽然短期内取得了显赫的高效率，但同时也促使阶级矛盾与劳资矛盾的日趋尖锐激化，孕育着社会危机与动荡不安，也孕育着社会文化意识的嬗变。在严峻的现实面前，人们逐渐意识到纯理性文化的局限，人文主义重新抬头，在管理中注重人性、注重个人的文化观念迅速获得人们的认同。

20 世纪 20 年代，哈佛大学教授梅耶在著名的“霍桑实验”中提出的“人群关系理论”、“行为科学”，便是人性文化逐渐抬头的有力体现。此外，大众传播的发展，社会化大生产的发展，也对尊重个人隐私但又互不相关的这种过于狭隘的美国传统文化形成冲击，使社会生活、社会交往更趋开明化、开放化。这种尊重人性的、尊重个人感情和尊严的、人文的、开放的文化，正是公共关系得以萌生及成长的土壤。

（四）社会技术条件——大众传播超越个体传播

在自然经济社会中，经济水平不发达，科技水平落后。落后的经济生活与科技水平，只能产生落后的交往沟通工具。古代帝王要传播谕令与信息，充其量也不过是“烽火报讯”和“快马加鞭”而已。这种极简陋落后的传播方式不仅传播速度极慢，传播范围相当狭小，而且信息失真率极高。在中法战争中，由于信息传递不力，前线战况不明，京城谣言四起，人心浮动，四面楚歌，迫使清朝皇帝惊慌中仓促决定屈降停战。结果，当战争胜利消息传到京城时，中法不平等条约已经签署了，何其可悲！

在资本主义大工业时代，日益精细的社会化大分工，使人们之间、组织之间的相互沟通依赖日趋加强，成为社会组织生存发展的基本条件，各种形式的传播沟通技术与理论也就在这样的社会背景下迅速发展起来了。印刷技术日益普及与提高，报刊媒介遍及千家万户；电子技术不断进步，带来了广播、电影、电话、电视等电子传播媒介的普及；在微电脑、人造通信卫星全球普及的现代信息社会，具有极高的传播广度、速度、深度和高保真度且费用低廉的互联网传媒迅猛发展，世界日益成为一个天涯若比邻的地球村。这为人们进行大规模的交往提供了可能性，为公共关系的产生发展提供了必要的技术与方法。

正是由于 20 世纪初人性文化的兴起，民主政治的深入发展，商品经济的高度发展和大众传播技术的日趋普及与提高等诸方面因素的滋生与促成，才使公共关系学这门崭新的学科脱颖而出，以令人耳目一新的崭新面貌自立于新学科之林。

要点回放

公共关系是一个组织与其相关公众之间的传播管理。这一定义准确地揭示了公共关系的基本要素与本质特征。

组织、公众、传播是公共关系中的三个最基本的构成要素，它们显示了公共关系现象和活动最基本的内容。

要完整地理解“公共关系”这一概念，还需要进一步分析这一概念延伸出来的一些分支概念，包括公共关系状态、公共关系活动、公共关系观念、公共关系职业；关系、舆论、形象等概念。

公共关系的原则是公共关系的基本理论问题，是公共关系本质属性的具体体现，是公共关系职能活动的规范化。正确认识并掌握公共关系的原则，对于指导公共关系的实践具有重大意义。具体的公共关系的原则包括：尊重事实的原则、互惠互利的原则、以情动人的原则、整体战略的原则、坚持长久的原则。

公共关系活动的产生是人类社会发展进步的必然现象，是近现代商品经济快速发展，政治民主化浪潮日益高涨和大众传播带动的信息社会来临的产物。

模拟训练

训练目的：

1. 体会公共关系活动对组织的影响。
2. 增强团队凝聚力。

训练要求：

1. 全班同学分组设计能代表本班形象的图形和文字。
2. 将设计好的图形和文字粘贴在班级墙上，请同学和老师投票选出最能代表本班形象的图形和文字。
3. 当选的设计者负责组织全班同学按图形和文字列队并拍摄照片，有条件的可制成明信片。

复习题

1. 简述公共关系的定义。
2. 公共关系由哪些基本要素构成？组织如何进行公共关系传播？
3. 公共关系的活动范畴有哪些？这些活动范畴能不能等同于公共关系？为什么？
4. 简述巴纳姆的活动与公共关系的产生有何关系。
5. 简述报刊宣传运动对公共关系产生的影响。
6. 简述公共关系产生与发展的条件。

经典案例

水门事件与尼克松下台案

30 多年前，美国爆出了令人瞠目的政治丑闻——水门事件。在强大的舆论压力之下，尼克松总统被迫于 1974 年 8 月 8 日宣布辞职。尼克松下台后在总结水门事件的教训时，意味深长地说道："这是公共关系的失策！"水门事件与公共关系有何瓜葛？一个政府的公共关系处理不好，竟然能导致总统下台，这究竟是怎么回事？欲知原由，且让我们从头道来。

1971 年 6 月，尼克松批准建立一个白宫监视组，它的任务是堵住机密情报失密的漏洞。同年 9 月 3 日，这个小组的成员闯进埃尔斯伯格的精神病医生的办公室，想找到可以破坏个人名誉的私人材料，因为埃尔斯伯格把"五角大楼文件"交给《纽约时报》发表了。翌年 6 月 17 日，这个小组的 5 名成员在华盛顿水门公寓民主党主席奥布赖恩的办公室安装窃听器，被警察当场逮捕。水门事件开始被《华盛顿邮报》的青年记者 B. 伍德沃德和 C. 伯恩斯坦披露于报端，美国国内舆论哗然，社会上关于尼克松政府采取了不道德做法的传闻广为传播。

这时，尼克松对此保持沉默，奉行"鸵鸟政策"。他对他的两位高级助手说："我们对此少说为妙，传闻自会过去，不必为此顾虑。"尼克松还试图以控制政府方面的新闻发布来控制新闻界的消息来源，他对一位助手说："我们得留神这件事，只能给他们提供其中的一些情况，而不能提供全面情况……"尼克松政府为采访调查设置障碍以及"闭口不言，充耳不闻"的做法，并未能熄灭水门之火，反而使人们对水门事件的关注更强烈了。

新闻媒介拒绝停止调查。两位青年记者充分运用了"让事实来说话"的策略，把有关水门事件的信息由外向内一层层地报道给公众，一般没有评述，没有议论，立场似乎是超脱的，报道好像完全是纯客观的。水门事件的端倪渐渐显露出来。这时，尼克松命令他的助手开列一份有关记者和反政府人士的"敌对分子名单"。他说："我想要一份有关所有那些力图把我们牵扯进去的人的最为广泛的记录。"据尼克松的助手说，采取这一步骤，是为了使用"可应用的联邦机器去勒紧我们的政敌"。事态向激化的方向进一步发展。1973 年初，参院水门事件调查委员会请总统和他的助手出面接受调查，但他们以"行政特权"为由拒绝委员会的调查。这一做法更加愚蠢，因为这个调查委员会起着影响全国新闻报道的关键作用。总统与新闻媒介的关系越来越恶化。显然，这对尼克松是极为不利的。在水门事件中，"国家安全"一词也同"行政特权"一样得到了广泛的解释。1973 年 3 月，尼克松和他的两位助手商讨了如何解释在一年半前闯入埃尔斯伯格的精神病医生的办公室这一问题。一位助手建议，可以"国家安全"的理由为闯入行为辩护，尼克松表示同意，并说："为了国家安全，我们不得不获得情报。我们不得不在机密的情况下做这件事。联邦调查局和中央情报局都不可信任。"用这种解释来应付舆论的谴责和有关部门的调查，使公众越发失去了对尼克松政府的信任。

1973 年 7 月，尼克松的一位助理证实，自 1970 年以来，尼克松把所有在他办公室里的谈话都秘密地录了音。7 月 24 日，最高法院表决迫使尼克松交出 64 盘秘密录音带，因为这些录音带上可能有关于水门事件的证据。尼克松拒绝交出，堡垒开始从内部被攻破了。这时已是 10 月，尼克松下令首席检察长理查森解除考克斯的职务。尽管考克斯是尼克松任命的对水门事件一案进行彻底调查的特别检察官，但考克斯坚持取回总统的秘密录音磁带。理查森拒绝执行总统的命令并辞去职务。副检察长拉克尔肖斯也拒绝这样做，被尼克松解除了职务。最后，副检察长博克解除了考克斯的职务。这就是被人称作尼克松"周末夜的残杀"事件。继此之后，水门之火燃烧得更加炽烈了。

1973年11月，尼克松当着几百名报纸编辑的面说："在我从事公务活动的所有年代里，我从未妨碍过正义。我想，我可以这么说，在我从事公务活动的所有年代里，我欢迎这一类的检查，因为人民必须知道，他们的总统是否是一个不正直的人。然而，我不是一个不正直的人。"过后，尼克松指示他的新闻秘书，在回答新闻媒介的实质性提问时，"你要避而不谈，但要做得像平常那么自信，要自我掩饰"。然而，所有这些努力都是徒劳。1974年7月末，尼克松以"妨碍司法程序，滥用职权，以及因不肯交出录音带犯了蔑视国会罪"而受到弹劾。同年8月8日，尼克松宣布辞职，第二天生效。

通过阅读分析下列问题：

1. 尼克松当局违背了哪些公共关系原则？
2. 尼克松当局是如何处理与新闻媒介关系的？

趣味阅读

雀巢公司应用公关手段渡难关

一百多年前，古利·雀巢先生在瑞士创立了雀巢公司，并以同名的"雀巢"（Nest）作为商品商标。1929年，雀巢收购3家瑞士巧克力公司，致力于奶粉与巧克力的生产。20世纪50年代，雀巢成功地开发了世界首创的速溶咖啡。第二次世界大战爆发后，雀巢咖啡经由美军的饮用和推广，成为世人喜爱的饮品之一。1947年，雀巢合并了美极食品厂。1982年，雀巢的销售额达136亿美元，产品行销五大洲。作为一家饮誉全球的国际性公司，雀巢的三大类产品是乳制品、速溶咖啡和多种厨房用品。

然而，饮誉全球的"雀巢"咖啡，在20世纪70年代却险些信誉扫地，"一命呜呼"。20世纪70—80年代初，世界上出现了一种舆论，说雀巢食品的竞销，导致了发展中国家母乳哺育率下降，从而导致了婴儿死亡率上升。由于当时"雀巢"决策者拒绝考虑舆论，继续我行我素，加上竞争对手的"煽风点火"，如出版一些直接针对雀巢的小册子，冠以骇人听闻的标题，如"杀害婴儿的杀手"等，以至到了80年代，终于形成了一场世界性的抵制雀巢奶粉、巧克力及其他食品的运动，雀巢产品几乎在欧洲市场无立足之地，雀巢公司面临着严重危机。在严酷的事实面前，"雀巢"的决策者不得不重金礼聘世界著名公共关系专家帕根来商量对策，要帕根帮助公司度过这一危机。帕根接此重任后，立即开始调查研究。结果发现，形成这场抵制雀巢产品运动的根源，在于该公司以大企业、老牌子自居，拒绝听取公众的意见。同时，雀巢公司的推销行为，对公众是保密的，这使得公司与公众之间的信息传播严重受阻。这一切，都犯了公共关系的大忌，难怪误解、谣传遍起。

帕根根据调查所得材料，制订了周密详细的公共关系计划。他把重点放在抵制最强烈的美国，虚心听取社会各界的舆论批评，开展大规模的游说活动，组织有权威的听证委员会，审查雀巢公司的销售行为等，使舆论逐步改变态度；建议接任雀巢公司总经理之职的毛奇，开辟发展中国家的市场，把它作为雀巢产品的最佳市场。在开拓市场的过程中，毛奇吸取了以往的教训，不是把第三世界国家单纯看作雀巢的市场，而是从建立互利的伙伴关系着手。他们制定以下目标：一是与知名公共关系专家建立联系；二是确立危机处理小组在舆论制造者心中的地位；三是使雀巢公司有机会发表自己的言论；四是确保与公众不间断的信息交流。

雀巢公司每年用60亿瑞士法郎，从发展中国家购买原料，每年拨出8 000万瑞士法郎来帮这些国家提高农业产量。

此外，雀巢公司还聘请了1 000多名专家，在第三世界国家举办各种职业培训班。

同时，雀巢公司针对雇员开展交流活动，明确向员工解释引起危机的原因，以及公司正在采取的措施和公司的前景，迅速建立信息传播网络，以使信息能传送至每一位员工。

雀巢公司的这次危机是由社会舆论引起的，他们对此更为重视，开展了一系列与公众交流沟通的活动。例如，进行了大型宣传活动，对雀巢公司的产品做进一步详细介绍，让更多的人更清楚地了解雀巢公司的产品；把30万袋资料邮寄给美国传教士；对新闻界实行"门户开放，坦诚相待"政策；成立了由医学家、传教士、市民领袖及国际政策专家等10人组成的专门小组，对世界工业组织的规定情况进行公开监督；同时，公司还进行了大规模的市场调查，收集了各方面的意见资料，根据不同公众的不同反映，制定相应的决策。

这一系列活动，使雀巢公司在发展中国家树立起了良好的形象，因而销路大增。

结束语

雀巢公司面临这次危机，很大程度上是因为它没有与有关公众进行沟通交流，缺乏应付危机的计划，使公司在面临危机时手足无措。

世界著名公共关系专家帕根的到来，使雀巢公司认识到出现危机的根源，并商量出对策，采取有效的公共关系活动，使雀巢公司最终摆脱了这场危机。

到1984年，雀巢公司的年营业额高达311亿瑞士法郎，并且收购了三花食品公司，从而一跃成为世界第一位的食品企业。

目前，雀巢公司有员工约15万人，在全世界共有约280个工厂。而其营业额中本部瑞士的营业额还不到总额的3%，也就是说，雀巢绝大部分的营业利润来自世界各地的子公司。食品是一种文化，而各国食文化的差异，便会造成各国食品产业结构与内容的差异。具有强烈公共关系意识的雀巢公司在经历了危机之后，却能使自己的产品——雀巢速溶咖啡再度为全世界各地民众所乐意饮用而畅销全世界。

资料来源：方世南：《公共关系案例分析》，北京，中国商业出版社，1999。

第二章　公共关系主体

学习目的

1. 了解组织以及组织的宗旨与使命；掌握公共关系主体的特征
2. 了解公共关系机构的概念；掌握组织内设公共关系机构的四种模式及特点
3. 理解公共关系公司的概念，掌握专业公共关系公司的类型及服务方式、特点
4. 了解公共关系社团的特征、类型和工作内容
5. 熟悉公共关系人员的日常工作和素质要求

引例

一双景泰蓝食筷

在某市的一家中国大酒家，一位外宾吃完最后一道菜点，顺手把精美的景泰蓝食筷悄悄地"插入"自己的西装内衣口袋里。

服务小姐发现了这个情况，立刻到服务台拿来一个用绸面装饰的精美小匣，在外宾尚未起身离座之时，面带微笑不露声色地迈步向前，双手擎着小匣对外宾说："我发现先生在用餐时，对我国的景泰蓝颇有爱不释手之意，非常感谢您对这种精美工艺品的赏识。为了表达我们的感激之情，经餐厅主管批准，我代表中国大酒家将这双图案最为精美并且经严格消毒处理的景泰蓝食筷送给您，并按照大酒家的'优惠价格'记在你的账簿上，您看好吗?"那位外宾当然明白这些话的弦外之音，在表示了谢意之后，说自己多喝了两杯白兰地，头有点发晕，糊里糊涂地将食筷"插入"了内衣口袋，并且聪明地借此下台阶，说："既然这种食筷不消毒就不便使用，我就'以旧换新'吧！哈哈哈。"说着取出内衣口袋里的食筷，恭恭敬敬地放回餐桌上，接过服务小姐递给他的小匣，不失风度地向收银台走去。

阅读本引例，回答下列问题：

1. 请评价案例中服务小姐的做法。从这位服务小姐的身上体现出哪些公关素质?
2. 如果您是这家中国大酒家的顾客，面对服务小姐的这种做法，您的感受是什么?

第一节　公共关系主体的内涵

一、组织

公共关系主体即组织。组织是按照一定的宗旨和系统建立起来的，为履行一定的社会职能、完成既定的社会目标而构成的一个独立的社会机构。组织在公共关系中处于主导地位，它决定着公共关系活动目标的实现、功能的发挥、活动的状态及发展的方向。从一般

意义上说，组织是公共关系的主体，但在特定的时空范围内，一个组织相对也可以成为另一个组织的公众，即公共关系的对象。狭义的公共关系主体主要是指专门执行公共关系职能的公共关系机构及人员。组织作为公共关系的主体，是公共关系活动的出发点和归宿，在公共关系活动中，始终起着决定性作用。

二、组织的使命与宗旨

（一）组织的使命

使命与宗旨是组织文化建设的重要元素之一。使命是神圣的、重大的责任。组织的使命就是组织的终极目的与社会责任，具体来说就是组织在其经营理念指导下，为生产经营活动的方向、性质、责任所下的定义，是组织哲学的具体化。

组织使命回答了“组织为什么存在?”的问题，其核心是解决组织存在的价值观，即“我是谁？为什么?”的问题。它集中反映了组织存在的目标、任务与目的，是组织的社会态度、行为准则与在市场经营中总的定位。

现代社会的组织使命充分体现了科学发展与人的全面发展相统一的发展观，具有高度的社会责任感，具有内容包括：

（1）组织的社会使命，即组织成员对社会做出贡献与协调各种利益集团之间的关系；

（2）组织的社会服务，即组织应当为社会提供满足各种需要的服务；

（3）组织的社会产品，即组织提供的各种产品，既要为组织自身带来利益，也要对社会具有价值；

（4）组织的社会利益，即组织必须把维护和实现社会整体利益作为评价其经营活动成果的有效依据和指标；

（5）组织的行为定位，即组织在使用各种自然资源和社会资源时，应当优先考虑由于这种使用可能给社会带来的影响和后果。

总的来说，组织的使命，就是组织对各种不同的社会利益集团和群体所承担的道义上的责任。

相关链接

组织使命示例

国际红十字会的使命：改善人类的生活质量，增强人的自我存在能力；关心他人，帮助人们避免、预防、应付紧急情况。

奥的斯电梯公司的使命：以极高的可靠性，让顾客享受上上下下的乐趣。

松下公司的使命：使整个社会脱贫致富，把贵重的生活物资像自来水一样无穷尽地提供给社会，只有在可以促进社会繁荣富强的意义上，才允许工厂和商店的扩大和繁荣。

通用电气的使命：以科技和创新改善我们的生活品质。

惠普公司的使命：在技术上为人类进步和福利做贡献。

索尼公司的使命：体验为公众利益改进和应用技术的快乐。

沃尔玛公司的使命：使平民大众有机会购买富人购买的东西。

修正药业集团的使命：修源正本，造福苍生。

中国移动通信的使命：创无限通信世界，做信息社会栋梁。

中国航天科技的使命：创人类航天文明，筑民族科技丰碑。

（二）组织的宗旨

组织的宗旨是为组织的使命服务的，是组织崇高的社会责任与目标价值的体现，是组织最根本的追求和努力方向。组织的宗旨回答了组织的经营目的与发展方向问题，反映了组织的社会价值与组织如何对待股东、员工和社会义务的基本态度。

相关链接

组织宗旨示例

迪斯尼公司的宗旨：用我们的想象力，带给千百万人快乐。

索尼公司的宗旨：体验以科技进步造福大众带来的真正快乐；提升日本企业与国家地位。

沃尔玛公司的宗旨：我们存在的目的是提供顾客物有所值的东西，用比较低的价格、比较多的选择，改善他们的生活，其他一切都属次要。

摩托罗拉公司的宗旨：公司存在的目的是以公平的价格向顾客提供优质的产品或服务。

强生公司的宗旨：减轻病痛。

中国移动通信的宗旨：追求客户满意服务。

中国新时代集团的宗旨：促进军工技术的和平利用；促进科技成果的商品化和产业化；促进国际经济合作。

全家乐公司的宗旨：创世界精品，做世界名牌。

浪莎袜业的宗旨：做最好的袜子。

三、公共关系主体的特征

（一）具有一定数量和相对稳定的人员队伍

作为公共关系主体的组织，必须有专门的从业人员，其内部成员与组织是密不可分的整体，要保持组织目标的实现，其人员的数量和素质是依据组织的目标、任务来确定的。这支人员队伍要相对稳定，其素质能适应组织实现目标的实际需要，才能保障组织的各项工作顺利开展。

（二）具有明确的组织目标

作为组织，其成员和部门是在共同目标基础上结合起来的，明确的组织目标是构成组织的核心要素，这个要素要为全体成员所接受，全体成员才会齐心协力为实现目标而努力工作。

（三）具有实现目标的结构

组织的内部结构是明确规定的内部各部门的组合构成，它依据既定工作目标的需要设置并具体规定了各内部机构成员的分工和权力的分配，使每个内部机构有特定的工作目标，并为实现组织的总体目标服务。

（四）具有实现目标的手段

在明确组织内部机构的设置和人员安排之后，还必须为实现组织总体工作目标而制定一整套的管理办法，达到控制、协调内部各机构的工作为统一目标的实现而共同努力的目的。如制定相应的章程、规章、制度、管理办法、行为规范等，这是为实现组织的既定目标服务的必要手段。

第二节　公共关系机构

随着生产社会化、销售市场化、经济一体化、贸易全球化，任何组织的最高管理者都不可能亲自处理与不同民族、国家、地区及其他公众的关系，组织为了建立良好的公共关系，必须建立相应的公共关系机构。

一、公共关系机构的概念

公共关系机构亦称公共关系组织，是指在现代社会中，为实现一定的公共关系目标而设立的专门从事公共关系工作，为社会提供公共关系服务的组织机构的总称。公共关系机构的类型包括组织内设的公共关系机构和社会上独立从事公共关系活动的机构（简称独立机构）。其中，独立机构又分为公共关系公司和公共关系社团。

二、组织内设的公共关系机构

随着信息社会的发展与传播技术手段的进步，公共关系在组织管理中日益成为一种独立的管理职能，在不同的组织中，公共关系机构也以不同的名称和形式存在。所谓组织内设的公共关系机构，是指针对一定的目标，为开展组织的公共关系工作，由专职人员组成的专业职能机构，这个机构的名称通常叫公共关系部，也有的叫公共事务部、公共信息部、公关广告部、社会关系部等。名称不同，其工作职能基本一致，如采集信息、监测环境、策划形象、参谋决策、社会交往、协调关系等。

相关链接

深圳市政府成立全国首个政府公共关系处

在我国，设置公共关系部门早已不是什么新鲜事，可在政府里成立公共关系处却尚无先例。2006 年 1 月，深圳市政府办公厅公共关系处成立并开始运作。

2005 年 6 月 2 日人大会议上，深圳市政府在工作报告中首次提出“公共关系”概念，旨在促进市民与政府的沟通，这是深圳市政府采纳外国专家的意见后正式在报告中首次提出。

8 月 30 日，深圳市市长走进深圳电视台“民心桥”直播间，在电波中与市民交流透露，新的一届政府班子还将成立一个公共关系处，以此加大与市民的沟通，保证沟通渠道的畅通。就在深圳市政府公共关系处悄然开始工作时，2005 年 12 月 21 日，深圳市南山区公安分局成立了警察公共关系室。该公共关系室由 4 名民警组成，职能定位为：定期通过新闻媒体向社会公布警务信息；提前介入并正确引导涉警危机，树立警察良好的公众形象；有计划组织警民联谊活动，密切警民关系；定期举办警察论坛，营造良好的警察文化氛围。

资料来源：http：//www.ycwb.com。

(一) 公共关系机构在组织中的地位

公共关系机构在组织总体中具有一种“边缘”、“中介”的角色，它处于决策部门与其他职能部门之间，处于组织与外部环境之间，担负着建立联系、沟通信息、咨询建议、辅助服务、策划组织、协调行动等责任。这将涉及内部管理和外部经营两个工作范围。

1. 公共关系机构在组织内部管理中的地位

公共关系机构负责沟通和协调经理层与其他职能部门之间的关系；负责沟通和协调各个职能部门之间的关系。它要向各个沟通对象提供信息、协调分析、判断和决策，所以，公共关系机构介于高层决策中心与各个执行部门之间，介于各管理层、执行部门与基层人员之间。公共关系机构可以作为一个职能部门独立存在，也可以成为管理子系统的一部分(如总经理办公室、经理部中的一个机构)。

2. 公共关系机构在组织外部经营中的地位

在外部经营中，组织与外部环境存在着广泛复杂的关系。管理子系统需要与外部各界公众对象相互沟通和相互影响，公共关系机构介于组织与公众之间，对外代表组织，对内代表公众，通过传播活动进行组织与公众之间的双向沟通。

(二) 组织内设公共关系机构的名称和形式

在组织中，除“公共关系部”之外，还会使用不同名称，如“公共信息部”、“公共事务部”、“企业传播部”、“沟通联络部”、“公关宣传部”、“公关广告部”、“公关接待部”、“公关与市场推广部”、“公关策划部”、“公关与新闻办公室”、“公关与开发办公室”、“社区关系部”等。

政府部门中的“信访办公室”、“政府新闻处”、“外事联络处”、“交际处”等机构，也是负有相应的公共关系职能的机构。

在我国，许多组织的公共关系职能是分散在其他职能部门“各自为战”的。如总经理办公室（行政办公室）、宣传部、调研处、秘书处、外事处甚至党团工青妇，均承担了部分公共关系职能。“公共关系”这一概念在被人们认识和了解以后，专门的公共关系职能机构才开始出现。公共关系机构的名称在国外已经沿用了许多年，已得到世界性的理解和接受。我国的组织在规范自己的公共关系行为和职能的同时，还要考虑与国际性的概念和名称“接轨”，以便更好地开展业务活动。

(三) 组织内设公共关系机构的模式

组织内部设置的公共关系机构有四种基本模式可以选择，如图 2—1 所示。

1. 部门隶属型

部门隶属型模式是公共关系机构附属于组织中的某个职能部门。一般来说，公共关系机构会隶属于传播沟通业务较集中、较繁重的部门。一般有以下几种不同的隶属形式，见表 2—1。

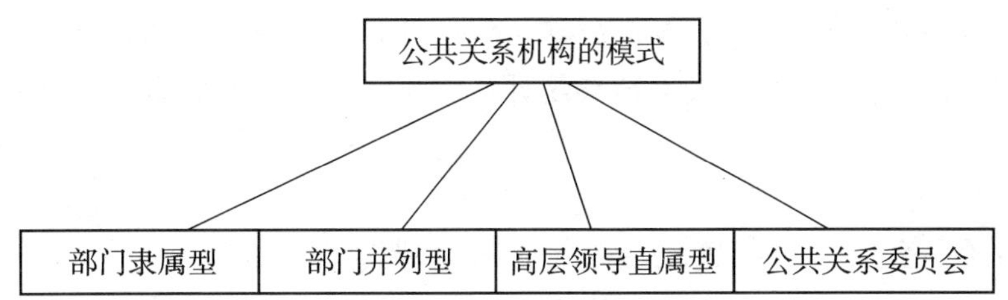

图 2—1　公共关系机构的模式

表 2—1　　公共关系机构隶属职能部门的不同形式

归属方向（部门）	强调功能	突出优势	存在局限	其他
销售部门	强调促销产品的功能	突出与顾客的关系	局限于商品的推销，忽略与其他公众的关系	日本公司中较为多见
广告宣传部门	偏重于公共关系的宣传职能	对外配合广告、宣传、树立企业的形象；对内承担了对职工进行宣传教育的职能	容易忽视公共关系在经营管理、市场营销等方面的作用	在国内中型企业里较为常见
交际接待部门	偏重于人际关系	应酬日益繁忙的接待事务，规范、专业、周到	仅局限于迎来送往、交际应酬，降低了公共关系在组织中的管理作用	专业公司会用专门机构实现该功能
行政办公室	处于行政中枢，便于最高领导的直接指挥	接近行政领导、工作方式灵活、内容便于掌握	在繁杂的办公事务中，容易忽视公共关系自身功能	在部门隶属型中属于较好的一种形式，但需要在公共关系方面训练有素的职员

2. 部门并列型

部门并列型公共关系机构与组织的其他职能部门处于平行排列位置和同一层次。该模式与部门隶属型相比，在组织中地位和权力比较高，反映出公共关系业务在组织中的独立性和重要性。公共关系部门可直接参与最高层决策，有足够的职权去调动资源、协调关系，其传播业务也比较完整。但只有较大型的组织（如集团企业）才需要或有可能这样设置公共关系机构，中小型组织公共关系机构的规模与其他职能部门相比，一般都会小得多。

公共关系传入我国以后，许多组织把原来从事类似公共关系活动的一些职能部门，例如宣传教育科、广告科、接待科、信息中心等，合并成为公共关系部，作为组织中的二级机构由副总经理（副厂长）领导。这种组织形式目前被许多企业和组织采用，它能把公共关系工作放在企业较为重要的地位，又不增加企业的行政编制人员，还可以避免与原有的一些部门的工作内容重复。

3. 高层领导直属型

高层领导直属型公共关系机构处于整个组织体系中的第三个层次，它并不属于哪一个二级机构，而是直属于组织的最高层领导，直接向最高决策层和管理层负责。

高层领导直属型公共关系机构综合了部门隶属型和部门并列型的特点。公共关系部既可以较为自由地与其他职能部门沟通，又具有相当的独立性和自主权，能直接介入决策，而且机构比较精简与灵活。据美国公共关系协会统计，美国设有公共关系部的企业多数属于这种类型。

4. 公共关系委员会

公共关系委员会是指由组织的主管领导牵头，各职能部门负责人共同组成的公共关系工作协调委员会，统一指导和协调全局的公共关系活动。委员会下设公共关系办公室，负责日常工作。当组织需要筹办大型公共关系活动项目时，可以设立专项性的、跨部门的公共关系协调委员会，策划、统筹、协调专题活动涉及的公共关系事务，发挥公共关系“总调度”的作用。

各类组织在具体设置公共关系机构时，应该根据自身的性质、特点、需要、规模等具体情况来考虑。条件不具备或不必要，可以指定某个现有的职能部门（如行政办公室、外事处或宣传部）兼管和负责，使组织的公共关系事务纳入组织的目标和管理系统。

（四）组织内设公共关系机构的特点

从公共关系实际操作的角度来看，一个组织设立自己专门的公共关系机构具有下述几个方面的特点。

1. 了解内情

组织内设的公共关系机构作为本组织结构的一个构成部分，对本组织的业务和人事比较熟悉，开展公共关系工作能做到有的放矢，切合实际。

2. 便于协调

组织内设的公共关系机构直接受组织最高管理当局的指导，直接代表组织高层与其他部门和基层沟通，比较方便和便于协调工作。工作任务的临时增减，工作目标的随时调整都比较方便。

3. 效率较高

组织内设的公共关系机构作为组织的常设机构，能够“招之即来，来之能战”，特别是应付突发事件时效率较高。

4. 成本较低

组织内设的公共关系机构便于组织从整体上控制预算和投入。

5. 工作受到组织内部因素的制约，难以完全做到客观公正

组织内设的公共关系机构处于组织的人事环境和目标压力之下，必然先要从组织自身的利益和需要出发，难免要受到组织领导者主观意图的控制和约束，传播工作有时候就难以完全做到客观公正、实事求是，在组织和工作的天平上难免向组织的一边倾斜。

所以，各类组织除了要自设公共关系部门来完成公共关系工作之外，还有必要寻求外界的协助，即聘请专业的公共关系公司或外聘公共关系顾问。

【案例 2—1】

国航紧急应对第一次空难

2002 年 4 月 15 日上午 10 时 40 分，韩国釜山机场上空阴雨绵绵，浓雾弥漫。由北京飞往釜山的中国国航 CA129 航班在釜山机场附近坠毁，机上有 166 名旅客，这是国航安

全飞行47年历史上的第一次空难。国航立即启动了紧急应急事件程序，包括：在一小时内善后工作小组成立，下午紧急事故处理小组飞往釜山；立即抽调70名员工组成空难乘客、机组、乘务员家属的接待组；包租同时能接待200人食宿的酒店；开设临时门诊部，准备齐全的急救人员和设备以应对家属出现的突发不适；善后特派小组乘机飞赴各地落实通知偏远家属事宜；选择40岁左右的中年“爸爸”、“妈妈”24小时陪同遇难者家属；客舱乘务部的领导对所有起飞和归来的航班都亲自迎送……严密的措施、高效率的工作、细致入微的情感沟通使国航平稳度过了第一次空难。

一个组织内部设有公共关系职能的机构，对自身行业及企业的特点和沟通对象必须了如指掌。选择40岁左右的中年“爸爸”、“妈妈”24小时陪同遇难者家属；客舱乘务部的领导对所有起飞和归来的航班都亲自迎送，这两项措施是一般行业无法想象的。因此，特殊行业对公共关系职能与机构的要求不可忽视。

三、公共关系公司

公共关系公司的兴起和发展是现代公共关系职业化的结果之一，是促进现代公共关系事业蓬勃发展的重要组织形式，其正在成为“第四产业”（信息型、智力型产业）中的一个独立行业。

（一）公共关系公司的概念

公共关系公司是由各具专长的公共关系专家组成，运用专门知识、技能和经验，受客户委托，专门为客户提供公共关系服务，从事专业公共关系活动和咨询的服务性机构。有的公共关系公司称为公共关系咨询公司或公共关系顾问公司。

**【案例2—2】**

以色列政府聘请公共关系公司修正政府形象

巴以激烈冲突在2001年中已经造成了上百名平民丧生，在2002年新年将至、世界人民希望和平在中东早日实现之时，以色列的好战形象仍使人们记忆犹新。以色列政府为改善自身的国际形象，雇用了美国著名的公共关系公司——“鲁宾斯坦协会”为其改善形象。公共关系公司为以色列政府提供的建议包括：(1) 建议沙龙总理减少身边的安全警卫。(2) 建议以军将使用橡皮子弹的步枪涂成紫色或橘红色。(3) 以军应迅速将发生对抗混乱的场面清理干净。

建议沙龙总理减少身边的安全警卫，是因为这些戴有深色眼镜的特种部队形象在公众场合出现，不但使沙龙的鹰派作风更加突出，而且给人以沙龙经常受到攻击的印象。建议以军将使用橡皮子弹的步枪涂成紫色或橘红色，是因为这种醒目的颜色在电视画面中可以使公众明确获悉，以军使用的不是致命的武器，从而传递这样的信息：他们不想杀死任何人。建议以军迅速将发生对抗混乱的场面清理干净，是因为这样使环境不至于很恐怖。

（二）聘请公共关系公司的意义

在关系繁杂、竞争激烈的市场经济中，各种组织都需要开展公共关系活动。一些大的组织可以建立自己比较完整的公共关系部门，但一些比较小的组织，就没有必要建立自己的公共关系部门，或者没有能力建立齐全的公共关系部门。聘请专业的公共关系公司开展特定的活动，这对于小型组织来说既可以精简编制，又可以节约开支。而一些大型组织，虽然设立了自己的公共关系部门，有时仍需要公共关系公司的专业咨询服务。因为一方面，公共关系公司作为独立的咨询机构，能够对客户业务中的问题提出比较客观的意见与建议。另一方面，公共关系公司的专业人员有较为丰富的经验，他们联系面广，与印刷设计、摄影、新闻发布、科研、翻译等专业人员有较为密切的联系，便于开展公共关系活动；他们熟悉大众传播媒介，与企业内设的公共关系部门相比，能更有效地利用大众传播媒介来开展公共关系活动。

因此，一个组织在开展某一专项活动时，本身如果缺乏公共关系方面的人才，可以利用公共关系公司来解决这些问题。特别是一些有进出口业务的企业，自身的公共关系部门人员，不可能熟悉各国的情况，也不可能在所有国家中均建立起广泛的联系，而利用在全世界范围内有着许多网络的跨国公共关系公司，或利用专门从事某一地区、某一国家业务的公共关系公司，就能解决这一问题。

（三）公共关系公司的类型

1. 综合性的公共关系公司

综合性的公共关系公司可以向用户提供全面的公共关系服务。一般来说，这都是一些较大的公共关系公司。它们为客户建立与公众之间的交流渠道，搜集有关情报为客户做形象调查，制定客户改善形象的方案，设法将企业的形象介绍给消费者、投资者、银行、商店、雇员、社区和政府官员以及其他公众；为客户提供市场信息、投资信息，为企业的合并和接管提供咨询；为政党、政府或公共事业提供传播建议和劳务，进行宣传活动。在国外，政府往往会委托公共关系公司进行节约能源、注意交通安全等宣传工作；这些公司受托为客户制定和实施传播计划，设计广告宣传，编辑公共关系杂志；为客户提供商标、招牌、门面的设计；为客户撰写新闻稿件，建立与大众传播媒介的联系；为客户提供电影、电视及各种视听资料；做演员、文艺团体的代理人，为电视片、电影做宣传，代办文化艺术展览等；还为客户培训各级公共关系人员等。总之，综合性的公共关系公司以各种专业人才和专门设备为客户的公共关系需求提供全面服务。

相关链接

综合性的公共关系公司

A公共关系机构作为国内公共关系的代理机构，主要为客户提供“结果导向”的专业服务，从媒体传播和现场活动的直接效果，到影响目标受众的认知、观点和态度，再到最终促进企业品牌形象的提升和销售的增加，帮助客户一步一步地取得竞争优势和商业成功。他们通过对客户公共关系环境的全面分析，进行精确的问题界定，为客户制定最具创造性的公共关系策略和最具系统性的公共关系规划，组织整体公共关系战略的制定、项目公共关系策略制定；提供公共关系策略咨询顾问；编制公共关系战略手册；开展沟通培训、策略咨询。该机构业务范围涉及公众传播、活动管理、媒体关系、危机管理、政府关系、投资者关系、公共关系培训、公共事务处理、企业形象处理等。该机构的业务范围从IT领域发展到电信、汽车、金融、医疗、快速消费品、政府及非营利组织，从北京、上海、广州这些中心城市发展到全国，连续多年在中国国际公共关系协会评选的中国10大公共关系公司中位居前列。

资料来源：中国公关网。

2. 专门化的公共关系公司

专门化的公共关系公司的业务局限在某些行业上，如金融财政企业、服装行业、文化演出行业，为政界人物或企业与政府联系等。这些公司的专业人员，运用他们在这些特定行业的知识、经验，向特定的客户提出忠告、建议和策划公共关系活动。有些公共关系公司专为一些政客参加竞选制定竞选策略，组织竞选活动。

（四）公共关系公司的经营范围

公共关系公司的经营范围及内容见表2—2。

表2—2　　公共关系公司的经营范围及内容

经营范围	具体工作目标与内容
咨询诊断	提供公共关系顾问咨询，如为客户做企业或产品形象调查，做公众关系诊断，设计公共关系规划，提供专业化的公共关系顾问，为客户设计形象，为客户决策做参谋。
联络沟通	协助客户与有关的公众联络沟通、建立和维持良好的关系，包括政府关系、社区关系、名流关系、媒体关系等。
收集信息	为客户收集、汇编相关信息和情报资料，如新闻简报、市场信息、民意测验资料以及各种政治、经济、金融、文化、科技等社会信息。
新闻代理	为客户策划新闻传播，包括为客户撰写新闻稿件、选择新闻媒介、建立与新闻界的联系、组织实施新闻发布会。
广告代理	为客户设计、制作公共关系广告、企业广告；做广告投资计划，效果检测分析。
推荐产品	协助客户推广产品，制造有利的市场气氛。
会议服务	为客户计划、组织大型会议，如信息交流会、经验研讨会、产品展销会、专题展览会、公众对话会等。
策划活动	为客户策划、组织各种专题公共关系活动，如剪彩仪式、周年庆典、联谊活动以及与社区、文化、体育、慈善、福利等有关的大型公众活动。
礼宾服务	为客户安排、组织重要的外交活动，如贵宾和要人的访问参观、大型宴会等。
印刷制作	为客户设计、编制、印刷各种文字宣传资料和纪念品，如介绍书籍、公共关系杂志、宣传画册或活页、宣传招贴、产品会服务以及代表企业标识的徽记、商标、招牌、纪念品等。
音像制作	为客户制作宣传性影片、录像、录音带等视听资料。
培训服务	举办公共关系和传播人员的技术培训班，培训公共关系人员或特定的传播人员。

（五）公共关系公司的服务方式

根据自身条件、与委托人合作时间的长短及委托单位的特点和实际需求，公共关系公司为委托人提供公共关系服务的最基本形式有下述几种。

1. 向委托人提供各种公共关系咨询

为委托人确定公共关系的内容和沟通方式，为委托单位的活动策划和管理决策提出建议等。

2. 代理服务

代理服务分为两类：一类是全权代理，如有的小企业未设立自己的公共关系部，可以委托某公共关系公司长期代理该企业的全部公共关系工作；另一类是为委托单位代理某项专门的公共关系活动，如大型的产品展销会。

3. 充当对外联系人或协调者

委托单位或因本身无公共关系部或因公共关系人员力量不足，在急需同某些单位或某类公众沟通以便取得他们的理解和支持，但临时沟通有难度，无法达到预期目标时，可委托公共关系公司充当对外关系的联系人。当某企业与它的公众或外部其他组织出现误会甚至矛盾或分歧严重僵持不下时，请公共关系公司出面协调则是最佳选择。

4. 受委托培训公共关系人才

公共关系公司拥有各方面的专家，可为委托单位举办短期公共关系人员培训，也可派专家到委托单位具体指导公共关系工作，或接受委托单位来人到公共关系公司实习，帮助委托单位的公共关系人员提高素质等都是公共关系公司的服务形式。

（六）公共关系公司的特点

1. 客观性

公共关系公司与委托办理业务的组织之间没有直接利害关系，公共关系公司的工作人员不是客户的成员，不受客户单位的管辖，因此，公共关系人员对遇到的问题能具体分析并客观评价。

2. 网络性

公共关系公司是长期从事公共关系工作的专门机构，同政府部门、新闻媒介、社会团体、工商企业之间有密切的联系，并形成一套信息网络，可为客户提供所需信息，以利于客户正确决策。

3. 经济性

大型组织本身多由内部的公共关系部门从事专门的公共关系活动，而中小型组织因其规模和人员所限，一般不设置单独的公共关系部门。当小型组织需要开展一些专业性强、规模比较大的公共关系活动时，可委托公共关系公司代理，从整体规划上看，这样做是比较经济的。

4. 权威性

权威性是公共关系公司的最大优势，因为公共关系公司的成员都是公共关系的专家，有着丰富的实践经验，所以他们提出的建议和策划的方案具有权威性，易被客户的决策者重视和接受。公共关系公司若想在业务上取得骄人的成绩，就需要有一批相对稳定的客户群，这样，双方经常性的合作会使公共关系公司与客户之间加强沟通和了解，公共关系公司为客户策划的方案才更有针对性和可行性。

【案例 2—3】

北京奥组委聘请伟达公共关系公司为传播顾问

2006 年 4 月，第 29 届奥林匹克运动会组织委员会（以下简称北京奥组委）与伟达公共关系公司签订合作协议，聘请伟达公共关系公司作为北京 2008 年奥运会的传播顾问。北京奥组委于 2005 年 2 月启动公共关系公司选聘工作，共有 8 家国际公共关系公司参加竞聘。经过全面、认真的评选，并综合衡量各方面因素，北京奥组委最终选择聘用伟达公共关系公司作为传播顾问。伟达公共关系公司成立于 1927 年，隶属于世界著名的传播集团 WPP，该公司有广泛的国际网络，与国际奥委会有过 6 年的合作。1997 年，伟达公共关系公司协助雅典成功申办 2004 年奥运会，2005 年，协助伦敦成功申办 2012 年奥运会。签约后，伟达公共关系公司将协助北京奥组委实施北京 2008 年奥运会的传播方案，为奥运筹办工作提供智力支持，加强北京奥组委与国际媒体和国际组织的联络和沟通，协助采访 2008 年奥运会专业化的服务。

在政府主办的大型活动中，由于经验、经费、专业人员和时间等因素的要求，把活动的承办权交给专业的公共关系公司会更加有效率并节省成本。在这当中，政府不必为一次活动增加人员、机构和更多的行政开支，而是购买服务；对于承办的专业公共关系公司来说，也会达到名利双收的效果。

四、公共关系社团

公共关系社团是指组织外部的公共关系机构中除公共关系公司以外的一种公共关系机构类型，泛指社会上自发组织起来的、非营利性的、从事公共关系理论研究和从事公共关系活动的群众组织或群众团体，主要包括公共关系协会、学会、研究会、俱乐部、联谊会、沙龙等。

（一）公共关系社团的特征

1. 广泛性

公共关系社团的成员既包括公共关系专家、学者和公共关系工作者，也包括所在地区的企业、新闻、科研、文教和党政机关等各方面的人士，还包括公共关系社团所属行业中各方面有代表性的组织，因此，公共关系社团的成员构成具有广泛性。

2. 松散性

公共关系社团虽然是一种组织，但它没有严格的组织结构，不具有强制性。这些社团中的成员只是对公共关系有着共同的兴趣，其目的是研究讨论问题和开展一些公共关系活动并加强交往。

3. 服务性

为社会服务是公共关系社团的宗旨，优质的服务是社团的生命力所在。因为通过优质服务，一方面可以满足社会对公共关系的需求，另一方面也提高了公共关系社团的知名度。

4. 非营利性

公共关系社团不是经济实体，是非营利性的组织，这是由它本身的性质决定的。公共关系社团不能从事商业经营活动。

（二）公共关系社团的类型

1. 综合型社团

综合型社团主要是指不同地域范围的公共关系协会。如 1986 年 11 月，中国内地第一家公共关系协会——上海市公共关系协会成立；1987 年 6 月，经国家体改委批准，中国公共关系协会在北京人民大会堂宣告成立；1991 年 4 月，中国国际公共关系协会成立。这类社团多为民办公（政府）助，其主要职能是服务、指导、监督和协调。

2. 学术型社团

学术型社团主要包括公共关系学会、研究会、研究所等学术团体，通过举办学术研讨会和交流会，探讨、研究、总结公共关系的理论问题，把握公共关系发展的趋势和方向，及时为公共关系从业人员提供理论信息，进行理论指导。

3. 行业型社团

行业型社团是一种行业公共关系组织。由于各行各业开展公共关系活动有各自不同的特点，所以公共关系活动和组织的行业化已经成为一种国际趋势。行业型的公共关系社团在组织上保证了公共关系事业的进一步发展，是大有前途的公共关系社团组织形式。

4. 联谊型社团

联谊型社团一般没有固定的活动方式，没有严密的组织机构，如公共关系俱乐部、沙龙、联谊会、同学会等，其作用是社团成员之间沟通信息，建立良好的人际关系。

5. 媒介型社团

媒介型社团是以报刊等传播媒介为依托组建的公共关系社团。它直接利用媒介，研究公共关系理论，普及公共关系知识，交流公共关系活动经验。

（三）公共关系社团的工作内容

1. 联络会员

公共关系社团可增强会员间的联系，增强与其他公共关系社团的横向联系，形成网络系统。

2. 制定规范

公共关系社团可制定公共关系人员职业道德规范并检查执行情况。世界各国的公共关系社团都十分重视这项工作。

3. 专业培训

专业培训是一项经常性的工作。我国的公共关系协会经常进行定期培训，并进行“公关员”资格证书的考试。

4. 普及公共关系知识

公共关系社团有义务向公众宣传和介绍有关公共关系的基本知识，并且为会员提供深造的机会。

5. 编辑印制宣传品

公共关系社团可编辑有关的书籍，撰写书稿、文章发表，这是宣传公共关系知识的重要手段。

相关链接

中国国际公共关系协会

中国国际公共关系协会是具有社团法人地位的全国性涉外专业组织，它成立于1991年4月，总部设在北京。其宗旨是：让世界了解中国，让中国走向世界。协会致力于公共关系的理论研究和实践探索，制定中国公共关系业发展战略；提高公共关系业及其从业人员的社会地位，维护公共关系从业人员的合法权益，规范公共关系业及其从业人员的行为；提供多种形式、内容丰富的会员服务，密切中国公共关系组织同海内外相关组织的联系，推动中国公共关系业的职业化、规范化和国际化发展；开展民间外交，进行高层联络，通过多渠道、多形式的国际交流与合作，为国内外组织机构提供咨询，为我国的改革开放和经济建设服务。协会下属的学术工作委员会、公关公司工作委员会、企业公关工作委员会和地方组织工作委员会，分别由国内公共关系领域的知名学者、著名公共关系公司的总裁和地方省市公共关系协会的领导组成，并在协会的领导下开展工作。协会常设机构有：协会秘书处，下设会员管理部、国际合作部、研究发展部、信息咨询部、教育培训部、人事处和办公室。一批政府有关部门的高层领导、新闻媒体负责人、著名企业家、资深公共关系学者和专家以及社会各界知名人士担任协会理事，为协会工作提供支持。

中国公共关系协会

中国公共关系协会成立于1987年，由公共关系专业机构、新闻媒体、教育、科研机构、政府有关机构和企业界人士等自愿组成，是经国家民政部批准成立的全国性的、学术性的、广泛性的非营利性社会团体组织。协会的基本任务包括：加强从业人员之间的交流、协调与合作；维护本行业专业人士的基本权力和利益；推动公共关系学术理论的发展，编辑出版会刊和专业资料，传播公共关系学知识；规范本行业的职业道德和行为准则，维护本行业的形象和声誉；培养和训练公共关系从业人员，不断提高业内人士的专业水准，促进行业整体素质提高；为会员和社会提供公共关系专业方面的咨询服务；建立和发展本行业与社会各界及国外同行之间的联系与合作；为中国企业走向世界，为海外信息、人才、技术、资金进入中国提供服务。

第三节 公共关系人员

狭义的公共关系人员是指从事公共关系职业的专职人员，即专门从事组织机构信息传播、关系协调与形象策划和实施的人员。从广义上理解，公共关系人员泛指组织内部和外部从事直接的公共关系工作、公共关系理论研究和公共关系教学的人员，以及在公共关系协会等机构工作的人员。公共关系的专业水准和工作质量直接与公共关系人员的素质和能力相关。从微观层次看，公共关系人员是最基本的公共关系活动主体。虽然不同类型的组织、不同层次的管理活动对公共关系人员的具体要求有差异性，但是，随着公共关系职业水准的提高，对公共关系人员专业化的要求也将日益提高。从事公共关系工作就需要了解公共关系人员的日常业务、基本条件、职业道德。另外，提高管理人员和其他人员的公共关系素质，加强全员公共关系管理，对于提高组织整体的公共关系水平也很重要。

相关链接

美国公共关系协会的相关调查

据美国公共关系协会在20世纪60年代对其4 000多名会员的调查，曾在大学专修新闻传播学的人占30.3%，专修英语的人占20.5%，专修经济学的人占8.3%，专修历史学的人占6.3%，专修政治学的人占6.1%，专修经营组织学的人占4.9%，专修心理学的人占4.3%。

一、公共关系人员的日常工作

在业务方面，公共关系人员应该是传播沟通方面的专业人才。虽然不同组织、不同岗位的公共关系人员的具体工作内容有差别，但也有一定的共性。公共关系人员日常业务中最一般的工作内容，如表2—3所示。

表2—3　公共关系人员日常工作内容

工作名称	工作内容
文字撰写	新闻稿件、广告文稿、宣传手册、杂志文章、计划书与报告书、电视或电影脚本、简报与通告、各种公共关系函件、商业文件等
编辑	报刊、杂志、书籍、文集、宣传手册、宣传栏等
设计与创作传播资料	小型宣传品、海报、广告、摄影和视听制品、企业标识等
调查研究	设计抽样、制作问卷、实施调查、统计分析等
咨询与规划	为具体项目和任务做计划，进行人、财、物方面的预算与规划
策划与组织活动	会议、专题活动、应急事件、展览活动等
演讲与主持	新闻发布会、庆典仪式、大型活动的礼仪安排、演讲与主持
游说	劝服有关对象、协调不同的客户关系
新闻界联系	保持与各类新闻媒介的日常接触与沟通，争取新闻宣传机会
公众联络与交往	联系社会名流、沟通社区关系的访问、接待等工作
管理和训练	监督、管理公共关系实施过程，训练有关人员的公共关系能力

二、公共关系人员的素质要求

（一）公共关系人员的公共关系意识

公共关系意识是公共关系人员必备的基本素质的核心，是现代化经营管理观念和原则在公共关系活动实践中的反映，是一种综合性的职业意识。

（1）塑造形象的意识。塑造形象的意识是公共关系意识的核心。具有塑造组织形象意识的人，能够确信知名度和美誉度对自己组织的生存和发展的价值。公共关系人员其他方面需要具备的公共关系意识都是围绕塑造形象的实务展开的。

（2）尊重公众的意识。公共关系首先服务于公众利益，这是组织本身生存的需要。利用和创造条件为公众服务，热情负责地注意在细微处体现公共关系意识，因为细节往往会在公众中产生感情上的共鸣，从而获得公众的信赖。

(3) 传播沟通的意识。传播沟通的意识实质上就是信息意识。而今，信息是比物资或能源更重要的资源。组织要塑造良好的形象，就要通过传播沟通使公众理解、信任和支持组织，以实现组织的目标。

(4) 诚信互惠的意识。诚信是互惠的前提，只有诚信，才能实现互惠，诚信互惠的意识主要表现在目的、计划、行为和效果的互利互惠上。任何组织都想通过公共关系工作塑造自身的良好形象，追求自身经济效益和社会效益的最佳统一，但这一切都必须建立在诚信的基础上，彼此尊重，平等合作，才能实现诚信互惠的目的。

(5) 创新审美的意识。组织要保持自身形象在同行业中处于显著地位，就要按照公众心目中的审美需求塑造组织形象，才会引起公众的关注，被公众所欣赏。公共关系人员在公共关系策划中必须有所创新，才能使组织形象独树一帜，以其鲜明的个性被公众所接受。

(6) 立足长远的意识。一个组织形象，一旦传播出去，就具备了相对稳定性。所以，树立形象要有长远的意识。社会上许多"老字号"企业在对外交往中往往容易取得事半功倍的效果，就是这个道理。

(7) 团队合作的意识。公共关系工作内容复杂，非一人之力可完全胜任，需要全体成员的共同协作，方能成功。因此，团队合作的意识是公共关系人员必备的重要意识。

(二) 公共关系人员的心理素质

心理素质是公共关系人员的基本素质，主要包括：

(1) 自信。自信，是公共关系人员职业心理素质最基本的要求。充满自信，才能面对挑战，激发出勇气和毅力，创造奇迹。自知者明，自信者强。相信自己能超越别人，才能发挥自身最大的聪明才智，不断去面对竞争，追求成功。

(2) 热情。热情能使人真诚地面对各界人士，广交朋友，开拓工作渠道。热情能使公共关系人员兴趣广泛，充满想象力和创造力。公共关系行业需要付出大量智力和体力劳动，如果没有对工作的极大热情，没有全身心的投入，是无法胜任公共关系工作的。

(3) 开放。公共关系工作要求公共关系人员具有开放的心理。具有这种心理特征的人，往往具有旺盛的求知欲与好奇心，容易接受新观念，能不懈地追求新的目标，勇于创新。在同各种人打交道时，能同他们建立良好的人际关系。面对困难与挫折，能保持乐观豁达的心态，并把微笑带给公众。

(三) 公共关系人员的知识素质

公共关系人员的知识素质是指其知识结构与水平，主要包括：

(1) 公共关系的基础理论知识。基础理论知识包括公共关系的基本概念；公共关系的产生、发展和基本原则；公共关系的三大要素，即组织、公众和传播；公共关系的职能；公共关系人员的素质；不同类型的公共关系机构的构建原则和工作内容；公共关系工作的基本程序等相关的内容。

(2) 公共关系的专业实务知识。专业实务知识包括信息管理、公共关系调研、公共关系策划、公共关系评估、公共关系危机处理、公众对象分析、人际交往、公共关系礼仪等专业实务知识。

(3) 与公共关系密切相关的学科知识。除教育部规定开设的公共课外，公共关系专业还应开设基础课程，包括传播学、管理学、社会学、心理学、文化学、逻辑学、实用美学等。传播学及相关课程包括：传播学原理、媒介理论与实务、演讲与口才、肢体语言、公共关系应用写作、计算机应用、谈判理论与技巧。管理学及相关课程包括：管理学原理、组织文化、市场营销、广告概论、会计学原理、法律类课程（如经济法）等。

（四）公共关系人员的能力素质

能力通常指能胜任某项任务的主观条件，包括顺利完成各种活动所必需的个性心理特征。公共关系人员的能力素质主要包括：

（1）较强的口头与文字表达能力。较强的口头与文字表达能力是从事公共关系职业的基本功。公共关系人员需要编写宣传材料、撰写新闻稿、编写组织刊物、为发言人或领导撰写演讲稿、策划活动方案、写各种总结和报告等，这些工作都需要较强的文字表达能力。口头表达能力也是公共关系人员必备的能力之一。“三寸之舌，强于百万之师。”公共关系人员要做到清晰准确地表达思想、发布信息，保持高雅的气质和风度，才能收到良好的公共关系效果。

（2）很强的思维能力。具备很强的思维能力，会发挥自己的创造力，策划活动才会有创新意识。很强的思维能力使人思考问题时，能透过现象抓住本质。思维能力会让人站在公众的角度去考虑问题，明确自己的地位，尊重客户，在客户面前甘当配角。

（3）敏锐的观察能力。具备敏锐的观察能力，才能善于从众多的信息中发现问题，从相对稳定的现象中发现潜在变化着的因素，随时把握信息，有针对性地开展工作。

（4）良好的创新能力。要发展就要创新，每一次成功的公共关系活动从开始策划到付诸实施都必须有所创新，才能取得轰动效应。企业形象的策划、企业识别系统的创意、企业文化的传播都需要公共关系人员具备开拓精神和创造力，只有这样，才能以其新颖、独特的创意赢得公众的赞誉。

（5）良好的组织能力。组织能力是指在公共关系活动中统一指挥、调度、协调的能力。任何一个公共关系活动从计划到实施，工作具体又繁杂，要充分调动部门的积极性，才能使整个部门的每个人各司其职，通力合作。即使任务繁重，只要指挥得当，大家也能在和谐的氛围中把工作做好，以实现公共关系的目标。

（6）较强的信息处理能力。公共关系工作需要公共关系人员运用现代化办公手段掌握信息、处理信息和发布信息，还可充分利用信息知识开发创造力。

（7）善于与他人交往的能力。一个组织拥有的公众很复杂，组织的横向交往很多。公共关系人员必须具备善于与他人交往的能力，只有这样，才能与周围的人融合，才能面对公众，做好工作，以赢得公众的信任，有效实现工作目标。

（8）处理危机事件的能力。在公共关系工作中，有时会遇到各种危机事件，需要紧急应变处理，这对公共关系人员应对危机事件的能力将是严峻的考验。若处理不当，不仅有损公共关系单位和个人声誉，更会给事件涉及的组织造成重大影响和损失。因此，公共关系人员需沉着、机智、遇变不惊，时刻想着是代表组织在面对公众，无论公众如何，都应凭借自己的能力化险为夷。

（9）掌握政策、理论的能力。公共关系人员必须在国家政策和理论的指导下从事业务活动。公共关系人员要把对国家政策和理论动态的研究纳入公共关系的日常工作之中，只有这样，才能不断提高自身的政策水平和理论水平，提高工作的质量和效果。

（五）公共关系人员的情商

所谓情商（EQ），指的是个人对自己情绪的把握和控制，对他人情绪的揣摩，以及对人生的乐观程度和面对挫折的承受能力。公共关系人员的情商主要包括：

（1）自我感知的能力。当某种情绪出现时就能自我感知的能力是 EQ 的基石。对自我情感感知能力越强，就越能把握自身的前进方向。公共关系人员只有具备这种感知能力，才能做到“自知之明”，才能在工作中帮助组织认识自我。

（2）情绪调解的能力。人在工作中会遇到比较复杂的情况，也可能会遇到令人烦恼或委屈甚至愤怒的事情。公共关系人员因其工作性质也会遭遇类似情形，这时就需要具备情绪调解的能力。如果公共关系人员善于在各种情绪的波动中及时调整自己，就更能保证公共关系活动的效果。“自知者明，自胜者强。”战胜自己更重要。

（3）自我激励的能力。自我激励就是积极地面对一切，遇到困难不悲观，遇到挫折不气馁，激励自己始终保持高度的工作热忱，这是取得事业成功的动力。公共关系人员首先需要学会这种自我激励方法，才能帮助组织激励员工，不断提高工作效率，促进组织持续发展。

（4）认知他人的能力。公共关系人员应该具备认知他人情绪的能力。在细微之处察觉他人的需要并予以及时的帮助，这样能促成和谐的人际关系，有利于组织公共关系工作的拓展。

智商（IQ）与情商是相互区别而又相互关联的两个方面，作为公共关系人员，应该在这两个方面共同发展，只有这样，才能成为高素质、高能力的公共关系人才。

（六）公共关系人员的职业道德

公共关系是塑造形象、建立信誉的活动，因此，作为公共关系人员，首先要使自己有一个良好形象，在公众中建立起信誉。公共关系工作的成效完全在于能否取信于人，为此，世界各国对公共关系人员的要求都很严格。我国各类公共关系协会和各国公共关系协会都制定了明确、详细、严格的公共关系人员的职业道德和工作准则。这些准则的主要内容包括：

（1）公正。公共关系人员是组织与公众之间沟通的桥梁，在具体的工作中，一方面代表了组织的利益，一方面代表了公众的利益。公共关系人员要尽可能站在公正的立场上，不偏不倚，才能取信于公众。

（2）正派。公共关系人员要诚实可靠，作风正派，行为良好，不谋私利，不能搞不正之风，不能从事腐蚀新闻界或政府机构的活动。如企业刊登广告是采用购买报刊版面和电视台、电台的播放时间来进行的，公共关系人员为企业写的新闻稿件，则不能用直接或间接的收买手段去获得版面和播放时间，不能搞“有偿新闻”，在传播活动中不能蓄意破坏同行的信誉。

（3）有社会责任感。公共关系人员要使自己的活动不仅符合客户和雇主的利益，而且要符合公众的利益，要对整个社会负责，注重社会效益。如果客户和雇主的要求有损公众利益或违反社会道德标准，公共关系人员就应予以拒绝。

（4）实事求是。在交流信息时，必须真实准确，实事求是。在进行调查研究，收集社会公众和内部公众对组织的评价时，公共关系人员要如实地加以整理、分析和反映，既报喜又报忧。在向外传递本组织的信息时，不能虚报、隐瞒，不能表面上是为了公众利益，而暗地里却是为了实现有违于公众利益的目的。例如，私下赞助某一机构举办名优产品评选，使自己榜上有名，给公众一个错觉，认为这次评选是独立的、客观公正的。这是一种欺骗行为。我国目前各种评选活动中，经常出现这种丑闻，这是不符合公共关系原则的。为此，公共关系人员在收集和传递信息时，必须进行仔细的核对，不能相信一面之词。真实是公共关系工作的生命线。

(5) 保密观念。公共关系人员为了更好地开展工作，必然要接触一些客户或雇主的机密。无论何时，公共关系人员都必须严守机密，即使不再为这一客户或雇主工作，也应该为其保密。更不允许以掌握这一机密为资本，去为该客户的竞争对手服务。

相关链接

中国公共关系职业道德准则

(1991 年 5 月 20 日第四届全国省、市公共关系组织联席会议通过)

中国公共关系事业的发展，是中国改革开放的必然趋势，它以新型的管理科学，协调社会各方面关系，密切党和广大人民群众的联系，调动各种积极因素，维护安定团结，促进社会主义建设。因此公共关系工作者肩负着时代的使命，公共关系工作者必须具有高尚的职业道德作为完善自身形象的行为准则。

(一) 公共关系工作者应当坚持社会主义方向，自觉地遵守我国的宪法、法律和社会道德规范。

(二) 公共关系工作者开展公共关系活动首先要注重社会效益，努力维护公共关系职业的整体形象。

(三) 公共关系工作者在公共关系活动中，应当力求真实、准确、公正和对公众负责。

(四) 公共关系工作者应当努力提高自己的政治水平、文化修养和公共关系的专业技能。

(五) 公共关系工作者应当将公共关系理论联系中国的实际，以严肃、认真、诚实的态度来从事公共关系学教育。

(六) 公共关系工作者应当注意传播信息的真实性和准确性，防止和避免误解的信息。

(七) 公共关系工作者不能有意损害其他公共关系工作者的信誉和公共关系实务。对不道德、不守法的公共关系组织及个人予以制止并通过有关组织采取相应的措施。

(八) 公共关系工作者不得借用公共关系名义从事任何有损公共关系信誉的活动。

(九) 公共关系工作者应当对公共关系事业具有高度的责任感。不得利用贿赂或其他不正当手段影响传播媒介人员真实、客观的报道。

(十) 公共关系工作者在国内外公共关系实务中应该严守国家和各自组织的有关机密。

附则：

本准则将根据实际情况予以调整和修改。其解释、修改、终止权属全国省、市公共关系组织联席会议。

要点回放

公共关系主体即组织。组织是按照一定的宗旨和系统建立起来的，为履行一定的社会职能、完成既定的社会目标而构成的一个独立的社会机构。组织在公共关系中处于主导地位，它决定着公共关系活动目标的实现、功能的发挥、活动的状态及发展的方向。

公共关系机构亦称公共关系组织，是指在现代社会中，为实现一定的公共关系目标而设立的专门从事公共关系工作，为社会提供公共关系服务的组织机构的总称。公共关系机构的类型包括组织内设的公共关系机构和社会上独立从事公共关系活动的机构（简称独立机构）。其中，独立机构又分为公共关系公司和公共关系社团。

所谓组织内设的公共关系机构，是指针对一定的目标，为开展组织的公共关系工作，由专职人员组成的专业职能机构，这个机构的名称通常叫公共关系部，也有的叫公共事务部、公共信息部、公共关系广告部、社会关系部等。虽然名称不同，但是其工作职能基本一致，如采集信息、监测环境、策划形象、参谋决策、社会交往、协调关系等。

公共关系公司是由各具专长的公共关系专家组成，运用专门知识、技能和经验，受客户委托，专门为客户提供公共关系服务，从事专业公共关系活动和咨询的服务性机构。有的公共关系公司称为公共关系咨询公司或公共关系顾问公司。

公共关系社团是指组织外部的公共关系机构中除公共关系公司以外的一种公共关系机构类型，泛指社会上自发组织起来的、非营利性的从事公共关系理论研究和从事公共关系活动的群众组织或群众团体。

狭义的公共关系人员是指从事公共关系职业的专职人员，即专门从事组织机构信息传播、关系协调与形象策划和实施的人员。从广义上理解，公共关系人员泛指组织内部和外部从事直接的公共关系工作、公共关系理论研究和公共关系教学的人员，以及在公共关系协会等机构工作的人员。公共关系的专业水准和工作质量直接与公共关系人员的素质和能力相关。从事公共关系工作就需要了解公共关系人员的日常业务、基本条件、职业道德。另外，提高管理人员和其他人员的公共关系素质，加强全员公共关系管理，对于提高组织整体的公共关系水平也很重要。

模拟训练

情境设定：

假设小王刚刚成功应聘了某物业公司客户接待的职位。他第一天到公司上班，离上班时间还有二十分钟，办公室空无一人，其他同事都还没有到公司。这时，来了一位客户，从神情可以判断其非常焦急，他和小王诉说自家的下水管漏水了，希望物业能够尽早派人去修。小王对公司的业务和人员还不是十分熟悉，面对客户的问题，他应该如何处理？

训练要求：

1. 请两位同学分别扮演小王和客户，其他同学扮演观众。
2. 请扮演者按角色分工现场表演，表演者要注意使表演适合角色的要求。
3. 角色扮演结束后，组织全班同学对两位同学的扮演进行评分并做相应的评价。

复习题

1. 什么是组织？组织的宗旨和使命是什么？
2. 简述公共关系主体的特征。
3. 公共关系机构在组织中处于什么样的地位？
4. 组织内设公共关系机构的模式有几种？各有什么样的特点？
5. 请比较组织内设的公共关系机构与公共关系公司的特点。
6. 作为一位成功的公共关系人员，需要具备什么样的素质？

经典案例

贝聿铭的沟通策略

被誉为建筑外交家的贝聿铭最全面地展示他公关才华的时机是在20世纪80年代。当时，他被指定为罗浮宫扩建工程的建筑师，可是工程所带来的挑战似乎远远大过机遇。

看起来贝聿铭似乎的确面临无法跨越的困难，他所设计的“金字塔”得到了大多数人的反对，反对的浪潮由官员、民众和媒体发起，从法国前总统密特朗邀请贝聿铭设计师时便开始了。

反对的声浪越来越猛。米歇尔·居伊曾经担任过文化部部长，现在则组织了一个“罗浮宫修复委员会”的反金字塔团体，还撰写文章，把贝聿铭的设计比喻为“飞机场或药店”，呼吁不要采纳这个方案；博物馆馆长安德海·沙博为了表示抗议甚至辞去职位；摄影师布莱松认为金字塔充满葬礼气氛，更适合放在墓地而不是罗浮宫；在“巴黎不要金字塔”和“不许干涉罗浮宫”的口号下团结了一大批人，媒体也发表着他们的反对意见。

在和密特朗的面对面沟通中，贝聿铭做得彬彬有礼而不卑躬屈膝，他的温文尔雅和翩翩风度也已闻名遐迩。在罗浮宫项目中，贝聿铭一一展示了他杰出的沟通能力，让几乎所有相关的人被说服的同时，还深深地叹服于他的这种能力。

在贝聿铭一长串的访问名单中，包括巴黎各个领域的名人，其中，法国头号指挥家、先锋音乐的支持者皮埃尔·布莱不但私下里帮助贝聿铭游说他的那些声名显赫的朋友，在报上发表文章支持贝聿铭的方案，而且还在扩建工程揭幕仪式上指挥乐队。贝聿铭还访问了蓬皮杜中心前董事长的遗孀劳德·蓬皮杜，尽管她的丈夫是保守党成员，他还是成功地说服她支持这个项目。

最令人感叹的沟通发生在贝聿铭和希拉克之间，开始，贝聿铭对和希拉克打交道是不抱什么希望的。那时，希拉克是前任总理，当时的巴黎市长，他是保守党成员，密特朗的主要政治对手，因为态度粗暴而被人冠以“推土机”之名。对于希拉克而言，比支持贝聿铭更有诱惑力的是，不管是把这个设计当做社会党蔑视传统价值的样板，还是别的什么来加以谴责，他都可以通过诋毁金字塔来获取政治资本。

贝聿铭在市长办公室拜访了希拉克，这次拜访是一次完美的沟通行动。交谈从城市规划入手——这是希拉克感兴趣的领域，他们认为罗浮宫仿佛一座阴森庞大的屏障矗立在塞纳河左右岸（显然，改变这种状况是巴黎市长的责任；从利益销售的原则来看，也是希拉克的需求），贝聿铭陈述的要点在于，他保证，要给罗浮宫动手术，使它和历史重新统一成一个整体。同时，他又举出一系列在巴黎市政管理层面上的例子，这些例子每一个都紧紧贴附城市规划的主题和角度。之后，贝聿铭说：开放罗浮宫意味着开放巴黎。在这个无法加以反对的总结和无可挑剔的论述面前，希拉克的态度已经显而易见，他告诉新闻界，他“并不仇视”金字塔；在私下里，贝聿铭得到了比他设想的更多的肯定，希拉克告诉他，“从城市规划的角度看，这个项目几乎十全十美”。

除了面对面的沟通，贝聿铭还率领他的设计小组进行了一场卓有成效的传播活动，他们组织展览会，对公众传播罗浮宫扩建项目将对具有悠久历史的罗浮宫拥挤的陈列室做出重大的改善。展览之后形势发生了变化，金字塔获得了像贝聿铭希望的那样，作为这个时代特色的建筑进入罗浮宫并成为其中的一部分。

建筑大师贝聿铭在罗浮宫扩建项目过程中所表现的卓越沟通能力，不仅解除了危机，还赢得了支持，这无疑为我们提供了一个出色的典范。

通过阅读分析下列问题：

1. 贝聿铭公关的特征有哪些？
2. 贝聿铭是如何达成公关目标的？

趣味阅读

学公关，我面对挑剔攻下了求职第一关

告别十几年的求学生涯，我又一次站在了人生的十字路口——理想中的工作，你在哪里？我不禁叹了口气。我来自农村，本地的观念很难容纳我这个公共关系专业毕业，而且又毫无背景的七尺男儿。恰好上海正在举行大型人才交流会，于是，在新千年的第一天，我有点悲壮地登上了南下的列车，投入了求职大军。望着窗外渐渐远去的故乡，我禁不住想：上海，你能给我一块立足之地吗？

当我站在人才交流会入口处时，望着如潮水般涌动的人群，我第一次感到了自己的渺小和微不足道——全国各省市数万精英云集于此，其中不乏博士、硕士和名牌大学的毕业生，而我毕业于一个名不见经传的财经学院，算得了什么？拿着一叠求职书，我在人群中慢慢移动，几乎每一家公司的摊位前都有一大群求职者等候着。碰碰运气吧！自卑的我终于鼓起勇气站在了一列队伍的最后，这家公司需要管理方面的工作人员。

轮到我时，老总却把我的求职书退了回来：“对不起，我们需要的是研究生！”“研究生？”我愕然，仓促之中居然没看清要求，这么长时间就算白等了？我迅速从尴尬中反应过来。“是的，研究生可能更专于某个方面，但现代管理需要通才，要博而不是精！”老总颇感兴趣地看着我，这使我信心大增，便继续滔滔不绝：“其实，现代管理的一个重要方面就是要协调好各方面的社会关系。钢铁大王卡耐基以百万年薪聘请并不懂钢铁的斯瓦伯为总经理，看中的正是他的公关能力，而斯瓦伯上任后也确实为卡耐基公司带来了巨大利润。由此可见，管理能力与专业学历实在是两码事……”

面对诸多求职者的挑剔眼光，我硬着头皮“侃侃而谈”，尽量不露怯，这应该归功于平时公关礼仪课上的训练和积累。当我意气风发地挤出人群时，已经茅塞顿开：在这种场合，身份、学历及过去的一切都是次要的，最重要的是你面对招聘者时所表现出来的气质、谈吐、智慧及能力，求职，从某种意义上来说就是如何在面试时展现最佳的自我。

尽管那位老总最终还是婉言拒绝了我，但我却对他充满了感激。因为从他那里，我已经找到了推销自己的方法。

在以后的招聘会上，我不再急着排队面试，而是先在大厅内逛几圈，对各公司的招聘情况有个宏观的把握后，再做打算。在一次招聘会上，我把南鹏公司定为了自己的第一目标。递进求职书后，一位服务小姐让我填写登记表。

“咦，你是农村的?”当得知我的老家在乡下时，小姐惊诧地看着我。

“农民的儿子质朴、诚实，能吃苦，这是城市青年没有的优点。”我毫不犹豫地答道。

“看你的模样又斯文又白净，不像农村出来的青年啊!”小姐笑着说。

“多谢您夸奖，这说明我适应性强嘛!”这个时候既要有礼貌，也决不能客气。

服务小姐登记完后，在我的简历上画了个大大的勾，并微笑着对我说：“回去等消息吧。”

我又惊又喜，于是又得出了一个结论：求职时慎重对待每一位信息传递者，这会收到意想不到的效果。

第二天，我果然收到了南鹏公司的面试电话。面试时，我又见到了那位服务小姐，她把我介绍给了负责人，和负责人热情而有分寸地握手之后，寒暄几句，面试开始。“请问你认为这个房间的摆设如何?”我打量了一下四周，略作思考：“很能体现贵公司的风格，有独到之处，美中不足的是稍显严肃了点。如果能摆设两盆花木或放点音乐，更能营造一个宽松和谐的交流环境。”“这么多应聘者中，你是少有的见解新颖且胆大心细的一位!”负责人对我表示赞赏。“您过奖了，其实许多人比我更出色，只不过审美观不同罢了。”在抬高自己的同时决不贬低别人，这是我的一贯作风，否则会给人留下不厚道的印象。

良好的开端是成功的一半，在接下来的谈话中，我始终把握住两点：一方面尽力推销自己，另一方面处处为对方着想。可以看出，负责人的眼睛里渐渐流露出了欣赏之意。快结束时，负责人突然抛出一个敏感的问题：“你对待遇有何要求?”“在这个商品经济时代，不考虑待遇是不现实的。但我想，作为一名年轻人，最重要的不是待遇，而是如何才能实现自我价值。”这本来是几句文不对题的废话，但负责人却颇为满意。“如果你未被我们公司录取，你会怎么想?”我不卑不亢，有礼貌地说：“人才交流强调双向选择，在我失去这个就业机会的同时，也意味着贵公司失去了一个不可多得的人才!”“假如你被录取，能处理好同事关系吗?”负责人紧接着问。这个看似简单的问题如果直接回答显然不高明，我决定迂回包抄：“集中精力搞好工作、发展事业才是我们的最终目的，至于和同事之间的关系，我天性随和，应该没问题!”负责人满意地笑了。走出面试间，我轻轻地关上了门，这些细节往往能反映出一个人的素质和修养。

在此后的两天中，我并没有坐等消息，而是通过网站，拿到了该公司状况的第一手资料。然后，我把对企业文化的看法和该公司发展趋势写下来，连同一张新年卡寄给了该公司老总。

三天后，我接到了南鹏公司打来的电话，第一句话就是：“学公关的小伙子，你攻下了我们这一关……”

第三章　公共关系客体

学习目的

1. 了解公众的概念和特征
2. 掌握公众分类的标准及类型
3. 理解做好员工公关工作的重要意义，掌握员工公关的主要手段
4. 正确认知股东公众并掌握股东公关的主要手段
5. 理解做好顾客公关的重要意义，掌握建立良好的顾客关系的公关要点
6. 了解媒介公关、政府公关及社区公关的意义

引例

只有一名乘客的航班

英国航空公司所属波音747客机008号航班，准备从伦敦飞往日本东京时，因故障推迟起飞20小时。为了不使在东京等候此航班回伦敦的乘客耽误行程，英国航空公司及时帮助这些乘客换乘其他公司的飞机。共190名乘客欣然接受了英国航空公司的妥当安排，分别改乘别的班机飞往伦敦。但其中有一位叫大竹秀子的日本老太太，说什么也不肯换乘其他班机，坚决要乘坐英国航空公司的008号班机。实在无奈，原拟另有飞行安排的008号班机只好照旧到达东京后再飞回伦敦。

一个罕见的情景出现在人们的面前：东京—伦敦，航程达1.3万公里，可是英国航空公司的008号班机上只载着一名旅客，这就是大竹秀子。她一人独享该班机的353个飞机坐席以及6位机组人员和15位服务人员的周到服务。有人估计说，这次只有1名乘客的国际航班使英国航空公司至少损失约10万美元。

从表面上看，这的确是一个不小的损失。可是，从深层来理解，它却是一个无法估计的收获。正是由于英国航空公司一切为了顾客服务的行为，在世界各国来去匆匆的顾客心目中换取了一个用金钱也难以买到的良好公司形象。

阅读本引例，回答下列问题：

1. 结合市场经济的现状评价英国航空公司的做法。

2. 当企业组织与顾客公众之间发生矛盾时，顾客未必是正确的。但为什么我们还要说：“顾客永远是正确的”？请你结合案例对这句话加以解释。

第一节　公众的概念与特征

一、公众的定义

公共关系也称作“公众关系”，因为公共关系是一种组织与公众之间的双向关系，公共关系的工作对象就是公众。从公共关系学的一般意义上说，所谓公众，即与特定的公共关系主体利益相关并相互影响和相互作用的个人、群体和组织的总和，是公共关系工作对象的总称。凡是公共关系传播沟通的对象都可以称之为公众。

没有公众的支持和信任，任何一个组织都不可能生存和发展。因此，协调好各种公众关系，得到公众的广泛支持，赢得良好的社会舆论，是公共关系活动的重要内容。

二、公众的特征

（一）广泛性

任何组织都不能孤立地存在于社会之中，都因面临共同的问题而与其他组织发生联系，相互影响，相互作用，从而成为另外一些组织的公众。任何个人，只要同一定的组织在某一共同问题上产生相互关系、影响和作用，就成为这一组织的公众。因此，从这一点上来说，特定某一组织以外的任何组织和个人都有可能成为该组织的公众，组织的公众广泛地分布于社会之中。

（二）整体性

公众对象不是单一的，而是与某一组织运行的整体环境有关。任何组织的生存和发展都离不开一定的公众环境。这个公众环境是指组织运行过程中必须面对的公众关系和公众舆论的总和。这些公众关系和公众舆论范围很广，涉及组织内部和外部，社会方方面面，而且相互关联、构成复杂。公共关系工作不可以只关注其中某一类公众，而忽略了其他公众。对任何一种公众的疏忽，都可能不同程度地影响到整体公众环境的质量，甚至导致公众环境的恶化，从而影响组织的正常生存和发展。因此，应该将组织面对的公众视作一个完整的环境，用全面的、系统的、整体的观点来分析自己的公众，注意组织与公众环境之间的整体平衡和协调。

（三）多样性

公众的存在形式不是单一的，而是复杂多样的。“公众”仅仅是个统称，具体的公众对象形式可以是个人，可以是群体，也可以是组织或团体。日常的公共关系工作对象，包括多种多样的个人关系、群体关系、团体关系、组织关系等。即使是同一类的公众对象，也可以有不同的存在形式，其对问题解决的要求也不一定完全相同。例如，媒介关系可以表现为前来采访的记者，也可以是与记者协会、新闻学会的关系，或与报社、电台、电视台编辑部等新闻单位的关系。公众对象具体形式的多样性包括其对组织要求的多样性，这就决定了公共关系沟通方式和传播媒介的多样性。

（四）共同性

公众不是一盘散沙，而是具有某种内在共同性的群体。当某一群人、某一社会阶层或某些社会团体因为某种共同性而发生联系时，便成为一类公众。这种共同性就是相互之间的某种共同点，如共同的利益、共同的需求、共同的目的、共同的兴趣、共同的背景等。

例如，购买某企业生产的问题食品的顾客，虽然他们之间可能素不相识，而且现实中也可能永远没有机会发生关系，但是由于他们面临着同一个问题，有着共同的利害关系以及对问题的处理有着相似的看法等，使他们成为生产该产品企业的公众。因此，了解和分析组织的公众，必须了解和分析其内在的共同性、内在的联系，这样才能化混沌为清晰，从公众群体中区分出不同的对象。

（五）变化性

公众不是封闭僵化、一成不变的对象，而是一个开放的系统，处于不断变化发展的过程之中。任何组织的公众对象的性质、形式、数量、范围等均会随着主体条件、客观环境的变化而变化。公众群体随着问题的产生而形成，随着问题的解决而自然消失。例如，商场每天接待的大批顾客，他们都带着“购买自己必需的商品”的共同需求，从而形成了这家商场的消费者公众群体。这些顾客买到了自己满意的商品，离开商场，那么由他们组成的公众群体也就自然消失了。但其中有部分顾客发现自己购买的商品有质量问题，返回商场交涉，则这一群顾客又因为“商品质量不好，要求退换、补偿”这样一个问题而联结起来，形成了商场的另一公众群体。等到商场解决了他们的问题，保障了他们的利益，令这群公众满意而归，这一公众群体又随之解散。

（六）相关性

从理论上讲，社会上的每一个人都可能成为一个组织的公众，但是实际上，一个组织的公共关系活动的投入总是有限的，无论财力、物力和人力，都不允许一个组织把所有的人当成本组织的公众。公共关系的公众总是与特定的组织相关的，与该组织存在着某种利益关系，这就是公共关系公众的相关性。而这种相关性正是组织的公共关系活动策划时期的工作重点，公共关系工作中寻找和确定公众的过程，从某种程度上说也就是寻找和确定这种相关性的过程。

第二节　公众的分类

一个组织，经常面临着复杂而又广泛的公众，根据公共关系工作的具体目标，必须区别和选择公众，才能针对公众的特点采取方法，有目的地开展公共关系工作。因而，对复杂多样的公众进行分类是组织开展公共关系工作的前提。

为保证公共关系工作的针对性，使公共关系工作富有成效，我们往往根据不同标准对公众进行划分，以下为几种常见的分类法。

一、内部公众与外部公众

根据组织的内外区别，将公众分为内部公众和外部公众。

（一）内部公众

内部公众是指组织内部沟通、传播的对象，包括组织内部的全体成员。如企业的员工、股东、政府部门内部的工作人员等。内部公众与组织的关系最为密切和直接，既是组织内部公共关系沟通的对象，又是组织外部公共关系工作的主体，是与组织自身相关性最强的一类公众对象，因而协调好与内部公众的关系是组织公共关系工作最重要的一个环节。

（二）外部公众

外部公众是指那些除了内部公众之外的与组织有这样或那样联系的公众。作为组织的环境力量，外部公众是组织依靠的伙伴，也是制约组织发展的极其重要的因素。外部公众的数量比内部公众大得多，可以说它是由相互依赖、功能互补的各类组织或群体共同组成的一个庞大的环境系统。组织在这个系统中生存和发展，时时处处要依赖这个系统的整体支持。

二、首要公众、次要公众与边缘公众

根据与组织关系的重要程度，将公众分为首要公众、次要公众和边缘公众。

（一）首要公众

首要公众是指与组织联系最频繁、最密切，关系到组织生死存亡、决定组织成败的那部分公众，它对组织的发展前途和现状有着重要的制约力和影响力。这类公众是组织必须高度重视，投入较大的公关资源来重点保证的对象。例如，商场、酒店、宾馆关系中的VIP（Very Important Person，即要人），指的就是首要公众。另外，如员工、股东、顾客等也属于首要公众。公共关系人员必须对这部分公众投入大量的时间、人力和资金，以维持和改善组织与他们之间的关系。

（二）次要公众

次要公众是指那些对组织的生存和发展有相当重要的影响，但没有决定性意义也不直接发生作用的那部分公众。如政府公众、媒介公众、社区公众、组织的竞争者等。首要公众与次要公众两者之间在一定的条件下可能发生转化，次要公众在某一特定时期和特定条件下有可能转化为首要公众，反之亦然。因此，在具体的公共关系活动中，在保证首要公众的前提下，应该兼顾次要公众，争取他们的合作和支持。

（三）边缘公众

边缘公众是指与组织关系最不密切的那部分公众，如一般的社会团体、慈善团体、宗教团体等。这类公众一般来说不对组织构成影响，因此，组织不需要投入过多的时间、人力和物力，但也不可完全忽视。

三、顺意公众、逆意公众和独立公众

根据公众对组织的态度，将公众分为顺意公众、逆意公众和独立公众。

（一）顺意公众

顺意公众是指那些对组织的政策、行为和产品持赞成意向和支持态度的公众，即组织的盟友和拥护者，这是组织赖以生存的基本公众。这类公众对组织的生存和发展非常重要，组织在制订公关计划时必须要加强同这类公众的联系和沟通，细心维持和不断加强与他们的关系。

（二）逆意公众

逆意公众是指对组织的政策、行为和产品持否定意向和反对态度的公众对象，即组织的敌对者、对抗力量，是组织发展的障碍，也是组织公共关系工作的重要对象。公共关系活动的一个基本政策是为组织的生存和发展创造一个“人和”的环境，必须“多交友，少树敌”。逆意公众因为对组织的政策或行为持反对和否定态度，所以对于组织来说，大多数情况下逆意公众的存在都是威胁。因此，公共关系人员要特别加强与这部分公众之间的信息沟通和感情联络，促使这部分公众的态度发生根本的变化。

（三）独立公众

独立公众是指对组织持中间态度，或是对组织的政策和行为态度不明朗的那部分公众，介于顺意公众与逆意公众之间，在人数上为大多数。独立公众由于对组织不够了解，有可能发展成为顺意公众，也有可能成为逆意公众。因此，做好这部分公众的态度转变工作，争取得到他们的支持与赞赏，是组织公共关系工作的一项重要内容。

四、临时公众、周期公众与稳定公众

根据公众构成的稳定性程度，将公众分为临时公众、周期公众和稳定公众。

（一）临时公众

临时公众是指由于某一突发事件或一些临时因素而形成的公众，如因食用某一问题食品而陷入困境的消费者，或因为列车晚点而等候上车的乘客等。每个组织都有可能遇到一些事先难以预料的突发事件，这时就需要公共关系部门进行紧急应对。很多组织的公共关系人员被人们称为“消防队员”，就是这个原因。衡量一个组织的公关能力强弱，关键不是看其对事先可预料的问题的处理，更重要的是看其对临时突发问题处理得是否成功。

（二）周期公众

周期公众是指按照一定周期出现的公众，如风景旅游区因为国庆长假蜂拥而至的游客，月饼生产厂家因为中秋即将来临而前来订购月饼的客户等。周期公众的出现是有一定的规律性的，事先可以完全预测到。应对这类公众，公共关系人员可以事先制订好公共关系活动计划，做好必要的准备。

（三）稳定公众

稳定公众是指与组织之间有稳定关系，会经常性出现的公众，如老顾客或持有超市商场会员卡或贵宾卡的顾客等。稳定公众是组织的基本公众，是组织的宝贵财富，因此，组织往往会对他们采取特别的优惠政策，以示关系的亲密。据世界银行的“二八定律”显示，大多数组织80%左右的财富是由占总人数20%的一小部分顾客创造的，这一部分公众就是组织必须十分重视的稳定公众。

五、非公众、潜在公众、知晓公众与行动公众

根据公众不同的发展过程及不同阶段的特点或者根据组织对于公众的影响程度，将公众分为非公众、潜在公众、知晓公众和行动公众。首先看下面的案例。

【案例3—1】

麦当劳的“生日档案”

日本的麦当劳汉堡店记载了约60万名小朋友的“生日档案”。小朋友生日的前几天就会收到该店寄来的贺卡；生日当天，小朋友会应邀到该店做客。按一般惯例，小朋友得到一份生日礼物也就心满意足了，可这家汉堡店却特别郑重其事。这样，每天就在一部分顾

客当中产生了一种“忠诚”的“感情”，这样就“可以赚他们下一辈的钱”。商家的这种眼光可以说是够势力的了，但在市场竞争十分激烈的今天，这些见解不能说是没有道理的。哲学家说，是人创造了上帝；该商家则说：“是企业和员工创造了上帝，把潜在的顾客变成现实的顾客，上帝也就被创造出来了。”

做一份记载有60万名小朋友的“生日档案”，并且在小朋友生日的前几天就要邮寄出贺卡，这是一项相当庞大的工作，需要花费麦当劳汉堡店相当一部分员工的时间与精力。表面上看来，这与企业组织盈利的目标是相冲突的，但是，在市场竞争日益激烈的今天，这也许恰恰是日本麦当劳汉堡店制胜的法宝。

（一）非公众

非公众是指处在某组织的影响范围之中，但与该组织无关，其观点、态度和行为不受该组织影响，也不对该组织发生任何影响的团体或个人，非公众不是公共关系的实际工作对象。组织有必要将非公众排除于组织公共关系的活动范围之外，这样可以帮助组织减少公共关系工作的盲目性，也可以避免不必要的浪费。当然，非公众也不是绝对的，从发展角度来看，公众都是由非公众发展而来的。因此，公共关系人员也不能绝对地把非公众排除出自己的视线。

（二）潜在公众

潜在公众是指由于潜在的公共关系问题而形成的潜伏公众或未来公众，即还未发展为现实的公众对象。潜在公众有两种情况：一是事实上组织已经对他们产生影响，但其自身尚未意识到的那部分公众；二是虽然现在和组织还没有发生关系，但将来会与组织发生关系和影响的那部分公众。潜在公众的存在要求公共关系人员加强对组织公众环境的监测，密切关注组织舆论环境的变化、发展，分析各种可能出现的情况并制定相应的预案。如果这一部分公众与组织之间的关系是良性的，公共关系人员应该采取积极的措施，使这一部分公众及时地转化为行动公众。如果这一部分公众与组织之间的关系是恶性的，公共关系人员有必要将尚在萌芽状态的隐患和潜在问题予以解决，以免组织的公共关系状态恶化。

（三）知晓公众

知晓公众是指意识到问题的存在，并把它与组织的运行联系在一起的公众，是潜在公众逻辑发展的结果。当某个潜在问题已经充分显露出来，原来的潜在公众已经非常明确地意识到自己面临的问题与特定组织有关，迫切要求进一步了解与该问题有关的信息时，潜在公众就发展成为知晓公众。由于知晓公众已经意识到问题的存在，因此，他们对任何与他们有关的信息都会感兴趣，他们会想方设法去了解问题产生的原因、解决的方法以及今后的发展趋势。因此，知晓公众一旦形成，公共关系活动便应该积极地展开，及时与公众交流信息，努力做到相互了解、相互合作，力求满足公众的知情权。尤其是当不利于组织的问题已经暴露时，公共关系活动更要通过各种传播媒介，积极主动地向公众解释问题产生的原因以及准备如何解决，否则公众很有可能会转向其他信息渠道，各种不准确的小道消息就会流传开来。因此，知晓公众是组织公共关系人员应该十分慎重对待的公众。

（四）行动公众

行动公众是指由知晓公众发展而来，不但意识到问题的存在，而且采取实际行动与组织相互作用，对组织构成现实的行为压力的公众群体，这是组织必须全力以赴沟通的公众对象。当公众已经意识到问题的存在，而且该问题与特定的组织有关，组织由于种种原因又没能及时解决问题时，公众就会采取实际行动，对组织施加压力，迫使组织采取相应的行动来解决问题。面对行动公众，除了采取相应的行动外别无选择。公共关系人员须加倍努力，全力开展公共关系工作，竭力让公众了解组织为解决问题而做的努力，帮助组织的有关职能部门进行及时的补救，变压力为动力，变不利为有利，使这部分公众的影响向好的方向发展。

第三节　正确处理组织与公众之间的关系

一个现代组织在公共关系活动中需要协调的关系是多方面的，一般来说，组织面临的公共关系对象主要分为两大系统：一是内部公共关系系统，二是外部公共关系系统。下面就从这两大系统中选择几种主要的关系论述。

一、员工关系的处理

在我国，公共关系是随着改革开放和商品经济的繁荣发展而出现的新事物，人们对它还不是特别地了解，相当多的人认为，公共关系是对外联络，常常有人把它叫做“企业外交”、“机关外交”。一提起公共关系，许多人会不约而同地“向外看”，首先想到的是组织如何处理好同外界的关系，几乎把公共关系同外界关系画上了等号，这其实是一种误解。在欧美各国，专家们曾经给公共关系下过一个通俗的定义：“PR＝DO GOOD＋TELL THEM”。美国公共关系专家亨得利·拉尔特明确指出：公共关系90％靠自己做，10％靠宣传。良好的组织形象来自于全体员工的共同努力和不懈奋斗，来自组织内部良好的公共关系。因此，组织需要做好内部员工的公关工作。

（一）做好员工公关工作具有重要意义

1. 组织需要通过自身成员的认可和支持来增加内聚力

一个组织的存在价值与整体形象在取得社会的认可之前，首先需要得到自己成员的认可；组织的目标和任务在赢得社会支持之前，首先需要赢得自己成员的配合和支持。否则，组织的价值和目标将会落空，组织将无法作为一个整体面对外部社会公众。每一个组织成员都是组织的细胞，他们对组织有机体的认同和依附，是这个有机体得以存在的基础。因此，良好的内部关系是公共关系的起点，组织内部的公关工作首先要增加内聚力，将全体成员组合成一个有机的整体。要达到这一目的，就需要将本组织的成员视作传播沟通的首要对象，尊重组织成员分享信息的权利，争取他们的理解与支持，形成信任与和谐的内部气氛。如果内部传播存在障碍，沟通不灵，成员对本组织的信息没有优先了解权，甚至于外部社会早已纷纷扬扬，自己的成员还蒙在鼓里，就会在组织内部产生麻木不仁、忧虑不安、焦急烦恼、猜疑传言等消极情绪的现象，从而形成隔阂冷漠、离心离德的状况。要避免这种情况的发生，就需要健全组织内部的传播渠道，完善组织内部的沟通机制，使全体成员的信息分享和感情沟通与组织融为一体。

2. 组织需要通过全员公关来增加组织影响力

一个组织的对外影响力有赖于全体成员的努力与配合。因为每一个组织成员都是组织与外部公众接触的触角，都处在对外公关的第一线；组织整体形象必须通过组织成员在各自工作岗位上的良好行为具体体现出来。如电话总机的接线员、服务台、问询处、接待室的工作人员、行政部门的办事员、业务部门的业务员，乃至生产线上的员工，都是有形无形的公关人员，他们的一言一行都代表着组织的形象。在对外交往中，每一位组织成员都是非常重要的公共关系行为主体，这种主体性的发挥则有赖于他们对组织的认同感和归属感、向心力和凝聚力。组织的影响力是与组织的内聚力成正比的。一个组织如果希望其成员能够时时刻刻自觉地维护组织的形象，就应该时时刻刻善待和尊重自己的员工，将他们作为重要的公关对象，努力培养他们对组织的认同感、归属感，增强他们对组织的向心力、凝聚力。

从管理哲学的角度看，公共关系工作要处理好团体价值与个体价值之间的矛盾。公共关系工作的目标是追求较高的团体价值，即塑造本组织良好的整体形象，提高本组织的社会地位，争取较好的组织知名度与美誉度。从公共关系工作的实际着眼点来说，公共关系工作是专门做人的工作的，必须从确立个人的价值入手，使团体中的每一个成员（以及与这个团体有关的所有个人）都能在团体的环境中追求和实现个人价值。如果能够创造这样一种团体环境，即在这个环境中，个体能充分展示自己的个性，追求自己的价值，那么这个团体就具备了足够的凝聚力，并且使团体价值通过许许多多个体的创造性活动得以充实和体现。也就是说，追求团体价值的公共关系工作，首先应该从尊重个体价值做起，必须将个体价值与团体价值辩证地、有机地结合为一体。

（二）员工公关的主要手段

1. 造就员工爱岗敬业的价值观念

员工的价值观念是决定组织成败荣衰的一个根本问题，每一个组织都有一个基本信念和目标宗旨，以维系和激励全体员工，充分调动他们的积极性、主动性和创造性。根据大量中外组织成功的经验分析，组织成功应具备七个基本要素，即7S——组织机构（Structure）、组织战略（Strategy）、组织系统（System）、组织班子（Staff）、组织作风（Style）、务实技能（Skills）与员工共有价值观念（Shared-value）。其中的员工共有价值观念就是7S的核心要素。

2. 建立健全激励机制

只有激发员工的积极性和创造性，把蕴藏在员工肌体内的聪明才智、劳动潜能充分挖掘出来，并且引向一个目标，才能使组织形成强大的凝聚力，产生无限的生机与活力。为达到此目的，组织一般采用物质奖励和精神奖励两种激励机制。如对员工实行年功工资制、员工持股计划，建立员工福利和慰问金制度，对为组织做出重大贡献和提出合理化建议等的员工进行奖励，这一类物质奖励方法能有效地激发员工积极向上的精神，让员工感受到组织的温暖与关怀，拉近与组织之间的情感距离。

当然，单纯的物质奖励只是一个方面。据研究，通过物质奖励只能发挥员工工作能力的40%，而其中60%的潜在能力只有依靠精神奖励的方法才能充分表现出来。所以，在物质奖励的同时，还要充分关注精神奖励的方式。

3. 加强内部沟通

组织要想在竞争中取得优势，就必须搞好组织内部的员工关系，而搞好员工关系的关键在于沟通员工公众之间的信息传播渠道，全方位开发组织内部的横向与纵向的信息交流网络，以达到上下左右之间的共识。为了得到员工的理解和支持，沟通是最基本的公关工作。

二、股东关系的处理

随着改革开放的深入和市场经济的发展，各种形式的股份公司相继建立，而股份公司在创业和发展的过程中，做好对股东公众的公共关系工作是极其重要的。所谓股东是指出自经营公司并对公司债务负责的人，他们是公司股份的持有者或投资者。股东关系主要是指股份公司和股份所有者之间的关系，股东关系是股份公司内部公关的重要组成部分，对于公司的生存和发展具有重要的影响，甚至起着决定性的作用。

（一）对股东公众的认知

1. 关心有关公司经营状况的信息

股东们关心公司经营状况的信息，特别关心公司的发展计划、新产品开发、新的财经计划、现金流通、贬值措施的影响、股息政策的根据、重要生意的损失、利润预测、正在考虑的企业兼并、销售预测、国外业务的利润、分公司的销售、推销策略、分公司的利润等，要求全面掌握公司经营活动方面的信息。

有些公司为了引起股东的兴趣，有意歪曲公司的财务状况，过于乐观地预测销售和盈利，把某些还没有设计、实验或制造的产品吹得天花乱坠，把仅仅处于讨论阶段的企业兼并当作既成事实报道出去。这些做法一旦让股东识破，对公司的形象是不利的。明智的做法是尽可能让股东全面了解公司经营方面的真实信息。

2. 要求及时知道影响股东公众投资决策的重要信息

由于某些重要的信息对股票的价值影响很大，关系到股东投资的切身利益，所以，股东希望及时了解这些信息，公司应该尊重并满足他们的这种强烈而合理的愿望。纽约股票交易法就突出强调要及时报道股息方面的信息："无论在任何时候出现了有可能影响证券价值或有可能影响股东及投资公众决策的重大发展，应该迅速予以公布。"1965 年，美国证券交易委员会对一家大型金属制品公司的 3 名管理人员提起了诉讼，控告他们隐匿了一个重要矿藏的信息。为了避免触犯证券法律中"及时公开"的规定而遭到起诉和制裁，造成不利的宣传，公共关系人员必须熟知证券法，熟悉证券交易委员会和证券交易所的规定。同时，必须建立一套不断向新闻媒介通报经济信息的程序。

3. 要求维护自己应有的经济权益

股东投资的目的是为了使自己的资本保值和增值。因此，他们关心股票价格、红利的发放、增股、配股、股票转让等信息，要求公司能真实地发放红利，合理地增股、配股，并能及时地转让自己的股票，以保障自己的权益。这是股东的一个重要的心理特征。

（二）股东公关的主要手段

处理好股东关系的两大基本目标是：维护已有股东，坚定他们的信心，让他们不易退股；吸引更多的股东，拓展资金的来源。为了达到这两大目标，公共关系工作中股东关系的处理主要注意下述几点。

1. 通过各种手段与股东保持密切联系

股票是企业发给股东个人的入股凭证，不可退还，但能够转让，还可以作为一种有价证券，进入证券市场购买或抛售。股票价格的高低影响着企业的声誉和发展，企业如果形象良好，经营兴旺，公众就会争相购买它的股票，股价随即上涨，从而增强企业的社会实力和社会依托；企业如果信誉不高，经营不善，人们便会抛售股票，造成股价下跌，企业就会蒙受损失甚至破产。为此，企业公共关系人员一方面要在股东面前努力塑造可以信赖的企业形象，另一方面可以通过信函问卷、企业刊物、年度报告、民意测验等形式，向股东们介绍企业的经营状况和发展计划，征询股东的意见和建议，赢得他们的信赖，使他们对组织的发展充满信心。例如，美国电话电报公司有300多万个股东，每年印刷360万份公司年度报告发给他们。国外有些企业从股东购买股票之日起，一直到出售股票为止，始终与股东保持信函联系。在经常的双向的沟通基础上处理好股东关系，有利于稳定现有的股东队伍，吸引潜在的投资者，扩大企业财源，为企业创造良好的经济环境和发展条件。

2. 尊重股东的权利和主人翁意识

股东的权利包括：利益分配权、新股认购权、选举董事会代表权、董事与监事解任请求权等。股份制企业虽然将所有权和经营权分离，但股东仍然可以过问和间接参与企业的经营活动，他们的利益与企业的利益休戚相关。企业公共关系部应该敦促和协同企业领导从尊重股东"权利意识"出发，满足股东的要求，使他们感到自己在组织中的主人翁地位。可以通过定期召开股东大会向股东汇报有关情况，还可以根据需要召开临时性的股东大会，商议紧急问题，汇报重大事件。国外有的企业，在印刷给股东阅读的内部刊物上报道新产品时，总要客气地写道："首先，将这一最新消息，传达给各位老板。"股东们自然会感到高兴，由此而乐意向别人夸耀公司的成就，劝别人购买自己公司的股票和产品。需要指出的是，企业在尊重股东的"权利意识"方面是不分等级的，不论股东所持股票份额为多少，都应平等对待，一视同仁。为数众多的股东，在主人翁地位得到确认后，便会主动地利用自己广泛的社会关系，积极扩大企业影响和产品销路，帮助企业不断提高经济效益，自己也从中受益。

3. 通过各种方式与股东进行有效沟通

要想取得良好的股东关系，各种形式的沟通是必不可少的，如书面沟通、视听沟通、口头沟通等方式。具体来看，可以通过年度报告、中期报告、股东年度会议和地区会议通知、股东杂志、年度报告公告、股东通信、经济宣传材料、股东会议报告等形式加强与股东与组织之间的书面沟通；另外，也可以通过股东电影、电视等形式进行视听沟通；通过股东年度会议、地区股东会议、组织股东到公司参观、走访股东、同经济团体的成员举行会议等形式进行口头沟通。

三、顾客关系的处理

【案例3—2】

宜家公司召回法格拉德儿童椅

2004年10月15日，全球著名家具厂商宜家公司对外界宣布，从即日起，在全球范围内召回法格拉德儿童椅。宜家在解释召回原因时表示，该产品的塑料脚垫可能会发生脱落，从而存在会被孩子吞食发生梗塞窒息事故的危险。

宜家的产品召回事件，在国内企业界引起了巨大震动。国内企业在产品召回策略上缺少主动性，能逃避就逃避，能掩盖就掩盖，同时普遍缺乏产品召回的公关技巧，不知道该如何应对和引导公众、媒体和用户，任由负面舆论和猜测漫天飞。因为如果处理不慎，一次产品召回就足以毁掉一个公司，至少影响公司的声誉。

作为世界最大家具巨头，宜家公司在其产品还没有造成任何事故的情况下做出如此举动，从公共关系的角度来看，有很多可圈可点之处：第一，积极与公众进行沟通，保证召回的主动性，体现了一个跨国公司管理的规范性和负责任的态度，进一步赢得了人心和信任；第二，在整个产品召回的信息发布中，宜家在与公众进行信息沟通过程中保证了信息准确、及时、完整的传递和表达，整个媒体的舆论导向是朝着对宜家有利的方向发展的；第三，勇于承担责任的社会公民形象，彰显了宜家公司勇于做责任的承担者，给宜家品牌增添了美誉度。

顾客公众即一切物质产品及服务的购买者、消费者。如工业企业的用户、酒店的客人、电影院的观众、报社的读者等，其中包括个人消费者和社团组织用户。顾客是与组织具有直接利害关系的外部公众，也是组织市场关系的具体对象。

（一）做好顾客公众的公关工作的重要意义

建立良好的顾客关系的目的，是促使顾客形成对组织及其产品的良好印象和评价，提高组织及其产品的知名度和美誉度，增加对市场的影响力和吸引力，为实现组织和顾客公众的共同利益服务。对顾客公众做好公共关系工作的意义在于下述几个方面。

1. 顾客关系是组织外部公共关系工作最重要的一个方面

顾客是与企业具有直接利害关系的外部公众，也是企业组织市场沟通关系的具体对象。由于商业企业处在商品交换和流通的特殊环节上，商业企业的经营过程实际上是在企业与顾客之间的交往关系中实现的。购买商品的顾客是商品的最终消费者，这就是说，顾客既是商业企业服务的主要对象，又是商业企业兴衰的关键因素。所以说，顾客是商业企业公共关系工作最重要的目标公众，顾客关系就是商业企业公共关系对象中利益关系最直接的外部公众关系。

2. 良好的顾客关系能够为组织带来直接的利益

一个组织的存在价值，很大程度上在于其产品或服务能够得到顾客的接受和欢迎。组织的经济效益需要在市场上实现，而顾客就是市场，有了顾客才有市场。虽然与顾客的公共关系沟通并不等同于市场经营中的销售关系、直接的买卖关系，但良好的顾客关系的确有利于企业的市场销售关系，能够给企业带来直接的利益。因此，顾客公众是企业公共关系对象中利益关系最直接、最明显的外部公众，可以说顾客关系是企业市场经营的生命线。

在企业与顾客的市场供求关系之中，存在着大量的信息交流关系和情感沟通关系。没有充分的信息传播，没有融洽的感情沟通，市场的商品交换关系难以建立，更难以稳定和持久。在争取顾客的注意力、影响顾客的消费选择和消费行为的市场传播竞争中，公共关系日益成为企业青睐的市场传播手段，据此企业可以理顺关系，联络感情，吸引公众，争取人心，为产品的销售营造一个良好的气氛与和谐的环境。

3. 良好的顾客关系体现组织正确的经营观念和行为

顾客公共关系工作要求将顾客的利益和需求摆在首位，通过满足顾客的需求和权利来换取组织的利益。组织的性质决定了它必然要通过经济活动去获得利润；而公共关系的经营思想认为，利润不应该是企业贪婪的追求，而应该是顾客接受、赞赏和欢迎企业的产品及服务所投的信任票。只有获得顾客信任与好感的企业，才可能较好地获得自己的利润。

因此，企业的一切政策和行为都必须以顾客的利益和需求为导向，在经营观念和行为上自觉地为消费者所用，为消费者所治，为消费者所想。而这种经营观念和行为必然表现为企业良好的顾客关系，即企业在市场公众心目中具有良好的声誉和形象。

（二）建立良好顾客关系的公关要点

1. 赢得顾客的关键在于坚持“顾客第一”的公关原则

究竟怎样才能建立起良好的顾客关系？究竟如何赢得顾客信赖？其关键在于企业是否能坚持“顾客第一”的公关原则。坚持“顾客第一”的公关原则，就是把顾客放在比企业更重要的位置上，使企业的整个经营活动都始终贯彻这一宗旨，这样也就赢得了顾客的信赖。顾客就是上帝，顾客就是自己的衣食父母，国内外一些优秀企业始终坚持“信誉第一、顾客至上”的原则。即使是享有卓著信誉、生意兴隆的大公司，对“顾客第一”的公关原则也决不掉以轻心。

倾听顾客的意见是建立良好顾客关系的前提。坚持“顾客第一”的公关原则，首先体现为尊重顾客的态度，认真听取顾客的意见。其次，提供优质服务是建立良好顾客关系的重要保证，主要体现在高质量的服务上。随着市场竞争日趋激烈，竞争的焦点愈来愈集中在“服务”上，特别是商业企业，服务就成为其公关工作的基石。抓住了优质服务，就能吸引顾客的关注，就能争取顾客的合作，赢得顾客的赞誉，这就是最大的竞争力。再次，维护消费者权益是建立良好顾客关系的基础。坚持“顾客第一”的公关原则，就要站在顾客的立场上，想顾客之所想，急顾客之所急。切实维护顾客的利益，维护消费者的权益。最后，以顾客的需求为导向是建立良好顾客关系的核心环节。坚持“顾客第一”的公关原则，就要使企业的一切政策和行为都必须以顾客的利益和要求为导向。日本企业家松下幸之助认为：强烈的顾客导向，是企业成功的关键。顾客关系首先是由顾客对商品的购买欲望和购买行为产生的。尤其是商业企业，作为商品的经营者，其基本活动是为卖而买，经营的商品和提供的服务只有适合顾客的需求，才能保证企业目标的实现。

2. 赢得顾客信赖是企业取得成功的关键

只有赢得顾客信赖，企业才能在激烈的市场竞争中始终处于不败之地。当今，企业经营者非常清楚：谁失去了顾客，谁就失去了市场，也就失去了强有力的竞争力。尤其是在现代社会的市场竞争中，商业企业能够为消费者提供什么样的商品以及这些商品价格的高低已经不是最重要的事情了，最重要的是通过优质的服务来赢得顾客对企业的信赖与好感。用一句话来说，那就是“用有情的服务去赢得无情的竞争”。

3. “顾客永远是正确的”是处理顾客关系的基本法则

“顾客永远是正确的”并不意味着顾客在事实上的绝对正确。从公共关系的角度看，这句话不仅典型地概括了企业与顾客关系状态的最佳境界，而且反映了企业在处理顾客关系时应处的主动地位。企业的经营者只有树立“顾客永远是正确的”思想，才能改善服务态度，提高服务质量，才能建立良好的顾客关系。因为在现实生活中，顾客由于政治、经济地位不同，文化修养和道德品质的不同，以及性别、年龄和性格的不同，顾客之间千差万别。绝大多数的顾客是通情达理的，但提出过高要求甚至无理要求的顾客也不在少数。如果企业总是挑剔顾客的不足，就不可能建立起良好的顾客关系。因此，作为企业的经营者，对“顾客永远是正确的”这句话的理解，不能停留在表面上，要懂得它的内在蕴涵，努力做到：第一，企业应该把顾客的需要作为企业的奋斗目标，企业应尊重顾客并尽力去满足顾客的需求；第二，企业应把“一切为了顾客”作为提高服务质量，改善顾客关系的中心环节来抓；第三，企业的服务工作永远没有尽头，企业经营者必须在已有的成绩基础上去不断地改进服务工作。总之，“顾客永远是正确的”这一思想，意味着顾客得到了绝对的尊重，意味着顾客的权益得到了真正的保护，意味着顾客的确被视为企业的“上帝”。当顾客得到了绝对的尊重与保护时，当顾客品味到“上帝”的滋味时，企业的美誉度也得到了提高。

4.“服务意识”是处理顾客关系必须具备的公关意识

“服务意识”是重要的公关意识之一，它是指企业及其成员为公众服务的态度和观念，包括对公众的情感、服务的积极性、耐心等。具有“服务意识”的公共关系人员会时时刻刻把顾客的利益放在绝对重要的位置上，也会在服务的深度和广度方面下工夫，进而使顾客对自己产生信任感和亲近感。随着现代社会技术的发展，组织服务质量的提高除了技术手段外，应当努力在增强“服务意识”上下工夫，就是通过优质的服务和业绩来树立企业的形象，以提高本企业在公众中的美誉度。所以，强化“服务意识”应成为各类企业的当务之急。只有通过强化全体员工的“服务意识”，提高为顾客服务的自觉性，才能使企业在竞争中立于不败之地。特别是在处理与顾客关系的纠纷时，一定要站在顾客的角度，换位思考，努力寻找解决问题的办法。针对有不满情绪的顾客，做耐心细致的解释工作，以取得顾客的谅解，尽量让顾客高兴而来，满意而归。

四、政府关系的处理

政府公众是指政府各行政机构及其官员和工作人员，即组织与政府沟通的具体对象。任何组织都必须接受政府的管理和制约，因此，组织需要与政府的有关职能机构和管理部门打交道，包括工商、人事、财政、税务、市政、治安、法院、海关、环保、卫检等政府职能部门及其工作人员，政府是所有传播沟通对象中最具有社会权威性的对象。组织必须与政府各职能部门建立和保持良好的沟通，这是组织生存、发展的重要保障和条件。

组织与政府保持良好沟通的目的，是争取政府及其各职能部门对本组织的了解、信任和支持，从而为组织的生存和发展争取良好的政策环境、法律保障、行政支持和社会政治条件。具体分析政府关系的意义有下述两点。

（一）政府的认可和支持具有高度的权威性和影响力

政府掌握着制定政策、执行法律、管理社会的职能，具有强大的宏观调控力量，代表公众的意志来协调各种社会关系。一个组织的政策、行为和产品如果能够得到政府的认可和支持，无疑将对社会各个方面产生重大影响，甚至使组织的各种沟通渠道畅通无阻。为此，应该把握一切有利时机，扩大本组织在政府部门中的信誉和影响，使政府理解本组织对社会、对国家的贡献和成就。

（二）与政府建立良好关系能够为组织形成有利的政策、法律和社会管理环境

政府的政策、法律和管理条例是一个组织决策和活动的依据和基本规范，组织的一切行为都必须保持在政策法规许可的范围之内。通过良好的政府关系，组织能够及时了解到有关政策的变动，能够较方便地争取到政策性优惠和支持，能够对组织的发展有利。为此，组织应该主动建立和加强与政府有关部门之间的双向沟通。一方面，组织的公共关系部门应该详尽地分析研究政府的变动来修正本组织的政策和活动。另一方面，组织的公共

关系部门应随时将实际工作部门的具体情况上传至政府有关部门，并根据本地区、本行业、本部门的特殊情况，主动地提出新的政策设想和方案，并通过适当的渠道进行说服性的工作，协助发现及纠正政策执行中出现的偏差或失误。

此外，处理政府关系，还需要熟悉政府机构的内部层次、工作范围和办理程序，并与各个主管部门的具体工作人员保持良好关系，以免因办事未遵循正规的程序或越出规定的工作范围而走了弯路，减少人为造成的“公文旅行”或“踢皮球”的现象，提高行政沟通的效率。

五、媒介关系的处理

媒介公众是指新闻传播机构及其工作人员，如报社、杂志社、广播电台、电视台及其编辑、记者。媒介公众是公共关系工作对象中最敏感、最重要、最特殊的一部分。这是因为，媒介公众具有明显的两重性：一方面，媒介公众是组织必须特别重视的公众，具有对象性；另一方面，媒介公众又是组织与其他各类公众实现有效沟通的渠道，具有中介性。这种对象性与中介性的合一，决定了媒介公众公共关系是组织外部公共关系中最重要的关系之一。从对外公共关系实务工作层次来看，新闻媒介关系往往被置于最显著的位置，甚至将其称为对外传播的首要公众。

组织与新闻媒介建立良好关系的目的是争取新闻媒介对本组织的了解、理解和支持，以便形成有利的舆论气氛，并通过新闻媒介实现与大众的广泛沟通，增强组织对整个社会的影响。

（一）媒介关系的意义

1. 良好的媒介关系有利于形成良好的公众舆论

新闻传播机构及其工作人员是社会信息流通过程中的“把关人”（Gate Keeper，传播学中亦称为“守门人”），他们决定着各种社会信息的取舍、流量和流向，确定着公众舆论的中心议题，能够赋予被传播者特殊的、重要的社会地位，即具有“确定议程”和“授予地位”的功能。某个组织、人物、产品或事件如果成为新闻界报道的热点，便会成为具有公众影响力的舆论话题，获得较高的社会知名度；而且，一个信息通过新闻界做出客观报道，也容易获得公众的信任，有利于美誉度的提高。公共关系的一项重要任务就是为组织创造良好的公众舆论，争取舆论的理解和支持。因此，与“把关人”建立良好的关系，有助于争取媒介报道的机会，使组织的有关信息比较顺利地通过传播过程的层层关口，有效地发布出去，形成良好的公众舆论环境。

2. 良好的媒介关系是运用大众传播手段的前提

组织要实现大范围、远距离的沟通必须借助于各种现代大众传播媒介。大众传播借助于现代印刷、电子等传播技术，大量高速地复制信息，以实现大范围、远距离的传播。这是现代化公共关系人员直接掌握和控制的，有关的信息能否被大众媒介所报道，以及报道的时机、频率、角度等，要取决于专业的传播机构及其工作人员。因此，与新闻界建立广泛、良好的关系，是运用大众媒介，争取媒介宣传机会的必要前提。与新闻界关系越多，组织有关信息的报道数量就越多；与新闻界关系越好，组织有关信息的报道质量就越好。媒介关系的这种公关传播性之强，是其他公众对象难以企及的。

（二）处理与媒介关系的重要原则

既然组织与媒介公众的关系具有如此的重要性，那么，应如何正确处理这种关系呢？应注意下列几条原则。

1. 尊重新闻媒介

新闻媒介既然是如此重要的公众，那么就应十分注意尊重新闻媒介，尊重新闻媒介的特殊性和独立性。组织在与新闻媒介交往中，可以向新闻媒介提供信息，但无权要求新闻媒介按自己的意愿办事。尊重新闻媒介，一方面要充分认识新闻媒介的重要性，另一方面要尊重新闻媒介的独立性，即使出现了对本组织不利的失实报道，也不要对新闻媒介大加指责，而应该主动与他们联系，重新提供正确的信息和事实真相，由他们去处理或更正，这种态度就是对新闻媒介的尊重。

2. 主动联系，加强合作

组织要积极主动地、经常性地保持与新闻媒介的联系，了解新闻报道的重点和新闻媒介的动向，并及时向新闻媒介提供具有新闻价值的本组织的有关信息，使他们对组织的情况有所了解，切忌“平时不烧香，临时抱佛脚”。只有这样，当组织有了重大新闻，特别是在组织发生了危机情况时，他们就能以客观、公正的立场进行采访和撰写新闻报道。加强与新闻媒介的合作，首先表现在对各种新闻媒介的记者采访都要以礼相迎，以诚相待，并及时提供必要的帮助和服务，认真回答他们提出的各种问题，决不可缄默不语或支吾搪塞。其次，当新闻媒介需要组织支持时，也应尽一切可能给予帮助。

3. 要讲真话，公开事实真相

组织在与新闻媒介交往时应特别注意这一条原则。因为新闻媒介的工作就是要把真实的信息及时传播出去，而不能弄虚作假，报喜不报忧，否则不仅影响新闻媒介的声誉，也损害组织的形象。而且，新闻媒介与组织所处的立场、需要和动机常常不一样。组织发生的事件，特别是那些对组织形象和声誉不利的事情，与新闻媒介不一定有直接关联，但他们往往比那些有直接关联的人更为感兴趣，甚至还会有意报道事情的阴暗面，以期问题的解决。因此，对于组织中的“家丑”决不可掩盖起来，而应该讲真话，如实反映，并提出解决问题的措施，从而取得新闻媒介及广大社会公众的谅解和合作，使坏事变成好事。

4. 平等对待各种新闻媒介

组织对各种新闻媒介都要平等相待，不应有等级亲疏之分。接待这些机构的记者、编辑要一视同仁，使他们都能平等地获得本组织所提供的各种信息，切忌厚此薄彼。同时，对待报道本组织成绩和批评本组织失误的媒介也要平等对待，给予他们同样的支持。

（三）处理与媒介关系的具体方法

1. 邀请新闻界人士参观访问

邀请新闻界人士参观访问是与新闻媒介建立良好关系的有效方法。通过实地参观访问，新闻界人士可以对组织各方面情况增加感性认识，获得宣传报道的第一手资料。新闻界人士参观访问的过程，也是组织倾听这批重要公众批评和建议的机会，从中可以了解社会公众对本组织的反映。亲切诚恳的接待，不仅能增进组织与新闻媒介的感情交流，还可以有效地提高组织的知名度。

2. 安排专人同新闻媒介联系

组织与新闻媒介联系，最好安排熟悉新闻媒介特点与业务的人专职负责，以保持联系的稳定性。一方面，专职人员比较了解各种新闻媒介的特点，能经常搜集新闻媒介的各种动态信息。另一方面，因专职人员掌握组织的全面情况，能准确回答记者的问题，真正成为组织的“对外发言人”，否则，众人联系，责任不清，会造成混乱，新闻媒介也会无所适从。

3. 适时召开记者招待会

适时召开记者招待会也是加强与新闻媒介合作的重要方法。记者招待会，或者称新闻发布会，是组织建立和保持与新闻媒介联系的一种较正规的形式。与向新闻媒介提供稿件相比，召开记者招待会具有更隆重、影响更广的效果。用会议形式，记者可以根据自己感兴趣的内容和自己侧重的角度进行提问，能较深入地加强组织与新闻媒介的双向沟通，密切与新闻媒介的友好联系。

4. 经常向新闻媒介提供新闻稿

组织在与新闻媒介交往时，除适时地召开记者招待会外，还应该经常、及时、客观地向新闻媒介提供具有新闻价值的、符合新闻传播规律的新闻稿，这是新闻媒介欢迎的事情。主动向新闻媒介提供新闻信息，也是搞好媒介关系的有效途径。

六、社区关系的处理

社区公众是指组织所在地的区域关系对象，包括当地的管理部门、地方团体组织、左邻右舍的居民百姓。社区关系亦称区域关系、睦邻关系。社区是一个组织赖以生存和发展的基本环境，是组织的根基，共同的生存背景使社区公众具有“准自家人”的特点。

发展良好的社区关系是为了争取社区公众对组织的了解、理解和支持，为组织创造一个稳固的生存环境；同时体现组织对社区的责任和义务，通过社区关系扩大组织的生存环境。

（一）搞好社区关系的重要意义

1. 社区关系直接影响着组织的生存环境

社区如同组织扎根的土壤，没有良好的社区关系，组织就会失去立足之地。社区公众是由特定的活动空间所确定的，区域性、空间性很强。地方性组织的活动直接受社区的制约，需要依靠本地的资源来发展自己。因此，社区关系便直接影响着组织其他各方面的关系，如员工家属关系、本地劳动就业关系、本地顾客关系、地方媒介关系、地方政府关系等。跨区域性的组织也不能脱离特定的社区，甚至要善于同各种不同背景的社区公众打交道，以争取社区提供各种地方性的服务和支持，使跨区域性组织能够在各种社区环境下生存和发展。因此，组织需要将社区作为自身发展的一个组成部分，将社区公众视作“准自家人”。

2. 社区关系直接影响着组织的公众形象

社区公众涉及当地社会政治、经济、文化、教育等各个方面和阶层，类型繁多，涉及面广，对组织客观上存在着各种不同的要求和评价。由于处在同一社区，对组织的某一评价和看法又极容易相互传播，形成区域性的影响，从而形成组织的某一公众形象。显而易见，组织社区关系的好坏，直接影响着组织的社会公众形象。组织要提高在社区中的地位，就要树立一个“合格公民”的形象，主动承担必要的社会责任和义务，像爱护自己的家业一样爱护社区，在社区的物质文明和精神文明建设方面发挥中坚作用，为社区公众多做贡献。

（二）组织搞好社区关系所需做的工作

首先，可以通过散发印刷品、刊发广告、座谈、参观等方式促进组织与社区之间的相互了解，主动向社区公众通报本组织各方面的情况，并表示愿为社区做贡献的良好愿望。其次，关心并支持社区建设，参加各项社会公益活动，资助社区福利事业。最后，化解误会，答复批评，妥善处理与社区的矛盾。最好的办法是当组织遇到某些重大事件时，如新项目完工投产、新设备安装等，先做好舆论宣传工作，注意和有关公众沟通。

要点回放

公众，即与特定的公共关系主体利益相关并相互影响和相互作用的个人、群体和组织的总和，是公共关系工作对象的总称。凡是公共关系传播沟通的对象都可以称之为公众。没有公众的支持和信任，任何一个组织都不可能生存和发展。因此，协调好各种公众关系，得到公众的广泛支持，赢得良好的社会舆论，是公共关系活动的重要内容。

一个组织，经常面临复杂而又广泛的公众，根据公共关系工作的具体目标，必须区别和选择公众，才能针对公众的特点采取措施，有目的地开展公共关系工作。因而，对复杂多样的公众进行分类是组织开展公共关系工作的前提。我们往往根据不同标准对公众进行划分，其中公众的内外区别、重要程度、稳定性程度、对组织的态度及公众的发展过程是几个常用的划分标准。

一个现代组织在公共关系活动中需要协调的关系是多方面的，员工公众、股东公众、顾客公众、政府公众、媒介公众、社区公众是组织需要经常面对的公众类型，对组织的生存和发展有着重要的意义，组织需要从多方面加强与公众的沟通，处理好与各类公众的关系。

模拟训练

情境设定：

假设你任职于一家新成立的公司，为扩大公司的影响，总经理要求策划一次开业仪式，邀请相关的公众到场。本次公关策划的任务由你负责。

训练要求：

1. 将全体同学按一定的规模分成几组，按小组完成训练任务。
2. 每组策划一份公共关系方案，重点对公众对象及公关过程进行描述。
3. 小组同学之间相互评分，并对优胜的小组进行奖励。

复习题

1. 什么是公众？公众具有什么样的特征？
2. 简述公众的类型及分类标准。
3. 员工公众对组织存在的意义是什么？如何处理好与员工公众之间的关系？

4. 股东公众对组织存在的意义是什么？如何处理好与股东公众之间的关系？
5. 顾客公众对组织存在的意义是什么？如何处理好与顾客公众之间的关系？
6. 政府公众对组织存在的意义是什么？如何处理好与政府公众之间的关系？
7. 媒介公众对组织存在的意义是什么？如何处理好与媒介公众之间的关系？
8. 社区公众对组织存在的意义是什么？如何处理好与社区公众之间的关系？

经典案例

松下崛起的秘密——内部公众关系障碍及其消除渠道

松下公司的电器产品在世界市场上早就闻名遐迩，被海内外企业界誉为“经营之神”的公司创始人松下幸之助，也因畅销书《松下的秘密》而名扬全球。现在，松下公司已被列入世界 50 家最大公司的排名之中，由此可见企业实力之雄厚、企业王国之庞大；1990 年，由日本1 500多名专家组织评选的该年度日本“综合经营管理最佳”的 15 个公司中，松下公司名列榜首。人们对该公司经营管理水平和社会形象予以高度评价，而作为该公司最高顾问的松下幸之助更是备受推崇。

贫民出身的松下幸之助，刚踏入社会时是在一家自行车商行当学徒，当时每天的收入大约相当于 0.25 美元，生活之艰辛可想而知。美国著名科学家发明电灯的消息传到日本时，松下幸之助受到很大鼓舞。于是他决定辞去原有的有固定收入的工作，和妻子在没有资金、工作经验几乎是零的情况下，着手创办新企业。1918 年，松下公司正式成立。他的第一项产品是双插座接合器，制造工厂就在他家的客厅。这种电器可用螺丝固定在日光灯插座上，使得日本式房屋的一个插座可同时插上两个插头，方便了广大居民，故生意十分兴隆，在不到 10 年的时间内，松下公司的业务就一跃而起，成为日本电器行业的领导者。松下公司之所以能有今天，是和松下先生管理有方、经营得法分不开的。

若把松下公司与差不多同时创办的美国通用汽车公司、美国电报电话公司等加以比较，就会发现这些公司因缺乏活力而落在松下公司之后。可以说，松下公司获得成功的一个重要因素是“精神价值观”。松下幸之助规定公司的活动原则是：“认清实业家的责任，鼓励进步，促进全社会的福利，致力于世界文化的繁荣发展。”松下先生给全体员工规定的经营信条是：“进步和发展只能通过公司每个人的共同努力和协力合作才能实现。”进而，松下幸之助还提出了“产业报国、光明正大、友善一致、奋斗向上、礼节谦让、顺应同化、感激报恩”七方面内容构成的“松下精神”。在日常管理活动中，公司非常重视对广大员工进行“松下精神”的宣传教育。每天上午八时，松下公司遍布各地的87 000多名职工都在背诵企业的信条，放声高唱《松下之歌》。松下公司是日本第一家有精神价值观和公司之歌的企业。在解释“松下精神”时，松下幸之助有一句名言：如果你犯了一个诚实的错误，公司是会宽恕你的，把它作为一笔学费，但如果你背离了公司的价值规范，就会受到严厉的批评，直至解雇。正是这种精神价值观的作用，使得松下公司这样一个机构繁杂、人员众多的企业产生了强劲的内聚力和向心力。见过松下电器的人都知道“NATIONAL”，它不仅是松下公司电器产品的商标，而且成为日本产品形象和经济起飞的象征。

与此同时，松下公司建立的“提案奖金制度”也是很有特色的。公司不仅积极鼓励职工随时向公司提建议，而且由职工选举成立了一个推动提供建议的委员会，在公司职员中广为号召，收到了良好的效果。仅1985年1月到10月，公司下属的技术工厂仅有1 500名职工，而提案多达75 000多个，平均每人50多个。1986年，全公司职工一共提出了663 475个提案建议，其中被采纳的多达61 299个，约占全部提案的10%。公司对每一项提案都予以认真的对待，及时、全面、公正地组织专家进行评审，视其价值大小、可行性与否，给予不同形式的奖励。即使有些提案不被采纳，公司仍然要给予适当的奖赏。仅1986年一年，松下公司用于奖励职员提案的奖金就高达30多万美元。当然，这一年中合理化提案所产生的效益则远远不止30万美元。正如松下公司劳工关系处处长阿苏津所说："即使我们不公开提倡，各类提案仍会源源而来，我们的职工在家里、在火车上，甚至在厕所里都在思索提案。"

松下幸之助经过常年观察研究后发现：按时计酬的职员仅能发挥工作效能的20%～30%，而如果受到充分激励则可发挥至80%～90%。于是，松下先生十分强调"人情味"管理，学会合理的"感情投资"和"感情激励"，即拍肩膀、送红包、请吃饭。

(1) 拍肩膀。车间里、机器旁，当一个员工兢兢业业、一丝不苟操作时，常常会被前来巡视的经理、领班们发现。他们先是拿起零件仔细瞧瞧，然后会对着你的肩膀轻轻拍几下，并说上几句"不错"、"很好"之类的赏识话。

(2) 送红包。当你完成一项重大技术革新，当你的一条建议为企业带来重大效益时，老板会不惜代价地重赏你。他们习惯于用信封装上钱款，个别而不是当众送给你。对员工来说，这样做可以避免别人，尤其是一些"多事之徒"不必要的斤斤计较，减少因奖金多寡而滋事的可能。

(3) 请吃饭。凡是逢年过节，或是厂庆，或是职工婚嫁，厂长经理们都会慷慨解囊，请员工赴宴或上门贺喜、慰问。在餐桌上，上级和下属可尽情唠家常，谈时事，提建议，气氛和睦融洽，它的效果远比站在讲台上向员工发号施令好得多。

更令人叫绝的是，为了消除内耗，减轻员工的精神压力，松下公司公共关系部还专门开辟了一间"出气室"。里面摆着公司大大小小行政人员与管理人员的橡皮塑像，旁边还放上几根木棒、铁棍，假如哪位职工对自己某位主管不满，心有怨气，你可以随时来这里，对着他的塑像拳脚相加痛打一顿，以解心中积郁的闷气。过后，有关人员还会找你谈心聊天，沟通思想，给你解惑指南。久而久之，在松下公司就形成了上下一心、和谐相容的"家庭式"氛围。在与国内外同行竞争中，松下公司的电器产品总是格外受人青睐。

资料来源：[日] 伊藤正则：《日本企业的经营管理》，北京，中国经济出版社，1986。

通过阅读分析下列问题：

1. 松下公司处理员工关系的公共关系原则是什么？
2. 你认为松下公司员工管理的成功之处是什么？

趣味阅读

奥运营销经典案例

自1896年第一届奥运会在希腊雅典举行后，奥林匹克运动会经历了百年发展历程，如今已成为世界体育顶级赛事，不仅吸引了大批世界一流选手参赛，更加成为众多世界级品牌争相赞助的对象。毕竟，奥运是如此的受人关注，令人为之狂热；奥运，又给了我们太多的精神、物质资产，给了我们太多亲近消费者的机会。

就在探究一个又一个奥运营销典范的成功之处时，我们发现，历史上因奥运而扬名四海的品牌，并非均在与奥运结缘的初始便获得巨大成功，而是在经历了多次奥运赞助的历史积淀后完成了品牌蜕变，升级为世界一流品牌。就连被业界传为奥运营销奇迹的三星，也是如此。自首次赞助汉城奥运会 10 年后，三星在世人面前的形象才彻底由一个代加工工厂转变为世界级品牌。

奥运营销，绝非速成，它更像是一场慢热的恋爱，因为它循序渐进，厚积薄发；更因为它需要真诚，除了好感外，更应赢得信赖。

同样的奥运，不同的奥运营销。

奥运的确是品牌营销千载难逢的好机会，而品牌建设需要遵循其固有规律，奥运只是品牌成长的催化剂，在品牌现有水准上加速其成长进程，却难以使品牌跨越其根本成长阶段。因此，品牌成熟度的根本性差异，加之奥运品牌的赞助历史的不尽相同，造成了品牌奥运营销目标的差异。

对于更多首次牵手奥运的中国民族企业来说，做好国内市场，产品先行，品牌制胜的策略应该是更为值得采用的吧。

产品——借机奥运，让世界来见证你的实力。

一、电子巨头：索尼

日韩两国都在奥运赞助中，在电子通讯上取得巨大突破，从而造就了很多世界知名的跨国企业。东京奥运会被称为“电视直播技术的奥运会”，首次通过卫星实现了全球实况转播。以卫星播放技术为先导，日本企业先后开发出了超小型摄像机、可通话麦克风、用于彩色电视播放的双摄像管分离辉度彩色摄像机等，极大地促进了电子通讯产业的发展，培育了像索尼这样的电子巨头。

二、无线电领潮人：三星

韩国三星电子更为如此，早在 20 世纪 70 年代，韩国三星还是日本三洋公司的代加工工厂，直到 20 世纪 80 年代才成为韩国国内的优秀企业，但其产品还是被认为是廉价品，直到汉城奥运会，三星以全国赞助商的身份赞助奥运会，其无线通讯产品展示出超强的技术品质，逐步确立其江湖地位。而在此后的历届奥运会中，三星均以优质产品引领世界无线通讯领域潮流，逐渐成长为世界一流品牌。

三、民族企业的骄傲：联想、伊利

在赞助奥运的中国民族企业中，我们也同样能够发现做好产品，从而带动品牌形象提升的案例。

都灵冬奥会，作为源自中国的第一家国际奥委会全球合作伙伴的联想集团首次走上奥运舞台。都灵零下 20 多度的严寒气候条件，对计算机产品的使用体验、产品质量提出了更高的要求，而联想以零故障的佳绩完美结束了自己在奥运舞台上的首次亮相，不仅赢得国际奥委会的高度评价，更加向全世界消费者证明了联想卓越的产品品质。

作为北京 2008 年唯一一家为奥运会提供乳制品的企业，伊利推出“舒化奶”，成功解决了中国人无法充分吸收牛奶中营养的问题，不仅为中国奥运军团提供了健康保障，更是体现对广大消费者健康的深切关爱。伊利“舒化奶”产品一经推出，便在全国各地热销，受到广大消费者的追捧。

四、品牌——奥运营销的终极目标

从索尼、三星、联想的案例中，我们不难发现，产品对于一个品牌飞速成长的巨大支持作用。如果说奥运是一阵风，为品牌腾飞创造了良好契机，那么产品便是翅膀，时时掌控着前进的方向。

通过艾瑞 iAdTracker 数据产品研究伊利产品网络广告投放情况，并以调研形式了解消费者反馈中发现：2007 年伊利“舒化奶”系列广告的投放天次仅占伊利全年网络广告投放天次的 1.8%，但却有 60.78%的网民表示，是通过网络广告得知伊利推出此款产品的，说明伊利此系列广告受关注程度之高。

并且，在知道伊利推出“舒化奶”的网民中，有 82%的网民表示此款产品使其更加认可伊利产品的品质，有 74%的网民表示赞同伊利此举为广大消费者的健康提供了一定保障，对伊利品牌好感度有所提升。

从中我们可以发现，伊利不仅以优质的产品赢得了用户，更加成功借助奥运向消费者清晰传递了倡导健康生活理念、关爱消费者健康的品牌价值，同时有力提升了品牌形象，是中国民族企业奥运营销的典范。

五、结束语

奥运营销的成功，并非朝夕间促就。每一个世界级品牌光鲜的外表背后，都隐含着一段刻苦、踏实的产品之路，也正是其借助奥运营销世界成功的基石。对于中国更多民族企业而言，应该更加夯实产品基础，借助奥运的东风以产品的优势赢得消费者的认同，首先成为中国真正的顶级品牌，继而在世界舞台上渐行渐远。那时，奥运对于我们的意义也会更加不同。

期待着未来，能够有更多中国三星、索尼诞生，成为继联想之后一个又一个中国籍TOP。让我们共同期待着，我们的民族企业带给我们更多的惊喜，奥运带给我们更多的惊喜！

资料来源：中国公关网。

第四章　公共关系传播

学习目的

1. 掌握公共关系传播的概念与特点
2. 了解公共关系传播的任务
3. 熟悉公共关系传播的过程及效果
4. 掌握公共关系传播的基本类型及其特征
5. 熟悉各类公共关系传播媒介及其优缺点

引例

“牛仔裤被穿走了吗?”

上海蓓英百货服装店是一家特约经销牛仔裤的个体集体联营商店。前几年，在服装业日趋萧条的情况下，店主想出了颇具公关意识的一招：定做了一条近2米长，腰围1.3米宽的特大牛仔裤悬挂在店堂，上面别着一张纸条，纸上写着“合适者赠送留念”，以此招揽顾客。这一别出心裁的做法，引来了不少高个子和大块头，他们苦于无处购买合适的牛仔裤而到此处碰碰运气。然而，这条牛仔裤实在太肥大了，他们只能望“裤”兴叹，但小店的名气却由此而大振。这种奇妙宣传逐渐引起了新闻媒介的注意，《上海经济透视》、《新民晚报》、《解放日报》等纷纷对此做了报道，这家原本淹没在个体市场的小店，竟一下变得家喻户晓，人尽皆知了。人们普遍关心的是：“牛仔裤被穿走了吗?”没有！店主继续寻觅“合适者”。不久，第一个幸运者出现了，上海浦东陆行镇腰围1.3米的退休工人陆阿照穿走了第一条超大型牛仔裤，人们的情绪陡然高涨了，《解放日报》以《腰围1.3米的牛仔裤被穿走了》为题报道了这一新闻。蓓英百货服装店又一次名声大振。在此期间，国家女篮队员郑海霞曾到店里来试，但因裤腰太肥而不无遗憾地走了，店里特意到广州重新定做一条，赶到北京送给郑海霞。这样，蓓英百货服装店的名声从上海传到了北京。中国“巨人”穆铁柱是慕名而来的第三位幸运者，他光顾“蓓英”的这一天，这间只有一间门面的小店顿时热闹非凡，很多人围拢在此，争相观看穆铁柱穿牛仔裤的场面，在这位2米多高的巨人面前，一旁的售货员和观众简直成了小娃娃，在那些好奇的观众看来，这本身就是一大“奇观”。店主把穆铁柱送出店门之后，“穆铁柱穿上了牛仔裤”的消息不胫而走，各大小报刊纷纷报道，上海电视台、中央电视台也相继播放这条新闻。就这样，蓓英百货服装店没花一分钱广告费，仅用三条超大型牛仔裤就轻而易举地名扬全国，营业额翻了几番。

阅读本引例，回答下列问题：

1. 蓓英百货服装店的店主具体运用了哪些手段和方法来达到了扩大商店知名度、增加营业额的效果？

2. 这次公共关系活动涉及了哪些新闻媒介，它们在其中起到了什么样的作用？

公共关系活动的过程，就是一个组织与目标公众之间进行信息传播和相互沟通的过程。传播是公共关系的三大构成要素之一，是连接公共关系主体与客体的桥梁。公共关系工作的核心就是通过各种传播手段，沟通组织与公众之间的信息，从而树立起组织的良好形象与声誉。公共关系职能机构及其工作人员的预期目的能否实现，在很大程度上取决于能否切实有效地创造和使用适当的传播手段。公共关系人员应懂得传播的基本理论，掌握有关技巧，学会运用各种主要传播媒介。

第一节　公共关系传播概述

一、公共关系传播的内涵

（一）公共关系传播的含义

“传播”一词译自英语 Communication，源于拉丁语 Communis，意为“与他人建立共同的意识”，西方传播学家将其理解为“传递”、“交流”、“通信”、“传达”、“沟通”、“联络”等。

传播作为人类的一种活动，古已有之。在原始社会，在古人类像动物一样过着群居生活的时候，就已经掌握了一些传播的本领，虽然他们还不会写字，只能用结绳、刻木、图画来记事，但他们已经能够逐渐用语言建立愉快的人际关系，传达比较抽象的概念，对事物也已经有了自己的看法和观念，形成了一定的生活习惯和礼仪。在这种原始文化得以创造和发展的过程中，声音语言无疑在不断得到完善并发挥着重要的传播功能。随着社会的发展，越来越多的传播媒介得以普遍应用以及不断更新，进入信息时代的人类社会更离不开创造社会文明的传播方式。现代公共关系因而兴起、发展、不断进步，传播领域也持续扩大。

公共关系传播，是指组织利用各种媒介，向其内部及外部公众传递有关组织各方面信息的活动过程。对于这个定义，应从以下几个方面来把握：(1) 公共关系传播的主体是组织，不是专门的信息传播机构；(2) 公共关系传播的客体包括组织内部公众以及组织外部公众两部分；(3) 公共关系传播是个体、群体、组织之间的一种信息交流行为，离不开信息传递所需依附的各种媒介。

（二）公共关系传播的特点

公共关系的传播具有下述一些基本特性。

1. 社会性

公共关系传播是人类为维持社会生活的一种最常见、最主要的社会行为，没有传播就形成不了社会；同时，传播又是一定社会关系的体现，传受双方表述的动机、内容和采用的姿态、措辞等，无不反映各自的社会角色和地位。

2. 互动性

公共关系传播是公众与组织之间的互动行为。组织主动地向公众传递信息，同时，公众可以通过信息反馈来影响组织。任何一种传播都是双向、互动的交流活动，纯单向的传播是没有意义的。

3. 符号性

公共关系传播要借助于一定的信息符号和信息载体进行，它是一个符号化和符号解读的过程。这里的符号，是指信息的表现形式，包括语言、文字、音像、图画、形象、表情、动作等。在传播过程中，一方制作、传递符号，另一方接收、还原符号，从而了解信息的内容。

4. 共享性

作为社会活动，传播的意义在于与传播对象一起共同分享信息内容，通过传播将个人或少数人掌握的信息变成更多人共有的信息。公共关系就是努力通过科学、有效的双向信息交流，使组织与公众达到相互了解、相互信任、相互谅解，乃至相互支持的效果。

5. 目的性

不同于普遍意义上的传播，公共关系传播总是围绕着一个组织的总目标来展开的，是组织为了提高自身的认知度、美誉度、和谐度等所开展的传播活动以及传播管理。

除以上这些基本特点外，现代公共关系传播还应注意在道德性、文化性、情感性和新奇性等方面进行深度挖掘。

二、公共关系传播的任务

公共关系传播的基本任务是正确使用各种传播媒介，及时地向公众传递有关组织的各种信息，及时收集公众的各种意见和态度，为组织公共关系决策提供准确的事实根据，以促使组织顺利发展。

为完成此任务，公共关系传播必须以影响和改变公众的态度为目的，努力使公众实现组织所期望的行为，具体包括：向公众提供及时、准确和有说服力的组织最新信息，以使社会公众对组织行为产生理解和支持；努力使用各种传播媒介和技术，消除不利舆论影响，引导公众的态度由负面向正面转化。

【案例 4—1】

北京电信发展总公司的《致歉》

1999年元月份，在京城各媒体上频繁出现北京电信发展总公司的一则《致歉》，大意是：由于所属的诺基亚特约维修中心的工作失误，造成对一些手机用户的收费不当，郑重向这些用户致歉并退还误收的维修款。《致歉》中列出了退款用户的名单和他们的手机密码串号。《致歉》一出，即在京城广大手机用户中引起了极大的震动，用户们对电信发展总公司这种“自揭家丑”、开诚布公为用户服务的做法表示赞赏。北京电信发展总公司是一家大型国有企业，年营业额高达一亿元，按一般人的想法，他们不会为这点“小事”较真，而现在他们由于工作失误多收了顾客的钱后无条件退款且公开致歉，让人们对电信部门有了新的看法。从这件事上，人们看到了电信部门真诚面对用户的良苦用心。

三、公共关系传播的基本过程与效果

（一）公共关系传播的构成要素

随着传播理论的发展，国内外许多学者从自己的研究领域描述过不同的传播过程模式，现在被普遍认同的看法是：传播模式中必须包括十个基本要素，即传播者、信息、编码、媒介、受传者、译码、干扰、共同经验范围、反馈、环境。这十大基本要素相互配合，缺一不可。

（1）传播者。传播者可以是某个个体，也可以是某个群体或组织。传播者是信息发出的源头，也称之为信源。

（2）信息。信息即传播的内容。信息的概念外延非常宽泛，凡是人们需要表达、传递的意识和行动都是信息，它可以是语言文字信息，也可以是非语言文字信息。

（3）编码。编码即传播信息的设计过程。传播者根据传播对象的特点，在不违背法律和道德准则的前提下，科学合理地编排信息，便于传播对象的接收与正确理解。

（4）媒介。媒介即传播渠道，又称信道，是在传播过程中用以记录、保存和传递信息的载体和渠道，是信息传播的中介和途径。

（5）受传者。受传者也称受众、信宿，即接受信息的载体或群体，受众得到信息后会根据自身的理解，产生相应的反应。

（6）译码。译码即受传者对信息的理解过程。受传者收到信息后，将信息译成自己理解的内容，受传者的译码能力取决于自身的受教育程度，以及是否具有相应的文化和生活背景等。

（7）干扰。干扰即附加在所传递的信息上对其真实性产生破坏的一种信号。干扰会使信息在传递过程中失真，受传者因为干扰会对信息产生错误的理解，从而影响信息的传播效果。

（8）共同经验范围。共同经验范围即传播者与受传者之间的共同经验。在传播过程中，传播者和受传者总是根据自己的经验来进行编码和译码，两者的共同经验范围越大，传播效果越好。

（9）反馈。反馈即受传者的反应。发出反馈是受传者能动性的反应。反馈既能反映传播者的信息传播效果，又能影响传播者的态度和传播活动的继续。

（10）环境。环境即影响传播的外在构成要素，包括政治的、经济的、文化的、地理的、人口的、区域的环境等。一切传播活动都是在一定的环境下进行的，其传播效果直接受环境影响，在不同的环境下，同样的传播活动会取得完全不同的效果。

（二）公共关系传播的模式

传播模式分析，就是把传播过程分解为若干组成部分，并说明各种传播要素的相互联系与相互作用。国内外传播学者构想和提出了很多不同的见解，下面列举几种比较有代表性的模式。

1. 拉斯韦尔的“5W”传播模式

1948年，美国学者H. 拉斯韦尔首次提出了构成传播过程的五种基本要素，形成了后来人们所称的“5W”传播模式，即谁在传播（Who）；传播什么（Say What）；通过什么渠道传播（Through Which Channel）；向谁传播（To Whom）；取得什么传播效果

(With What Effect)。后来，英国传播学家 D. 麦奎尔等将这个模式绘成图，如图 4—1 所示。

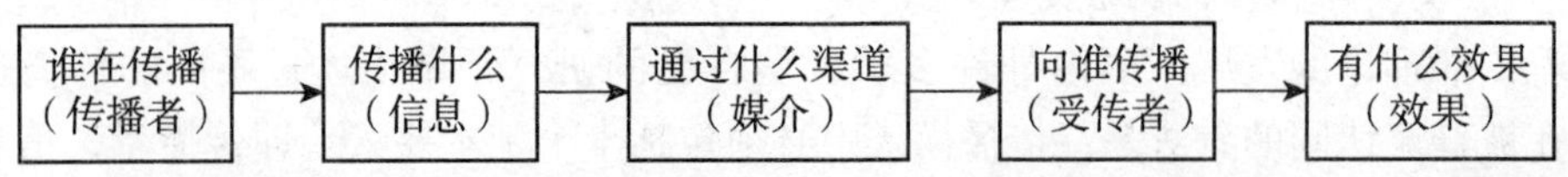

图 4—1　拉斯韦尔的“5W”传播模式

“5W”传播模式从某些方面反映了大众传播媒介，尤其是电视媒介所含有的单向传播的特点，但它将复杂的人类传播过于简单化了，忽略了受众反馈这一重大要素的存在。

2. 申农和韦弗的传播数学模式

1949 年，美国学者申农和韦弗在研究如何获得传播的最佳效果时，从信息论的角度，得出了有着巨大影响力的申农和韦弗的传播数学模式，如图 4—2 所示。

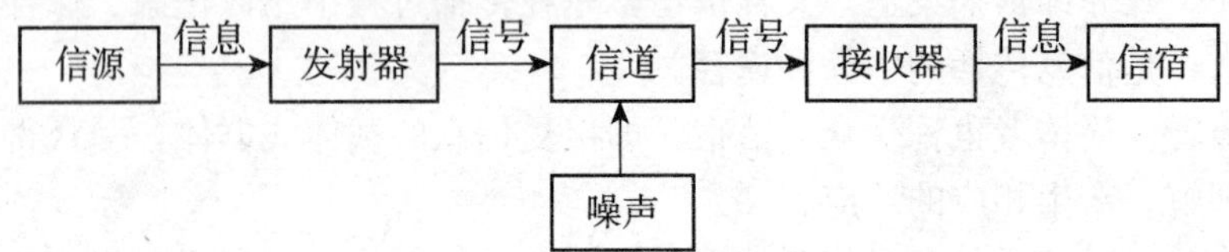

图 4—2　申农和韦弗的传播数学模式

申农和韦弗的传播数学模式提出了噪声的概念，客观地反映出在传播过程中，由于某些信号会受到不同程度的曲解和误解，从而可能引起信息的失真。但该模式仍属于一种单向直线型传播模式，也存在两个明显的缺陷：第一，缺乏信息反馈；第二，忽视了信息传播过程中社会环境的制约和传受双方的主观能动因素。

3. 施拉姆的“反馈传播”模式

美国大众传播学权威施拉姆提出的“反馈传播”模式，主要讨论了传播过程中主要行动者的行为，把行动的双方描述成对等的，都行使着各自几乎相同的功能。如图 4—3 所示。

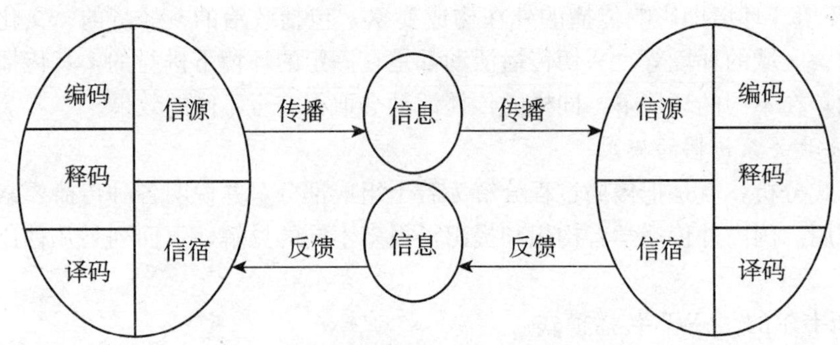

图 4—3　施拉姆的“反馈传播”模式

施拉姆“反馈传播”模式是一种双向循环式运动过程，它与单向传播模式的区别在于：第一，它引进了反馈机制，将反馈过程与传受双方的互动过程联系起来，把传播理解成为一种相互的循环往复的过程；第二，在这一循环系统中，反馈对传播系统及其过程构成自我调节和控制，传播者若要使传播维持和发展下去，达到一定的目的，就必须根据反馈信息，调节自身的行为，从而使整个传播系统始终处于良性循环的状态之中。但这一模式不适合用于分析复杂的大众传播，它具有理想化、简单化的倾向。

（三）公共关系传播的过程

在拉斯韦尔提出的传播的“5W”要素基础上，公共关系传播的过程可以归纳为由传播者、传播的信息内容、媒介（传播的渠道）、受传者、传播效果五方面要素组成的一个封闭的循环系统。如图 4—4 所示。

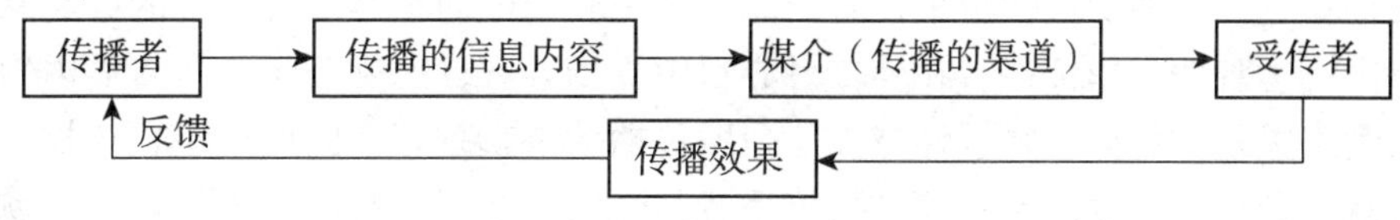

图 4—4　公共关系传播的过程

从图 4—4 可知，一次完整的公共关系传播包括五个基本要素，这“5W”缺一不可，而且它们是一个循环往复的过程。同时，公共关系传播的实质和目的就是使传受双方的认识趋于一致、利益达到平衡。传播要取得良好的效果，必须建立在对传受双方的利益关系的分析基础上，通过传播使人们分享信息、减少摩擦，在利益限度内最大限度地取得理解、信任和合作。

（四）公共关系传播的效果

1. 公共关系传播效果的层次

传播效果是对传播结果的评价，可以分为积极的效果和消极的效果，即有效传播和无效传播。信息传播的效果一般可以分为四个层次：引起注意——情感变化——态度反应——行为转变。公共关系的传播正是以达到不同的层次为目的。一般来说，“引起注意”是产生良好传播效果的前提，那些别致新颖、冲击力强的信息往往才能引起受众的注意。因此，公共关系的传播者应在信息的编排上下工夫，力求创新、独树一帜。“行为转变”是传播效果的最高层次，传播者应力求通过传播引起受众的行为向组织期望的方向转变，最终实现组织的公共关系目标。

【案例 4—2】

我国政府对生活必需品的提价措施

为构建和谐社会，解决农副产品价格偏低的问题，提高广大农民的收入，我国政府决定对粮油等生活必需品提价，并采取如下措施：

(1) 政府先通过报纸等媒介让市民了解有关信息；

(2) 为了避免市民哄抢粮油产品，政府又通过媒体说明了粮油提价的原因，取得了市民的理解、认同；

(3) 市民通过理性分析，认识到哄抢粮油的危害，没必要进行抢购；

(4) 市民接受涨价后的价格，不进行抢购。

2. 创造有效公共关系传播的条件

有效的传播效果，要求传播过程在传播者、传播的信息、媒介、受传者和传播环境等各个方面具备一定的良好条件，这也正是公共关系传播管理的重要任务之一。

(1) 创建良好的传播者条件。传播者是传播活动的起点，是有效传播的第一个重要条件，其自身是否具有良好的形象和声誉对传播效果的影响极大，具体可表现在权威性、客观性和亲密性上。权威性是指传播者是所传播内容领域的权威，或是受传者心目中敬佩的人物或崇拜的偶像。如产品在国家级权威媒体上做广告，除覆盖面广外，无疑也借助了媒体的权威性；选择一些明星演员来代言产品，则是利用他们在群众心目中的影响来提高产品的影响力。客观性是指传播者在受传者心目中立场客观、态度公正，所传播内容与自身没有直接利害关系。传播者客观性越强，一般传播效果就越好。因此组织在传播时，应始终保持客观、公正的态度。亲密性是指传播者与受传者之间没有心理隔阂，关系融洽。要获得这种亲密性，要求组织必须尽量站在公众的立场上，了解并尊重其需求，努力营造与公众亲密和谐的关系。

(2) 创建良好的信息条件。首先，要选择适当的信息符号。符号是信息的载体，不同的符号适用于表现不同的信息内容，适用于不同的传播对象。如语言——丰富、生动、灵活，适于表达不同的情感，多用于人际交往、公众演讲；文字——准确、细腻，适于表达严谨的内容和复杂的思想，多用于公文、论文、著作；电视——形象生动、现场感强，综合多种信息符号，多用于现场报道和演出、比赛信息的发布。其次，组织应努力扩大与公众的共同经验范围，寻找更多的共同语言，从而更好地引起公众对传播的兴趣和共鸣。最后，提供合适的信息内容，针对受传者的特点，将信息内容与特定对象的兴趣和利益联系起来，通过传播引起公众的兴趣，提供满足其需求的信息。

(3) 认真分析传播对象。传播对象是传播过程中互动的一方，他们在传播系统中并不完全随传播者的意愿接收信息，而是往往根据自身的需求、兴趣、知识、经验、价值观、习惯等对信息做出自主的选择。这就要求组织应该认真选择能引起公众兴趣的媒介进行传播，并依据公众的需要随时调整传播的内容和形式。

(4) 重视传播环境的影响。任何传播活动总是在一定的环境和气氛下进行，有效的传播更不可忽视具体环境、场合、情景气氛的影响和作用。传播环境具体包括：物质环境——传播的具体空间和场景，如在高级写字楼和在简陋的办公室进行商务谈判，效果可能会不一样；社会环境——社会的价值观念、道德规范和文化习俗；心理环境——传受双方的心理状态、情绪和气氛，一般来说，心情舒畅时双方更容易沟通；时间环境——传播的具体时机，适时的传播往往会取得良好的效果。

(5) 完善传播的技巧。传播技巧是指能唤起受众的注意，引起他们特定的心理和行动的反应，从而实现说服或宣传之预期目的的策略方法。如很多公共关系工作者多年来总结的新颖别致法、投其所好法、典型示范法、名人效应法、周而复始法、适度夸张法等，若得以合理运用，都会产生良好的效果。

【案例 4—3】

畅销的“滞销书”

美国一出版商有一批滞销书一直不能脱手，他想出了一个主意，给总统送去一本书，并三番五次地去征求意见，忙于政务的总统不愿与他多纠缠，便回了一句：“这本书不错。”出版商从此大做广告——现有总统喜欢的书出售。于是，这些书便一抢而空。不久，这个出版商又有书卖不出去了，就又送了一本书给总统，总统上过一回当，想奚落他，就说：“这书糟透了。”出版商闻之，脑子一转，又做广告——现有总统讨厌的书出售。不少人出于好奇争相购买，不久书又卖完了。第三次，出版商将书送给总统，总统接受了前两次教训，便不作任何答复，出版商却大做广告——现有总统难以下结论的书，欲购从速。结果书居然又被抢购一空。通过有效的传播，商人最终达到了自己的目的。

四、公共关系传播的基本内容

在现代信息社会里，人们每时每刻都在传播和接收大量的信息，但是公共关系传播的信息不同于具体的工商信息或产品服务信息，根据组织不同时期的特点和目标来划分，公共关系传播的信息内容大体有以下四种类型：

(1) 初创时期传播的信息。组织初创时期传播的信息主要包括组织的性质、投资建设状况、规模、设想及风格等方面的信息。

(2) 发展时期传播的信息。以维护、升华组织已经形成的良好信誉和形象为目的，组织发展时期传播的信息主要包括组织的生产经营方针、政策、特色等信息，并及时将组织新产品研制与开发、产品价格波动情况、商标及组织变革等情况告知社会公众。

(3) 风险时期传播的信息。出现问题时，组织应该实事求是地披露问题的根源，向公众致歉，并把问题的解决过程告诉公众。

(4) 低谷时期传播的信息。组织应向公众说明企业步入低谷的原因，澄清事实，诚心诚意地求得公众的帮助，让更多的社会公众了解、支持组织的发展。

第二节　公共关系传播的基本类型

公共关系作为一种传播行为，其活动过程广泛涉及各种传播方式，是综合运用多种传播方式的一种组织行为。结合具体的公共关系活动，我们一般把公共关系的传播归结为四种基本类型：人际传播、大众传播、群体传播以及组织传播。这四种类型是公共关系传播过程中最常用的途径，它们各成体系，发挥着各自不同的作用，同时又相互联系、互为补充。

一、人际传播

(一) 人际传播的定义

人际传播是个体与个体之间的信息传播活动，是最常见、最广泛的一种传播方式，也是人类社会赖以生存和发展的最基本的形式。公共关系人员在很多场合下需要个别地与职工、领导、顾客、记者等人交往，并与他们建立良好的人际关系，为组织营造良好的舆论环境。因此，人际传播也是公共关系人员最为直接而具体的工作方式。

人际传播一般有两种类型：一种是面对面通过语言、动作、表情等方式进行的直接的人际传播；另一种是通过书信、电话、网络等媒介物进行的间接的人际传播。

(二) 人际传播的特征

人际传播的特征包括：

(1) 传播方式随意。人际传播的对象特定、范围狭窄、社会影响力小，因而在进行人际传播时，传受双方承受着较小的心理压力，在信息的内容选择和信息符号的编码上可以比较随意。因此，这种传播方式是丰富多彩的，可以是严肃的主题，可以是轻松的话题，也可以是毫无意义的调侃。尤其是在较小的心理压力下，双方可以就一些不易在公众场合传播的内容进行交流甚至深入地探讨，最终达成某种默契或一致，这种传播效果在其他传播方式中是很难达到的。

(2) 传播符号多样。人际传播是真正意义上的“多媒体”传播。人际传播所使用的符号多样化，除语言、文字、图像、音像外，还通过表情、眼神、动作、姿态、服饰等多种渠道或手段来传递信息，甚至特定的时间和空间也能称为一定的信息符号，正所谓“心有灵犀一点通”。传播符号的多样性，使得人际传播具有较强的表现力，成为一种高质量的传播方式。

(3) 信息反馈灵敏。人际传播反馈快捷，基本上可以做到实时反馈。同时，由于这种传播的反馈是在特定情境氛围中获得的，因此比一般的传播方式能得到更多、更为精确的反馈信息。传受双方均可以通过对方的反应修改、补充传播内容或改变传播方式，这无疑大大提高了双方达成一致的可能性。

(4) 信息沟通情感。人际传播的感情色彩最浓，通过人际传播，不仅可以进行信息的交流，而且可以达成情感的沟通。个人感情的沟通，一般随着对象的增加而递减，感情沟通在个人交往场合比在公众场合进行的效果更明显。这就是组织与公众的关系为什么不能完全取代人际关系，公共关系必须广泛使用人际传播的原因所在。

(5) 传播面窄，容易失真。个体之间的传播，传播面较狭窄，不利于信息迅速、广泛地传播，加上传受双方受各自知识、态度和情绪等因素的影响以及传播渠道的限制或变化，容易使信息在多次传播中失真。

【案例 4—4】

秀才买柴

从前，有一个秀才去买柴，他对卖柴的人说：“荷薪者过来。”卖柴的人听不懂荷薪者（担柴的人）三个字，但是听得懂过来两个字，于是把柴担到秀才面前。秀才问他：“其价如何。”卖柴的人听不太懂这句话，但听得懂价这个字，于是就告诉秀才价钱。秀才接着说：“外实而内虚，烟多而焰少，请损之。”卖柴的人听不懂秀才说的话，于是担着柴走了。

人际传播要获得成功的基本条件除信息要传递到位之外，还必须被正确理解，即信息接受者不仅要理解信息的含义，而且要和信息发送者的想法尽量保持一致。

二、大众传播

（一）大众传播的定义

大众传播是指职业传播者通过会议、报纸、广播、电视、网络等大众传播媒介将大量复制的信息向公众传递的过程。传播的主体可以是组织机构，也可以是组织化的个人。

（二）大众传播的特征

大众传播的特征包括：

（1）大众传播的主体是从事信息生产和传播的专业化媒介组织，包括报社、出版社、电视台、广播电台等。

（2）大众传播必须借助大众传播媒介，现代传播手段的技术化、产业化进程不断加快。

（3）大众传播覆盖面广、信息量大、传播速度快，往往具有跨阶层、跨群体的广泛社会影响。

（4）大众传播的效果受传播位置、时段等影响。如报纸的头版头条、电视的黄金时段。

（5）大众传播属于单向性很强的传播活动，信息反馈互动机制较差，大多是事后反馈，缺乏及时性和直接性。

【案例 4—5】

“世界第一张丝绸报纸的诞生”与媒介传播

1. 背景介绍

杭州凯地丝绸股份公司于 1993 年成立，是由国家、企业职工和外商共同持股的综合型丝绸出口集团。如今凯地丝绸已经成为国际市场的名牌，深受海外客户的欢迎。这还要从媒介传播说起。当时该公司作为商业大潮中的新生儿，要扩大其社会知名度，生产的丝绸报纸，就需要独具创意的公关宣传和媒介来报道，以塑造企业整体形象，渗透消费者心理，这无疑是最快捷有效之策。同时，中国革命历史博物馆得知世界首版丝绸报纸诞生，也要求收藏并展出。

2. 调研

以丝绸为材料印刷报纸属新闻界和印刷史上创举，具有高度的新闻价值和保存价值。

3. 目标

以有限的公关宣传费，巧妙借助丝绸报纸这一独特载体，赢得媒介和公众的热切关注。

4. 公关策划创意

杭州国际公关公司为凯地丝绸股份公司策划：以丝绸为材料印制浙江省内独家旅游服务报——《江南游报》，并向中国丝绸博物馆、中国革命历史博物馆赠送世界首创的丝绸报纸。

5. 实施与执行

《江南游报》丝绸版共印刷100份。1993年6月15日，杭州国际公关公司在北京为凯地丝绸股份公司举行了向中国革命历史博物馆赠送丝绸报纸仪式。行家评价：阅读和观赏效果极佳，反映了当代先进的真丝印花科技水平。

6. 评估

世界首创丝绸报纸被国内20余家报纸、电视台集中报道达30余次，海内外受众人数达2 500万人次。丝绸报纸宣传活动，既证实了中国高超的印丝术，也树立了凯地丝绸股份公司形象，从此开创了丝绸报纸的先河。

三、群体传播

（一）群体传播的定义

群体传播是指一群人按照一定的聚集方式，在一定的场合可以比较自由地进行直接、多向性的沟通交流。在两千多年前的希腊，就出现过许多公民聚集在广场、大厅里聆听演说的群体传播现象。现代社会，演讲会、报告会、记者招待会、展览会、庆典活动等，都属于群体传播。

（二）群体传播的特征

群体传播的特征包括：

（1）群体人数不多，成员之间可以相对自由地进行直接传播沟通；

（2）群体内部可以进行多向性的直接传播；

（3）群体传播受到群体的共同目标和行为规范的制约。

人们总是在若干个群体（如家庭、部门、会议、展销会等）中生活工作的，因此，必须重视与群体成员沟通的问题。作为公共关系人员，通过群体传播的途径与公众进行沟通也是常用的手段之一。

四、组织传播

（一）组织传播的定义

组织传播是指组织与其内部公众（如员工、股东）和外部公众（如其他组织）之间的沟通交流活动。组织内传播一般表现为各种信息的上传下达，以及个体之间的情感交流等形式，如各种会议、座谈、个别谈话等；组织外传播则主要表现为组织将其信息传递给外部公众，并获得反馈信息以调整自己行为的过程。

（二）组织传播的特征

组织传播的特征包括：

（1）传播有特定的主体——组织；

（2）传播对象多且复杂，组织内传播具有层次性、有序性、自由性、平等性等复合型特征，组织外传播则具有公众性和大众性特征；

（3）传播手段具有综合性，必须综合运用人际传播、大众传播、群体传播等多种方式，单一的传播方式和传播媒介是不能胜任组织的传播任务的；

（4）传播具有明确的目的性和可控性。

组织传播是组织联系内外公众、疏通与密切各种关系的重要手段，也是公共关系传播的主要形式。

【案例4—6】

亨氏集团的新产品

美国亨氏集团与我国合资在广州建立婴幼儿食品厂。但是，生产什么样的食品来开拓广阔的中国市场呢？筹建食品厂的初期，亨氏集团做了大量调查工作，多次召开“母亲座谈会”，充分吸取公众的意见，广泛了解消费者的需求，征求母亲对婴儿产品的建议，摸清各类食品在婴儿哺养中的利弊。之后进行综合比较，分析研究，根据母亲们提出的意见，试制了些样品，免费提供给一些托幼单位试用；收集征求社会各界对产品的意见、要求，相应地调整原料配比。他们还针对中国儿童食物缺少微量元素、儿童营养不平衡及影响身体发育的现状，在食品中加进一定量的微量元素，如锌、钙和铁等，食品配方更趋合理，使产品具有极大的吸引力，普遍地受到中国母亲的青睐。于是，亨氏婴儿营养米粉等系列产品迅速走进千千万万中国家庭。

第三节 公共关系传播媒介

传播媒介是信息传递的载体，信息不能独立存在，必须载于某种介体方能显现。不同的传播方式，需要借助不同的媒介。在传播媒介日益丰富的现代社会，了解、熟悉各种传播媒介，并能适时正确地运用，是公共关系工作人员必备的能力。

一、语言媒介

康德认为：“一切语言都是思想的标记，反之，思想标记的最优越的方式，就是运用语言这种最广泛的工具来了解自己和别人。”语言是人类社会产生最早、使用最普遍的一种传播符号，也是最基本、最实用、最简便、反馈最及时的传播媒介。可以说，其他任何媒介无不是以语言为基础的。语言媒介可以分为两类，即口头语言媒介与非语言媒介。

（一）口头语言媒介

口头有声语言是面对面人际传播的主要信息载体，是人类进行信息、情感交流，实现公共关系目标的最基本工具。公共关系人员的大量日常和专业的公共关系实务活动（如日常接待、会议交流、公务谈判、游说劝服、演讲报告等）都离不开语言的运用。因此，口头表达能力是职业公共关系人员必备的能力素质之一，不仅能说，更要会说。

在运用口头语言时，一般应做到：语言要准确规范；意思要完整明确；语气要柔和诚恳；音量要高低适度；语速要快慢适中；口齿要伶俐清晰；内容要客观实在；表述要言简意赅；能及时调整对方不感兴趣或厌恶的话题。

（二）非语言媒介

这里的非语言主要包括表情、动作、服饰、笑声、哭声、空间语言、时间语言等，它是指人们在面对面交流时除了运用口头有声语言之外，其他所能借助传递信息的手段。非语言媒介在一般交往中，伴随着口头语言，成为人们传情达意和彼此感知的重要信息传播途径。在一些特殊场合中，非语言媒介所包含的意义甚至可能比口头语言更真实、更可靠、更具表现力、感染力和吸引力。人们常常“词不达意”、“言不由衷”或“欲言又止”，因此，交流双方不仅要“听其言”，而且要“观其行”、“察其意”。

【案例 4—7】

不同装扮的实验

美国行为学家迈克尔·阿盖尔曾做过实验，将自己装扮成不同的人物出现于同一地点，结果不知情者对他的态度迥然各异：当身着西装的迈克尔先生以绅士模样出现时，无论是向他问路还是问时间的人，大多彬彬有礼；随后，迈克尔又以破衣烂衫、蓬头垢面的形象出现，此时，接近他的人大多是为了借火或借钱而来，而且来者以流浪汉居多。这个实验证明，仪容服饰在人际交往中起到了不可低估的信号暗示作用。

当今社会，公共关系活动日益频繁，一个不善运用公共关系语言媒介的人将很有可能四处碰壁，甚至一事无成。因此，随着信息社会的快速发展，每个人都应努力成为信息传播的专家、语言沟通的大师。除了正确使用语言工具之外，更要讲究公共关系语言运用的艺术方法和技巧，关于这部分的内容我们将在本书第九章进行具体展开。

二、印刷媒介

印刷媒介是指借助印刷技术，以文字、图片等形式将信息印刷在纸张上进行传播的媒介，具体包括：(1) 人际传播时常使用的小媒介，如书信、传真、贺卡、名片等，是与公众特别是重点公众联络感情、加深印象、密切关系所经常使用的媒介手段；(2) 群体传播时组织向群体成员发放或赠送的内部报纸和刊物、宣传手册、图片资料等；(3) 大众传播时面向社会大众公开发行的，具有正规刊号或书号的报纸、杂志、书籍等印刷品，其中，报纸和杂志由于其覆盖面较大，是组织扩大公共关系活动影响的重要渠道。

(一) 报纸及其传播特点

报纸是一种产生较早的大众媒介，早在 1690 年 9 月，第一张美国报纸《国内外公众事件》在波士顿发行。19 世纪中期，美国兴起的便士报运动使报业迅速发展，报纸成为真正意义上的大众传播媒介。目前，报纸在社会信息出版方面仍然发挥着重要作用，阅读报纸是许多人日常生活中不可缺少的部分。

报纸主要有以下一些优点：第一，信息容量大。它可以及时刊载国内外各种消息、报道、评论、新闻图片和理论文章等，而且还可以根据信息的多少增减版面。第二，可选择性强。读者可按自己的需要和阅读习惯，在众多消息中，自由选取自己最感兴趣的内容阅读，而无须看无关的内容。第三，周详细致。同样一则消息，报纸报道要比电视报道深入细致、周密详尽，读者可以反复阅读、仔细琢磨。第四，便于查证保存，可把刊登的各种新闻、评论、数据、常识等加以剪贴、摘录、保存。第五，制作容易、成本不高。此外，与广播电视相比，读者接收信息不需要特别的工具设备。当然，报纸也有缺点，如报纸要求读者具有一定的文化水平和理解能力，这就在客观上限制了读者的数量。另外，报纸传递信息的速度不如广播和电视迅速、及时。再者，报纸不能像电视那样具有生动形象的画面，因而感染力相对较差。

（二）杂志及其传播特点

杂志作为一种印刷类媒介与报纸在本质上没有区别，也是集文字传播与图像传播于一身的大众传播媒介。

杂志一般拥有相对稳定的读者群，人们有选择地订阅、购买并在一段时间内相对稳定不变；杂志的制作比报纸更精美，内容丰富、伸缩性大，可根据需要灵活安排版面；此外，杂志还具有专门化、有针对性、有深度的优点，公众可重复阅读，印象深刻。杂志的不足主要体现在出版周期长、时效性差，因此不能报道新闻事件；它虽然比报纸生动活泼，但与电视相比仍显得呆板；杂志还要求读者具有一定的文化水平和理解能力，对于专业性杂志，更要求读者具有一定的专业知识和专门的爱好，因此限制了读者的范围。

三、实物媒介

实物媒介就是让具体的物品包含某种特定的信息，充当信息传递的载体，主要是指组织用于展览、赠送的产品样品、产品和模型以及公关礼品等。

（一）产品样品、产品和模型

在企业公关或营销活动中，产品本身就构成一种可信度较高的信息载体，通过质量、性能、外观、商标、包装等能全面、直观地传递出产品最真实可靠的信息。因此，产品作为传播媒介被广泛用于展览会、订货会和赞助活动中。公共关系人员在实际运用中要尽可能让产品类实物“活”起来，如有些厂家把产品陈列在商店的橱窗中，让它日夜运转，用这种方法来说明产品的质量。还有的厂家对产品进行“破坏性”演示，以表明其质量达到了某种程度。例如，把手表从高处坠落在水泥地上或将其浸泡在水中，以表明其优良的抗震和防水功能。

（二）公关礼品

公关礼品是指用于加强组织与公众情感交流的实物宣传品，一般具有：(1) 标识性：经专门设计制作，带有组织标识；(2) 纪念性：不重礼品的货币价值，重在情感的纽带；(3) 新颖性：设计构思精巧，兼具实用和装饰作用，使受赠者乐意长久珍藏或使用。

四、户外媒介

户外媒介主要面向的传播对象是流动的人群，多出现在交通要道、城市广场、车站、码头和人群聚集的场所，如体育比赛场地、文化活动广场等，如广告牌、霓虹灯、车船、气球、公共建筑、旗帜、灯箱、路牌等都是现在较常见的户外媒介。

户外媒介一般信息精简、言简意赅，制作成本或利用费用较低，但传播对象却十分广泛。但由于户外媒介依赖于公众的流动性，传播效果很难控制；传播范围和信息量有限，不能有效展现组织的整体形象也是其不足之处。

五、电子媒介

电子媒介主要是指依靠电子技术，以电波或电缆、光缆来传播声音、文字、图像、色彩，运用专门的电器设备发送和接收信息的广播、电视、互联网等媒介。

（一）广播

广播通过声音来传递信息，与其他媒介相比，其明显优势是传递信息最及时。具体来说，广播有以下优点：（1）传播速度快，广播是靠电波传递声音的，电波运行速度为每秒30万千米，信息一经播出，立即传递到听众耳中，较报纸更为迅速。（2）制作简单，成本低廉，最容易加以利用，不需要各种道具，不需要复杂的制作工序，只要将信息稍加处理就可以很容易传播出去。以最常见的广告为例，中央人民广播电台和中央电视台在同一时间播出的广告，广播电台的费用仅是电视台的1/10；在国外发达国家，广播广告与电视广告的比价一般为1∶4。（3）所受限制少，与报纸、杂志乃至电视相比，广播能把信息传达到以上媒介通常不能达到的地方，它一般不受地理环境和气候条件限制，对听众的文化程度也无特别要求，所以收听对象非常广泛。（4）广播诉诸公众听觉，播出的声音生动、悦耳、亲切感人，很容易打动人的情绪和情感，引起共鸣。

广播的不足之处也十分明显：（1）由于无法调动人的视觉，公众很难对稍纵即逝的声音符号完全记忆，信息的保留程度非常差。（2）公众对广播的选择往往多为消遣，很难做理论或教育方面的宣传。（3）广播收听的随意性强，常常造成公众精力不集中，难以全面传播信息。

（二）电视

电视以其声像并茂的特点，在众多传播媒介中独领风骚。电视有其他传播媒介难以拥有的优点：（1）普及性强，受众广。电视吸取了各种传播媒介的长处，综合地将语言、文字、图像、声音、动作等传播手段融为一体，信息的表现力和现场感极强，信息接收不受文化程度的影响，最能引起受众的兴趣。因而，电视的普及性很强，受众队伍庞大，涵盖了社会的各个群体。（2）时效性强。同广播一样，电视传播的速度也很快，信息传播及时，公众可及时收受有关信息。尤其是“现场直播”形式，做到了与事件的发生同步传播。（3）娱乐性强。电视的娱乐功能在众多传播媒介中居首位，它很好地将信息传播与文化娱乐融为一体，成为现代家庭日常生活中不可缺少的娱乐形式，在公众中的影响最大。

电视的不足主要体现在：（1）传播的信息瞬间即逝，不便于记录、保存和重复使用。（2）观众只能依据一定时间、顺序和速度收看节目，选择余地较小，时间和空间限制较大。（3）电视传播成本较高，节目制作复杂。

（三）互联网

互联网作为一种新兴的传播媒介，其出现和日益普及标志着人类传播史的又一次重大的媒介革命，它继报刊、广播、电视三个传统的媒介之后，被联合国有关机构定义为“第四媒体”。互联网是计算机技术、光纤通信技术、数字技术发展的结晶，是信息高速公路的重要组成部分，是通过高端信息技术传送文字、声音、图像的传播媒介。网络革命的出现在深刻影响人们的思维方式、工作方式和生活方式的同时，也为现代公共关系提供了全新的策划思路和公共关系传播媒介。

互联网上的资料齐全、信息丰富、超越时空、高度开放、实时双向互动、发布新闻简便，以及它的自由、个性化、多媒体等诸多优点，使它在短期内得到了极大的发展和普及。据统计，截至2011年底，我国网民总人数突破5亿。可以不夸张地说，互联网兼有了报纸、电视等传统媒体所具有的优点。

互联网的缺点主要为：（1）信息缺乏控制，网络信息交流的随意性导致信息泛滥。（2）进行信息交流的双方信任度不高，黑客和病毒层出不穷，在使用互联网时安全性较低。（3）另外，由于我国经济发展的制约，计算机及互联网的普及率还不够高，互联网传播的广度受到限制。尽管目前我国网民数的增长使得互联网普及率提高，但仍低于全球平均水平。2004 年至 2007 年我国网民人数的增长情况如图 4—5 所示。

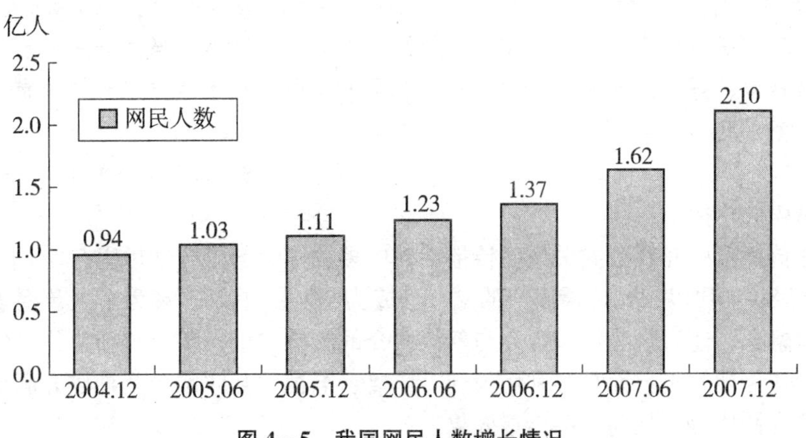

图 4—5 我国网民人数增长情况

从公共关系传播的趋势看，网络公关或 e 公关是未来公共关系行业中一个十分引人注目的发展方向。

（四）其他视听类媒介

其他视听类媒介是指用于展览、展销、会议等传播活动中的视听类媒介，主要包括：

（1）幻灯片。通过幻灯机放映出的幻灯画面，比单纯静止的图片展示效果更好。幻灯片主要用于会议或演讲中的文字、图表显示，展览会上有关内容的重点介绍和连续展示、产品功能介绍及所提供服务的详尽说明等。

（2）录像。录像兼有录音、幻灯片、图片的许多优点，是传播信息较理想的一种方式，它多用于展览、参观、会议、产品介绍和服务说明，能使这些宣传活动更富有生机，更具有吸引力和感染力，有利于增强传播效果。北京申办 2008 年奥运会的宣传活动中，我国著名导演张艺谋拍摄的宣传片，在最后精彩的陈述报告中起到了画龙点睛的良好效果，为申办一举成功做出了贡献。

【案例 4—8】

“1036——传情五环”

广东电台“城市之声”员工为台庆五周年设计了一个方案：立足将“城市之声”五周年台庆与申办奥运会的相关活动相结合，通过电子传播媒介，传达“城市人盼奥运”的“城市之声”电台的时代强音，并把这一理念传遍全世界。

围绕“一首歌曲——五个‘1036’系列活动”策划主题进行“城市之声”五周年台庆活动。一首歌曲即是以城市人热心申奥为主题，在活动中它将作为一条主线贯穿整个台庆活动始终。五个"1036"意指与主题有关的五个系列活动：1 036 个五岁的孩子亲手画的图画；1 036 米长的市民亲笔签名横幅；1 036 个市民支持申奥的声音；1 036封孩子亲手寄出的信；1 036 张录有主题歌的CD光盘，在送给1 036 名市民之时，传递"城市之声"支持申奥的热诚。活动的实施与网络活动相结合，从而扩大了影响与传播范围。

"城市之声"利用电子传播媒介，将五周年台庆与中国申奥活动相结合，其着眼点就是向市民展现"城市之声"作为都市有声传媒在申奥方面做出的努力，从而展现"城市之声"独特的魅力、鲜明的形象，提高广东电台在公众中的形象地位，为"城市之声"的进一步发展拓宽道路。

六、跨媒介传播

跨媒介传播指的是在公共关系的传播活动中多种媒介的融合性运用。

20 世纪 80 年代以来，传播媒介的融合已成为趋势，不仅表现为个人传播媒介与大众传播媒介的融合，还表现为传统媒介与新兴媒介的融合。依靠单一媒介往往已经起不到吸引公众的最佳传播效果，而是要利用报刊、广播、电视、互联网等几种媒介联动，利用多种媒介的综合性优势，从而提高传播效果。

要点回放

公共关系传播作为一种专门化的职业传播，是指组织利用各种媒介，向其内部及外部公众传递有关组织各方面信息的活动过程，它具有社会性、互动性、符号性、共享性和目的性的特点。在拉斯韦尔提出的传播的"5W"要素基础上，公共关系传播的过程可以归纳为由传播者、传播的信息内容、媒介（传播的渠道）、受传者、传播效果五方面要素组成的一个封闭的循环系统。

结合具体的公共关系活动，我们一般把公共关系的传播归结为四种基本类型：人际传播、大众传播、群体传播以及组织传播。人际传播是个体与个体之间的信息传播活动，是最常见、最广泛的一种传播方式，也是人类社会赖以生存和发展的最基本的形式。大众传播是指职业传播者通过会议、报纸、广播、电视、网络等大众传播媒介将大量复制的信息向公众传递的过程。群体传播是指一群人按照一定的聚集方式，在一定的场合可以比较自由地进行直接、多向性的沟通交流。组织传播是指组织与其内部公众和外部公众之间的沟通交流活动。这四种类型是公共关系传播活动中最常用的途径，它们各成体系，发挥着各自不同的作用，同时又相互联系、互为补充。

公共关系的传播媒介可以分为语言媒介、印刷媒介、实物媒介、户外媒介和电子媒介。这些传播媒介各有特点，公共关系人员选择不同的传播媒介，往往会收到不同的效果。一般来说，在选择传播媒介时，应考虑组织公共关系工作的目标和要求、公众对象的特点、传播的内容、组织的经济条件等因素，合理地加以选择，以达到最佳的传播效果。

模拟训练

背景材料：

2000 年 6 月—7 月，共青团上海市委员会对上海初中生的网络运用情况进行调查，数据如下：使用千分之一抽样调查的方法，共选取 400 名初中生为调查对象，其中 70%为市区学生，30%为郊区学生，重点中学和普通中学各占 50%。

(1) 调查中 288 名学生直接上过网，占总数的 72%，有 98%的同学表示渴望上网，并知道“互联网”是怎么回事。

(2) 仅有 140 人是通过学校上课了解网络知识的，占 35%；136 人都是通过自学认识网络的，占 34%；通过父母或亲戚教授的占 20%。

(3) 400 名学生中能达到平均每天上网 1 小时，成为真正意义上的网民的只有 18%，3/4 的上网者只是偶尔上网。

(4) 288 名上网者中，网龄满三年的只占 9%，但近两年内，上网人数的壮大速度却十分惊人：9%（三年网龄）——17.4%（两年网龄）——71.2%（一年网龄）。

(5) 因为上网费用问题，49%的学生在家里上网，又由于学习时间的限制，25%的学生在学校上网。由此可见，费用问题是初中生大部分只能偶尔上网的原因。

(6) 同学们常浏览的网站中，90%是成人网。20.8%的同学上网是为了聊天交友。40.8%的中学生都拥有 OICQ（中文网络寻呼机）。大部分同学都会在聊天室里毫无戒备地告诉网友自己几岁、叫什么名字及自己的联系电话。

训练要求：

现代社会，传媒已成为青少年社会化的一个重要因素，严重影响着人们的心理、思维与行动。根据共青团上海市委员会对上海初中生网络运用情况做的调查，分析以下问题：

1. 分析当代青少年受媒体影响的程度。
2. 分析中学生上网的危害。
3. 针对存在问题，拟订一个公益方案，解决中学生上网问题，要求方案不少于 1 000字。

复习题

1. 简要分析公共关系传播的含义。
2. 公共关系传播的构成要素有哪些？并说明其传播的基本过程。
3. 有效的公共关系传播应创造哪些条件？
4. 请分析总结公共关系传播媒介的类型及特点。

经典案例

IBM 公司的“金环庆典”活动

美国 IBM 公司每年都要举行一次隆重的庆功会，对那些在一年中做出过突出贡献的销售人员进行表彰。这种活动常常是在风光旖旎的地方，如在百慕大或马霍卡岛等地举行。对3%做出了突出贡献的人所进行的表彰，被称作“金环庆典”。

在庆典中，IBM公司的最高层管理人员始终在场，并主持盛大、庄重的颁奖酒宴，然后放映由公司自己制作的表现那些做出了突出贡献的销售人员工作情况、家庭生活以及业余爱好的影片。在被邀请参加庆典的人中，不仅有股东代表、工人代表、社会名流，还有那些做出了突出贡献的销售人员的家属和亲友。整个庆典活动，自始至终都被录制成电视（或电影）片，活动结束后被拿到IBM公司的每一个单位去放映。

IBM公司每年一度的“金环庆典”活动，一方面是为了表彰有功人员，另一方面也是与企业职工联络感情、增进友情。在这种庆典活动中，公司的主管同那些常年忙碌，难得一见的销售人员聚在一起，彼此毫无拘束地谈天说地，在交流中，无形地加深了心灵的沟通，尤其是公司主管那些表示关心的语言，常常能使那些在第一线工作的销售人员“受宠若惊”。正是在这个过程中，销售人员更增强了与企业的“亲密感”和责任感。

通过阅读分析下列问题：

1. IBM公司的庆功会在公司内部究竟有哪些重大意义？

2. 这种活动对其他公司有何借鉴意义？

趣味阅读

纳瓦霍密码：“风语者”的神秘武器

一、“鸟语”引发奇想

美军遭遇珍珠港袭击后，被迫对日宣战。但交战初期，美军的密码屡被日军破译，致使其在战场上吃尽了苦头。就在美军高层为此焦急万分的时候，1942年初的一天，位于洛杉矶的美国海军办公室来了一位自称菲利浦·约翰斯顿的美国白人，他提出了一个十分大胆的建议——征召美国最大的印第安部落纳瓦霍人入伍，使用纳瓦霍人的语言编制更加安全可靠的密码。

约翰斯顿之所以能够提出这个构想，是因为他从小就跟随父亲——一位长期在印第安人保护地传教的牧师，在纳瓦霍人聚居区生活，所以对纳瓦霍人和他们的语言非常熟悉。而在当时，纳瓦霍语对部落外的人来说，无异于“鸟语”。因为这种语言口口相传，没有文字，其语法、声调、音节都非常复杂，没有经过专门的长期训练，根本不可能弄懂它的意思。根据当时的资料记载，通晓这一语言的非纳瓦霍族人全球不过30人，而其中没有一个是日本人。极具军事头脑的约翰斯顿认为，如果用纳瓦霍语编制军事密码将非常可靠而且无法破译。

美国海军认定这是一件“了不起的事”，立即答应协助约翰斯顿实现这一构想。1942年2月28日，在圣迭戈的艾略特兵营，约翰斯顿找来4名纳瓦霍人进行演示试验。在演示前，对此十分感兴趣的美国太平洋舰队上将克莱登·沃格将军亲自写出6段战争中常用的信息，其中一条是“预期敌人会使用坦克和俯冲轰炸机在黎明时攻击”。按照纳瓦霍语，信息被逐字逐句地翻译为“敌人坦克—俯冲轰炸机—预计—攻击—早晨”，其他5条信息也被熟练地翻译出来。这给沃格将军留下了深刻的印象。一周后，沃格专门致函美国海军陆战队司令，建议为太平洋舰队两栖作战部队招募200名纳瓦霍人。不过，这项大胆的计划也遭到了一些人的反对。他们担心纳瓦霍密码不能适应繁多的几乎是数不尽的军事活动，因为军事术语在纳瓦霍语中的确比较匮乏。但是，经过一番争论之后，招募纳瓦霍密码战士的计划还是被通过了。于是，神秘的“鸟语”开始登上大雅之堂。

二、“无敌密码”诞生

1942年5月5日，首批29名纳瓦霍人被征召入伍。他们在加利福尼亚圣迭戈的新兵训练营中和通讯人员一起设计了最初的纳瓦霍密码。这种密码由211个字组成，大部分为纳瓦霍词，也掺杂了一些新词汇，这是为了弥补纳瓦霍语中军事术语的不足。例如，“战斗机”被称为“达—哈—提—西”，纳瓦霍语意为“嗡嗡叫的鸟”；“俯冲轰炸机”被称为“几尼”，意为“小鹰”。另外，密码战士还设计了一个系统，用来与英语26个字母相对应。例如，字母A为“沃—拉—其”，意为“蚂蚁（ant)”；字母E为“迪兹”，意为“麋鹿（elk)”。另外，针对那些没有能够列入211个密码的词语，他们根据纳瓦霍语专门创建了一个大约500个常用军事术语的词汇表以便用来对照拼读。

纳瓦霍人很快便显示出记忆密码和在战时传递信息的能力，他们成功地从飞机或坦克等移动目标上传递密码，计划取得了极大的成功。随后，另外200名纳瓦霍人也于1942年7月20日被征召入伍。1942年10月2日，约翰斯顿也被征召入伍，并被授予上士军衔，专门负责训练纳瓦霍密码战士。可是，就在约翰斯顿踌躇满志地实施他的大胆计划的时候，一个细心的密码员发现，由于纳瓦霍语中没有的词的对照表重复使用频率太高，根据这些词语，纳瓦霍密码几乎不用费什么劲就能被破译。为解决这一问题，约翰斯顿和一些技术专家把对照表的26个字母增加为44个，使得那些常用的字母如E、T、A、O等有了多种选择余地。例如，字母A除了原来的“沃—拉—其（蚂蚁)”外，还可以叫做“比—拉—沙纳（苹果apple)”和“齐—尼赫（斧子axe)”。这样一来，其破译难度大大增加。被美军称为“无敌密码”的纳瓦霍密码终于诞生了。

三、作战南太平洋

到1943年4月，第二批200名纳瓦霍人完成了训练，而此时，第一批纳瓦霍密码战士即“风语者”已经随海军陆战队在南太平洋上作战了。很快，纳瓦霍密码就在实战中发挥了重要作用。特别是在攻占硫磺岛一役中，6名“风语者”使用神秘的纳瓦霍密码及时准确地为美军传递信息情报。在战斗开始的前两天，他们通宵工作，没有一刻休息。整个战役中，他们共接发了800多条消息，没有出现任何差错。日本人尽管能够截获这些情报，但对这些近乎“天书”的文字感到束手无策，而当时美军已经破译了日军的密码。不久，美军便很轻易地攻下了战略要地硫磺岛。负责联络的霍华德·康纳上校曾感慨地说：“如果不是纳瓦霍人，如果没有纳瓦霍密码，美国海军将永远攻占不了硫磺岛。”参与硫磺岛战役的拉尔夫·斯托其上尉在一份报告中称，纳瓦霍密码是“最简便、最快速和最可靠”的密码，“日本人的脑袋都要想破了，但我们几乎不用担心会发生泄密”。

出色的实战成绩吸引美国海军决定更大规模地征召纳瓦霍人入伍。他们曾经设想以每月50人的速度再征召303名纳瓦霍人，但这并不是一项简单的工作。因为，那些被招募的纳瓦霍战士也逐渐成为其他部队的“宝贝”。为此，海军陆战队不得不把名额削减到每月25人，甚至试图从其他部队索要纳瓦霍新兵，但这些努力并未获得完全成功。由于

“风语者”供应不足，这严重影响了美国海军的通讯工作。尽管如此，因为纳瓦霍密码既保密又很少失误，仍然逐渐成为美军最信赖最钟爱的密码。

如今随着现代科技的发展，纳瓦霍密码可能已经算不上高明，但它走过的那段光辉历程将永远不会被人们忘记。

资料来源：吴开胜、底庆光：《纳瓦霍密码：“风语者”的神秘武器》，载《中国国防报》，2004-06-29。

第五章 公共关系工作程序

学习目的

1. 熟悉公共关系四步工作法
2. 掌握公共关系调查的内容、步骤和方法
3. 掌握公共关系策划的程序和技巧
4. 熟悉公共关系的实施过程
5. 掌握公共关系评估的基本程序与方法

引例

因地制宜，合理策划

俗话说入乡先问俗，其实也包含着公共关系的哲理。一个人到异国他乡，若想融入其中，必须先入乡随俗。如果一切都按照自己以前的那一套行事，必定会闹出笑话。

可惜仟村百货（即郑州亚细亚）进军广州之前，没有充分认识到入乡随俗的重要性。仟村百货位于广州市人民北路的繁华闹市，是郑州亚细亚集团南下策略中重要的一环。作为中原商城劲旅，郑州亚细亚在其创业之初，有过不俗的公关战绩。正是携中原商战一枝独秀之威势，亚细亚集团决心实施全国战略，北上南下东征西伐。于是，广州仟村百货于1996年应运而生。

应该说，亚细亚集团的管理者为了南下，是下了一番苦工夫的，从论证到选址，从落成开业到日常运转，各方面可谓苦心造诣，欲实现其一年不亏、两年盈利、五年超过广州同行的宏伟构想。然而一开始，他们便没能考虑到这一点：广州与郑州的文化差异。正是这一点，促成了仟村百货败走羊城。

亚细亚集团的管理者们没能深刻地认识到：经过多年的改革开放，广州的商业文化气氛已小成气候，政治文化气氛远较内地淡薄，人们更重实利而轻空言与形式。管理者们照葫芦画瓢地在仟村百货门前的广场上每天举行升国旗仪式，之前他们曾经做过调查，广州尚无此风，他们满以为此举仍会赢得满堂彩。哪知久经商家奇招怪式的广州人对此反应冷淡极了，没有多少人会注意。

亚细亚集团的管理者依然对员工进行半军事化管理，哪知这一招却犯了众忌（员工多是广东人或生活在广东省的外地人），广东商家的员工一向以宽松的环境自豪且自得其乐，你这个外来户却拿着紧箍咒来炫耀，谁愿意理睬你？

仟村百货意欲再策划一次羊城商战，于是率先推出降价措施。谁知此举惹火同业诸店：玩游戏，岂有不按规则的？于是联名上告，有关政府部门虽说抱着来者不拒的态度欢

迎亚细亚集团投资，可事到如今不得不出面摆平此事。

除以上各项举措外，仟村百货还安排电梯小姐不停地向顾客鞠躬，广州人不但不领情，反而骂亚细亚集团的管理者太不人道。在许多人眼里，鞠躬纯粹是日本商业文化的移植。

公关惨败如此，其后果肯定好不到哪儿去。仟村百货手忙脚乱地经营了一段时间后，1997 年 5 月的一天上午，仟村百货没有开门，据说是进行内部整修。

阅读本引例，回答下列问题：

仟村百货兵败羊城原因何在?

公共关系既讲科学，又讲艺术。艺术偏重于各种技巧，科学则必须遵守公共关系规律和程序。美国著名公共关系专家卡特利普和森特在《有效公共关系》一书中提出了“公共关系四步工作法”，即公共关系调查、公共关系策划、公共关系实施及公共关系评估。这四个步骤相互衔接，相互影响，形成一个持续循环的完整的公共关系工作过程。只有严格按照这四个步骤开展工作，才能有效地解决和处理组织面临的各种问题。

第一节　公共关系调查

【案例 5—1】

知己知彼，百战百胜

玉兰油香氛活肤沐浴乳是宝洁公司著名护肤品牌玉兰油旗下的美体沐浴产品。玉兰油品牌一向代表女性娇美的面容与和谐的心理，2000 年，玉兰油香氛活肤沐浴乳的面市更为玉兰油的品牌形象带来了清新丰富的色彩。

春夏换季，通常是各类沐浴品牌争相展示，博取消费者广泛认可的最佳商机。2001 年春夏，一场见诸媒体与市场的产品竞争似乎在酝酿伊始就已爆出火花。于是，作为玉兰油品牌的公关咨询顾问，爱德曼（中国）国际公关有限公司与玉兰油品牌及其广告代理公司密切合作，在全国范围内重掀沐浴热潮，使得玉兰油香氛活肤沐浴乳在百花争艳时独秀一枝，再次脱颖而出。

根据有关沐浴的初步调查表明，沐浴在沿海地区，特别是上海已成为一种休闲活动，公共浴所很受大众欢迎。因此，在策划初期，推广沐浴休闲时尚一度成为策略重点，而玉兰油当然是倡导沐浴休闲的时尚先锋。

但是，随着调查的深入展开，宝洁公司发现不同地区的人们对公共洗浴场所有着截然不同的认识。在南方，公共洗浴场所被认为是只有在北方天气冷的地方才会有的一种服务；而在北方部分地区，公共洗浴场所不是被视作低档的澡堂子，就是提供色情服务的场所。同时，消费者对沐浴乳产品的认知也同样存在地区差异。根据玉兰油品牌的一项涵盖众多层面消费者的调查，有了以下的发现：

1. 北方女性多数认为沐浴乳为高档而奢侈的个人用品，使用沐浴乳是对自身关爱的表示，近乎一种炫耀。

2. 南方女性的态度大致可分为两种：

(1) 购买普通档次沐浴乳的消费者，认为沐浴乳只是日常家庭消费品的一种，像牙膏、肥皂一样可以与家庭成员共同使用；

(2) 高档沐浴乳产品的购买者，认为应根据不同肌肤的需要选用不同沐浴乳，沐浴产品应该是自己专用的。

基于以上发现，宝洁公司开始考虑策划不同的活动以满足不同地区消费者的需要。

公共关系调查是在特定的时间与地域范围内，收集并分析与组织相关公众的观点、态度、行为信息，了解自身的公共关系状况，以发现和确定公共关系问题，为组织制定切实可行的公共关系筹划方案提供客观的依据。俗话说：知己知彼，百战不殆。公共关系调查就是要做到如此，因为公共关系调查是整个公共关系活动的先导，也是公共关系实务的基础。

一、公共关系调查的流程

在长期的社会调查实践中，人们总结出许多行之有效的科学调查方法与经验。综观公共关系调查的全过程，它由前后相应的五个步骤组成，即确定调查任务、制订调查方案和调查计划、搜集调查资料、整理分析资料和撰写调查报告。

（一）确定调查任务

确定调查任务是实施公共关系调查的第一步。公共关系人员调查的任务是由该次调查的内容所决定的，一般来说，调查任务不同，调查中所使用的方法、技术手段和测量指标也有所不同。

（二）制订调查方案和调查计划

公共关系调查是一项有目的有计划的系统活动，因此，全部的内容流程都要有所计划和安排。在调查目的明确后，就要着手方案的设计与计划的制订。所谓调查方案，是指对调查本身进行设计，它是指导调查进行的依据，主要包括目的和意义、调查内容及要求、调查对象和调查范围、搜集资料的方式和方法等内容。调查计划是为了完成设计要求而规定的工作安排，目的是使调查工作能够有计划有秩序地进行，以保证调查方案的实现。

（三）搜集调查资料

资料的来源可分为原始资料和现有资料两大类。原始资料是指从实地调查中所得到的第一手资料，获得这部分资料的特点在于，花费时间长，所耗费用大，而大部分调查不允许花费许多的时间和经费。现有资料是指各组织能够从本单位或其他单位和个人取得的现有第二手资料，相对而言，搜集这部分资料花费时间短，费用节省，在调查过程中可充分利用。当调查公众数量不多而且有可靠的文献来源时，搜集现有资料就能满足调查需要。在实施调查中，应当根据所需资料的内容和范围，尽可能组织搜集单位的内部和外部的资料。搜集现有资料时，必须保证获得的资料是准确和可靠的。

在公共关系调查中，当需要更广泛、更深入地了解社会公众对组织形象的认识以及社会环境变化的资料时，仅仅依靠搜集现有资料是不够的，还必须通过实地调查搜集原始资料。在实地调查中，应根据调查方案所确定的调查方式，选择调查对象，然后运用各种不同的调查方案，按照调查计划中的时间安排、工作进度和经费预算，有条不紊地进行。

（四）整理分析资料

公共关系调查得到的大量资料，为了使其有效地全面地真实地发挥功效，就要根据调查的目的和种类，系统地加以整理分析。这一步的工作主要包括：

（1）资料的审核。审核的内容包括检查、核实和校订三个方面。检查主要从资料的完整性、准确性、可比性和及时性四个方面进行，假如一旦发现资料存在重复或者遗漏；数量错误；各种资料互相矛盾，数据的口径不一致；问卷回答不充分，答非所问等错误时，应及时复查核实，予以订正或者补充删除。

（2）资料的分类汇总。根据调查的要求和内容对资料进行分类，一般可以分为四个类型：1）按数量标志分类，如按消费者的年龄、收入等有关文字资料进行分类；2）按质量分类，如按籍贯、户口所在地进行分类；3）按时序分类；4）按地区分类。资料汇总可以分为手工汇总、机械汇总、电子汇总三种。根据调查目的将经过审核的资料进行分类汇总，使资料条理化、有序化和系统化，为深入分析提供条件。

（3）资料的分析与综合。调查获得的各种资料，反映着自制的社会形象和社会环境的状况，为了弄清社会公众的意见、态度和动机以及本组织公共关系存在的问题，需要运用科学的方法，对大量资料进行分析与综合，从中得出合乎实际的结论。对于调查所得到的数据，可以运用各种统计方法加以分析，并制成统计表或统计图。

（五）撰写调查报告

调查报告是调查的最终成果，它是对公共关系调查研究的问题做出系统的分析说明，提出结论后编写书面报告，这也是公共关系调查最后阶段的主要工作。调查报告的内容一般分为三个部分：前言部分，包括调查的意义和目的、调查的对象和范围、调查的方式和方法、调查的进程等说明；主体部分，包括调查获得的材料和分析说明；最后部分，可以是结论、建议和意见，可作为调查报告的总结。

二、公共关系调查的内容

公共关系调查的内容包括相关公众对组织的评价、意见及心理倾向；所处的环境状况；可能发生的问题与危机；公共关系活动的预测等内容。公共关系调查的内容分为基础性信息、组织形象信息、专题资料信息三个方面。

（一）基础性信息

1. 组织自身信息

组织自身信息主要包括组织名称、性质、发展历史与趋势、经营理念与经营范围、组织规模、机构设置、运作机制、规章制度、生产能力、营销状况、组织文化等。

2. 内部公众信息

内部公众包括领导者和员工。对领导者的调查主要了解领导者在组织中被认可的程度及其管理能力等方面的内容。对员工的调查主要了解员工的基本情况，包括数量、年龄、性别、素质、能力、爱好、家庭情况等。

3. 外部公众信息

组织外部公众的调查一般要掌握下列四种资料：背景资料，包括被调查者的姓名、年龄、性别、籍贯、住址、文化程度、职业、收入情况、家庭情况等。知晓度资料，指的是被调查者对某一问题、某一事件、某一形势、某项计划、某段时间的知晓程度。态度资料，指的是被调查者对各种对象的态度，态度分延缓性和即时性两种，延缓性态度指的是对一个人在相当长时期内起作用的价值观念；即时性态度是对一事一物的态度。行为资料，指的是被调查者就某个问题正在或者已经采取的行动的情况。

4. 社会环境信息

社会环境是指组织所处的一个国家或地区的政治、经济、文化等因素构成的宏观社会环境系统，包括政治环境、经济环境、自然环境、社会文化环境。政治环境即国家颁布的与组织有关的法律、法规、方针、政策等。经济环境包括组织所在的国家的经济制度、经济结构、物质资源状况、经济发展水平、国民消费水平等。社会文化环境包括生活方式、价值观念、道德规范、宗教信仰、风俗习惯、社会思潮、流行时尚等。

（二）组织形象信息

组织形象信息是相关公众对组织的看法和评价。良好的组织形象能够吸引更多的顾客、投资者、合作者，赢得社会各界的支持与合作。

1. 组织的自我期望形象调查

在公共关系活动中，一方面需要通过组织的自我期望形象调查，提出公共关系活动期望的目标；另一方面需要通过组织的实际社会形象调查，分析组织的实际公共关系状态。最后通过比较找出期望目标和现状之间的差距，确定公共关系工作的方向和重点。

自我期望形象是基于组织自我期望建立的基础上，是一个公共关系工作的内在动力和基本方向。对于建立该形象的前期调查主要包括三个方面：

（1）组织领导的目标和要求。公共关系活动的目标必须围绕组织的总目标，支持组织总目标的实现。由于组织的公共关系计划实际上开始于领导层，因此，公共关系人员首先必须研究领导层所拟订的各项目标和制定的各项政策，了解他们的意图和经营管理方法，了解领导层对组织形象的期望和要求。

（2）组织员工的要求和评价。组织的目标和政策须得到组织内部员工的认同和支持，才能有效地转化为该组织的实际行动。因此，需要调查员工对组织的要求、看法及各种批评建议，了解他们对领导层拟定的目标的支持程度，发动全体员工调查组织的薄弱环节。

（3）组织的实际状态和基本条件。公共关系人员必须完整地掌握本组织各方面的基本资料，包括经营方针和管理政策、生产状况、财务状况、技术开发状况、市场营销状况、人事组织状况等，以此作为设计组织形象的客观依据。

2. 组织的实际形象调查

反映组织实际形象的镜子是社会舆论和公众评价，因此公共关系人员要运用各种方法，调查本组织在公众心目中的形象。

（1）公众网络分析。首先，必须对本组织的公众范围进行分类，对主要目标公众等进行调查分析。其次，通过辨认公众，甄别对象，确定调查的对象和范围。如果不能正确地确定调查对象，就不可能获得正确的调查结果，并可能增加调查的成本。

（2）形象地位测量。在公众网络分析的基础上，实施具体调查方法（如访问法、问卷法等），然后根据知名度和美誉度两项指标，综合分析公众的评价意见，运用组织形象地位图，测定组织在公众中的形象地位。如图 5—1 所示。

知名度，表示社会公众对一个组织知道和了解的程度。知名度＝知晓人数/被调查人数。

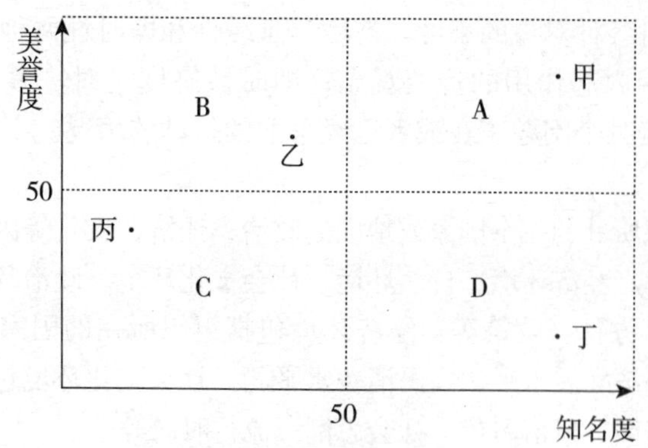

图 5—1　组织形象地位图

美誉度，表示社会公众对一个组织有好感和赞许的程度。美誉度＝称赞人数/知晓人数。

(3) 组织形象要素的分析。组织形象的内容不是单一的。要正确评价组织的实际形象，还需要进一步分析经营方针、产品质量、服务态度、办事效率、业务水平等，分别用正反相对的形容词表示好与坏两个极端，在这两个极端中间设置若干程度有所差别的中间档次，以便公众对每一个调查项目均可以分档次进行评价，如表 5—1 所示。

表 5—1　　组织形象要素调查表

评价 / 调查项目	非常	相当	稍微	中	稍微	相当	非常	评价 / 调查项目
经营方针正确		65	25	10				经营方针不正确
办事效率高			25	65	10			办事效率低
服务态度诚恳				15	20	65		服务态度恶劣
业务水平有创新					20	70	10	业务水平缺乏创新
管理顾问有名气						10	90	管理顾问没有名气
公司的规模大					25	55	20	公司的规模小

3. 形象差距的分析比较

将组织的实际形象与组织的自我期望形象相比较，找出二者之间的差距，弥补或缩小这种差距便是下一步形象设计的目标。可以运用形象差距图将这种差距显示出来，方法是把组织形象要素调查表上表示不同评价程度的七个档次相应数字化，成为数值标尺。可以用虚线表示自我期望形象，实线表示实际形象，而两者之间的差距就是组织的形象差距，如图 5—2 所示。

（三）专题资料信息

专题资料信息主要是指处理突发危机方面的信息、处理公众冲突方面的信息、举办大型公共关系活动方面的信息及公益活动、赞助活动、庆典活动方面的信息等。

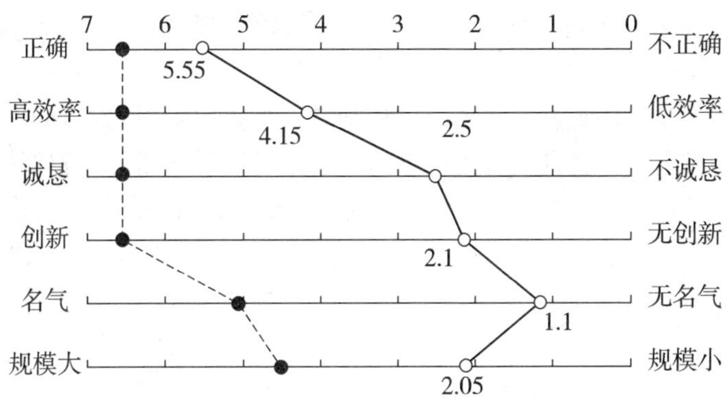

图 5—2　组织形象要素差距图

三、常见的公共关系调查的方法

（一）访谈法

访谈法可分为个别访问和集体座谈两种，适用于接待来访者、平时服务式交谈和上门专访三种情境。该法优点在于所获信息详细且具体，能尽量把问题讨论透彻，还可以多次约请面谈，也可邀请对方填写书面材料；不足之处在于，座谈容易受在场人员的心理影响，费时费力，开支较大，而且如果选取的调查样本不够典型，容易产生片面性。因此，访谈法更适合做典型调查。

（二）文献法

文献法是一种间接的公共关系调查方法，它是调查人员从日常搜集到的各种类型的社会信息源中提取必需的信息材料，比如报纸、档案、书刊等。公共关系调查需要积累的文献资料包括：基本的工具书，如《中国经济年鉴》；必要的报刊资料，如《人民日报》；经营资料，如企业资产、历年产值等；公众宣传资料，如产品广告、海报、社区民众意见等。

（三）观察法

观察法分为参与观察和非参与观察两种。参与观察是调查人员与被观察者一起活动，从活动过程中了解对方的有关信息，其优点在于，能体验到观察对象的具体感受，了解到的信息自然真实；但不足的地方是观察到的信息较为肤浅，而且掌握到的情况带有较大的偶然性。同时，由于调查人员的经验和阅历各不相同，对同一问题往往会有不同的结论。

（四）问卷法

1. 问卷法的分类

问卷法是民意测验搜集资料最常见的方式，它是由调查人员携带事先设计印制的调查表进行的访问。根据不同的访问形式，问卷法可以分为通讯访问、电话访问和人员访问。

（1）通讯访问，就是将统一的问卷邮寄给调查对象，填写后寄回。同时，为调查对象提供回函的地址、信封、邮资。此法所需人员和经费比较少，能使调查对象有充分时间考虑回答，但是回函率一般只有 1%至 5%。该法适合大规模的民意测验和市场调查。

（2）电话访问，就是指按照统一问卷，通过电话提问，然后进行笔录答案。电话访问速度快、范围广、费用低、回答率高，但是由于调查时间受到限制，对提问只能得到简单的回答，无法进行深入的了解，同时难以判断调查对象的看法与反应，因此，获得资料的准确性不高。

（3）人员访问，是指调查者直接走访被调查者，当面听取被调查者的意见，可以是个别面谈，也可以是小组座谈。被调查者当面填写问卷，可以说明目的、解释疑问、消除误会、互相启发、深入探讨，该法回答率高，但易受调查者观点、表情的影响，需大量的人力、物力、财力，成本较高。进行人员访问前要做好对调查员的指导、向调查对象发调查通知书的工作，要在预约时间及时面访，注意面访环境与当事人的情绪和心情，若当事人不在应另外预约时间。

问卷调查有开放式问卷和封闭式问卷两种：开放式问卷是对所提出问题不作答案限制，由填答者自由表述自己的感受。其优点在于，回答自由，填答者能够深入详尽地表述自己的意见；缺点是调查结果不易分类，很难统一标准，也不便于统计处理。封闭式问卷是对所提问题给出几个可能的答案，由填答者自主选择。其优点是分类明确，能够很快地进行统计处理；缺点是一些问题难以得到深入具体的建议。

2. 问卷的设计

在问卷调查中，问卷表是民意测验的主要工具，问卷设计的好坏，直接影响到民意测验的成败。问卷表的设计具有较强的科学性和艺术性，不仅要围绕调查目标提出各种问题，而且要考虑提问的方式、问题的简繁、程序的先后。一张问卷上的问题不宜过多（一般不超过 30 个），问题的措辞要简洁、准确、易懂，不带倾向性、引导性和强迫性。问卷的设计分开放式和封闭式两种。封闭式问卷的主要形式有：

（1）两项选择：是非题。

如：除了喝白开水外，您是否饮用饮料？是（　　）否（　　）

（2）多项选择：事先拟好若干答案，选择其中一个或数个。

如：您通常饮用哪些种类的饮料？

啤酒（　　）　香槟（　　）　茶（　　）　汽水（　　）　可乐（　　）

咖啡（　　）　果汁（　　）　奶类（　　）　豆浆（　　）　矿泉水（　　）

（3）对比选择：根据意愿选择最佳答案。

如：您更喜欢哪种饮料？

果汁型（　　）与可乐型（　　）；含酒精（　　）与不含酒精（　　）

即饮型（　　）与浓缩型（　　）；液体型（　　）与固体型（　　）

瓶装型（　　）与易拉罐型（　　）

（4）排序选择：依照自己的看法（重要或优劣），排列答案的先后顺序。

如：您最喜欢哪种牌子的啤酒，请按喜欢程度填上顺序号。

青岛（　　）　燕京（　　）　生力（　　）　强力（　　）　白云（　　）

蓝啤（　　）　百乐（　　）

（5）意见程度选择：对提出的问题设计几种不同的态度，选择一种。

如：您对饮料的牌子、商标重视程度如何？

非常重视（　　）．比较重视（　　）　一般留意（　　）

不太注意（　　）　毫不在意（　　）

此外，也可适当地使用开放式问卷，即自由提问、自由作答，充分发表意见，主要用于深度调查和直接访问。如谈谈对某饮料的质量和包装的印象和看法。按照惯例，问卷表要反映被调查者的简况，如年龄、性别、学历、收入、背景等，一般排在问卷表的开头部分，称为表头。表头所列项目是分析结果时不可缺少的项目。

第二节 公共关系策划

【案例 5—2】

“皇宫”的开业策划

1992 年 5 月 18 日，在一般人眼中不过是一个普通的日子，可是坐落在杭州西子湖畔的“皇宫”酒店的全体员工却焦急地盼望着这个日子的到来，因为这一天是他们精心挑选的开张大喜之日。

“皇宫”为何要选在 5 月 18 日开张呢？这是经理刘珊君精心策划的。“皇宫”的开张日期原定在 5 月上旬，一个偶然的机会，刘经理从一位记者朋友那里得知：5 月 18 日，台湾著名女作家琼瑶女士偕丈夫平鑫涛先生来杭州。说者无意，听者有心，刘经理的脑海里突然产生了这样一个念头：女作家琼瑶在大陆有众多的读者，知名度甚大，如果借琼瑶的知名度为自己的酒店开张，岂不是一举两得。

随即刘经理进行了周密的策划并立即付诸行动。先是争取了有关方面的同意，由“皇宫”负责琼瑶到杭州的洗尘宴会。接着，又将这条消息通报给多家新闻单位。万事俱备，5 月 18 日下午 4 时 30 分，琼瑶及丈夫平鑫涛一下飞机，便被接到了“皇宫”，“皇宫”立即成为杭州城热点。记者云集，争先恐后地抢镜头，书迷们要求签名，争睹女作家芳容。

琼瑶下榻“皇宫”的消息，一夜间传遍杭州城。“皇宫”的开业典礼巧用名人，“皇宫”酒店也因此一鸣惊人。

公共关系策划是指组织为达到一定的目标，依据已有的信息资料，遵循一定的程序，设计可行公关方案的过程。公共关系策划是公共关系工作的第二步，探讨如何在调查研究的基础上进行运筹、制订方案的规律，为公共关系计划的实施与公共关系的评估提供了依据。从某种意义上说，公共关系的竞争就是公共关系策划的竞争。因此，公共关系策划不仅处于公共关系工作程序的核心地位，而且是整个公共关系工作优劣成败的关键。

一、公共关系策划的内容与程序

公共关系策划是一项系统工程，它包含许多层次的内容与步骤，主要有下述内容。

（一）确定公共关系目标

在对环境及其发展趋势进行充分调查研究的基础上，确定公共关系活动的目标。公共关系策划是从确定公共关系目标开始的。

公共关系目标在于促进或组织某种事件的发生，开发利用环境的有利条件或弥补环境带来的不利条件，促进和创造有利组织的舆论，控制不利于组织的舆论。公共关系目标主要分为战略目标与策略目标：(1) 战略目标是长期目标、总体目标。如企业的长远发展规划，企业如何利用优势克服劣势在激烈的竞争中取胜。(2) 策略目标是短期目标，它是为实现战略目标服务的。如参加某项社会公益活动，在新地区宣传组织的形象，争取政府有关部门的了解与支持，引导公众消费本组织的产品或服务，发生危机时的补救性计划等。

在制定公共关系目标时，应注意使目标明确具体，不能含糊不清和空泛抽象，无法进行测验和监督、控制。同时，要使目标具有可行性，不能脱离现实而好高骛远。最后，在制定目标时一定要留有充分余地，以便应付可能发生的临时性危机或在条件变化时能灵活适应。

(二) 公众研究

任何一个组织都有特定的目标公众，公共关系策划必须针对目标公众，公共关系工作以不同的方针针对不同的公众而展开，目的是为了建立受公众欢迎的组织形象。为此，必须对公众进行深入的分析研究，以确定目标公众。确定目标公众的方法一般为：

(1) 以活动目标来划定公众范围。这种划分主要强调目标公众与活动之间的关联性。

(2) 以组织的重要性确定目标公众。在公共关系实践活动中，有时组织将有关公众按与组织关系的密切程度、对组织影响的大小程度、相关事件的急缓程度等因素进行排序，选出最为重要的部分作为目标公众。

(3) 以组织的需要确定目标公众。例如，当组织出现形象危机时，目标公众应首选组织的逆意公众和行动公众，以防危机的扩散和加剧。

(三) 确定公共关系活动主题

根据公共关系目标，设计鲜明、新颖、简洁的主题，有利于逐渐推进每一项公共关系活动目标的完成和总目标的实现。公共关系活动的主题表现形式多种多样，一般可以用公式表示为：公共关系活动主题＝公共关系目标＋公众心理＋信息个性＋审美情趣。公共关系目标是指主题必须与公共关系活动的目标保持一致；公众心理是指公共关系活动主题要能切中公众的心愿，能真正打开公众的心扉；信息个性要求主题新颖独特，没有个性的信息不会给人留下深刻的印象；审美情趣要求公共关系活动主题必须通俗易懂、好记好听、动人心弦。例如，IBM 的口号“IBM 就是服务”、上菱冰箱的设计主题“上菱就是无霜加省电”都给人们留下了十分深刻的印象。

(四) 选择公共关系活动的模式

选择公共关系活动的模式即确定怎么做、以什么方式入手。活动方式的选择要根据公共关系活动的目标、公众的情况等来确定。公共关系活动是多种多样的，没有一种可以一成不变，决不能照搬。常见的公共关系活动模式有：交际型公共关系活动，具体形式有招待会、茶话会、慰问活动以及贺卡贺电等；宣传型公共关系活动，如发新闻稿，刊登广告，召开记者招待会等；服务型公共关系活动，如消费培训、消费指导、上门服务等；社会活动型公共关系活动，如利用本组织的庆典和传统节日为公众提供有益的大型活动，或者积极参与国家、社区重大活动并提供赞助；征询型公共关系活动，其形式有开办各种咨询业务、建立来信来访制度和合理化建议制度、制作调查问卷、设立热线电话、分析新闻舆论、广泛开展社会调查、进行有奖测验等。

在进行上述各种公共关系活动时，针对不同的组织环境和公共关系的具体状态，可以采取不同的公共关系活动方式。如建设型公共关系活动、维系型公共关系活动、防御型公共关系活动、进攻型公共关系活动、矫正型公共关系活动等。

（五）选择媒介

在确定了公共关系目标和对目标公众进行分析研究后，就要考虑选择与目标公众沟通的最恰当的媒介。选择的基本原则包括下述几方面。

1. 联系目标原则

根据公共关系工作的目标、要求去选择传播沟通媒介。各种沟通媒介都有其特定的功能，适合为公共关系的某一具体目标服务。如组织的目标是提高知名度，通常会选择大众传播媒介；如组织的目标是提高产品美誉度，则选择展销会形式的群体传播可能更有效；如组织目标是协调内部关系，那么选择组织传播与人际传播容易与目标公众实现沟通。

2. 适应对象原则

根据公共关系工作对象的特征选择传播沟通媒介。公众是多种多样的，不同的对象适用于不同的传播媒介。要使信息有效地传达到目标公众，首先要考虑到目标公众的受教育程度、职业习惯、生活方式及他们通常接受信息的习惯等。如对经常加班加点的出租车司机最好采用广播的形式。

3. 区别内容原则

根据传播的内容特点来选择传播媒介。简单的内容可以选择广播、电视；内容复杂、技术性强的内容应选择印刷品传播，或采用印刷品传播与人际传播相结合，进行现场讲解；对需要以最快速度传播，而且要求图文并茂、反馈及时的内容，就应考虑互联网。

4. 合乎经济原则

根据组织的具体经济条件来选择传播沟通媒介。大众传播媒介虽然影响较大，但是费用很高。组织在选择传播媒介时，应该设法以较少的开支争取最好的效果。1996 年，山东秦池集团投标 3 亿多元在中央电视台做广告，该广告费为当年企业全部利润的 6.4 倍，显然违背了这一原则。

（六）确定公共关系活动的时间和空间

确定公共关系活动的时间和空间即制定一个科学的、详尽的公共关系计划时间表，从最终的总目标、项目目标到每一级目标所需的总时间、起止时间都应列表，形成一个系统的时间表。对活动的起始时间，公共关系人员要独具匠心，抓住最有利的时机，以取得事半功倍的效果。公共关系活动可选择的时机有组织创办或开业之初，推出新产品、新服务、新政策、新技术时，产品转型、内部改组、资产重组、乔迁之喜、庆典活动、重大事件、出现危机时。选择时机时应注意以下几点：

（1）尽量选择那些能引起目标公众关注，又具有潜在新闻价值的时机。如配合一段时期内的热点问题、政策向导等展开公共关系活动。

（2）要善于利用节日，但不能进行与节日毫无关系的活动，否则不但不能借节日之势，反而会被节日的气氛冲淡效果。

（3）要尽量避开或利用国内外的重大事件，如何选择，关键要看是否能借题发挥。

（4）重大的公共关系活动不能同时开展两项以上，以免分散人们的注意力，抵消自身应有的效果。

选择公共关系活动的空间即安排好每一次活动的地点。每次公共关系活动要用多大的场地，用什么样的场地，都要根据公众对象的人数多少，公共关系项目的具体内容以及组织的财力预先确定好，此外，还要考虑自然条件的因素。

【案例 5—3】

“蒙牛”恰逢时机的公共关系策划

2003 年 3 月伊拉克战争期间，蒙牛集团率先进行事件营销，此后，他们与中央电视台协商建立了一个应对突发新闻事件的快速反应机制，以确保蒙牛广告能在第一时间赢得商机；“非典”期间，蒙牛集团加大广告投放，并增加了公益广告的力度；2003 年 10 月份，蒙牛利用获得“航天员专用牛奶”称号这一机会，进行大规模“举起你的右手，为中国喝彩”的公共关系活动；2004 年 11 月份，蒙牛夺得中央电视台的广告标王，再次成为社会关注的焦点。

（七）经费预算

公共关系策划方案的实施必须建立在一定的物质条件基础上，公共关系活动才可能变成现实。所以，编制经费预算成为公共关系策划活动中必须重视的一个环节。一个组织在编制公共关系预算时，通常与四种因素相联系：一是组织的总收入；二是竞争的需要；三是任务与目标的难易性或复杂性；四是利润水平。

公共关系活动的开支构成大体包括：行政开支，其中包括劳动力成本，管理费用，以及设施材料费；项目支出，即每一个具体项目所需的费用，如场地费、广告费、赞助费、邀请费以及咨询费、调研费等；其他各种意想不到的可能支出，如突发性事件。

经费预算的方法主要有：固定比率法，就是按照组织一定时期内经营业务量的大小来确定预算；投资报酬法，即把公共关系活动的开支当做一般投资看待，根据同量资金投入获得同等报酬的原则，哪个部门投资报酬率高，就可以获得较多的资金；量入为出法，即按照组织的财务状况，根据财务上可能的金额来确定公共关系活动的费用；目标先导法，即先制订出公共关系活动期望达到的目标和工作计划，然后将完成任务所需的各项费用详细列举出来，核定各单项活动和全部活动的费用；竞争对垒法，即根据与本组织竞争的对手的公共关系活动的费用来确定本组织的公共关系活动的费用，实行针锋相对、互不相让的宣传策略。

（八）公共关系策划书的撰写

公共关系策划书既是公共关系策划工作的总结，又是公共关系活动实施的指导方案，还是公共关系活动方案形成的书面材料。一份标准的公共关系策划书通常包括以下五个部分：

（1）封面。封面不能太随意，要大方、典雅；涉外活动时，要在允许的情况下尽量精美，与国际并轨；格式一定要规范；厚度要比内文的纸厚些。封面要注明文件编号；密级；标题，包括活动名称、组织名称、时间等；落款中要注明制作单位及日期，并加盖公章。

（2）序文。序文是指把策划书内容概要加以整理，简明扼要，让人一目了然。序文一般不超过 400 字，视情况可加写说明，不过也不要超过 500 字。

（3）目录。目录务求使人读后能了解策划的全貌，它具有与序文相同的作用，十分重要。

（4）正文。正文是策划书中最重要的部分。正文内容因策划种类的不同而有所变化，但必须以让读者能一目了然为原则，切忌过分纷杂。内容层次一定要清楚、具体，一般包括背景分析、主题、宗旨、使命、目标、方案、经费预算、效果预测等。

（5）附件。附件可附也可不附，只是给策划参与者提供参考，如职责权利分配表、场地使用安排表、经费开支明细表等。应注意，资料不能太多。

二、公共关系策划的技巧

公共关系策划应遵循一定的程序，但它最大的特点是：它逼迫你不断创新。在公共关系策划领域，这句话应被每一位策划人员奉为经典。第一个说女人是鲜花的是天才，第二个说这话的是庸才，第三个便是蠢材。正因为公共关系策划的这个特点，所以，想要找一个现成的模式可以在公共关系策划工作中加以参照、模仿便成为一种多余。不过，虽然无法照搬，但通过对前人的经验加以总结，仍然可以学到不少值得借鉴的技巧和一些值得遵循的宗旨。

（一）奇正相法

所谓奇正相法，就是指在一定时期内，策划的公共关系工作应使策划主体的公共关系工作呈波浪式前进，切忌成一直线。正确理解公共关系策划的人应意识到好的公共关系策划应包括两个方面，即日常公共关系工作和特定公共关系活动。只有兼顾到这两方面的公共关系工作才是成功的。如果为一个组织策划公共关系战略，只考虑日常工作势必会影响这个组织知名度的迅速提高；反之，只考虑帮助这个组织进行特定的公共关系活动又会使这个组织昙花一现，只有一时的知名度和美誉度。因此，正确的方法是将为特定组织进行的策划纳入以上两个方面，通盘筹划，使组织的公共关系活动呈现波浪式前进。让人们时时看到、想到，又能不断耳目一新，产生新感觉、新认识。

（二）移花接木法

所谓移花接木法，就是指借他人之名来扬自身之名。北京长城饭店的一次公共关系活动可谓是这一类型的典范。北京长城饭店当得悉里根将要访华的消息后，认为这是一个极好的机会。为了争取里根能在长城饭店举行答谢宴会，他们拟订了周密的计划。首先，不断邀请大使馆的官员到饭店做客，听取他们对饭店设施、饮食 、服务等方面的意见，并且抓紧改进。当大使馆官员对饭店的饮食和服务都表示满意时，饭店再提出承办里根答谢宴会的要求，终于得到大使馆的支持。其次，长城饭店承揽了接待400位海外记者的业务，并且努力提供优质服务，使记者们对长城饭店具有极好的印象。美国三大广播公司（CBS、NBC、ABC）为及时发稿，都在长城饭店选定了自己的视播地点。正是由于这次现场转播的电视报道，以及全世界各大通讯社、报纸的报道，使全世界的电视观众和报纸读者在注意里根访华这个大事件的同时，也了解了北京长城饭店豪华的设施和一流的服务。有的外国客人不记得长城饭店的名字，但来到中国，就要求住里根总统举行宴会的那家饭店。

（三）以攻为守法

以攻为守法是在组织与外在环境发生整合困难时所进行的调整和策划手段，表现为主动积极地出击以达到保护自己的目的。美国海洋浪花公司的一次公共关系活动成功诠释了该方法的使用。克兰梅是一种美国人感恩节餐桌上必不可少的深红色的酸果。可是，1959

年 11 月 9 日感恩节前夕，美国卫生教育福利部长弗莱明突然宣布，当年的克兰梅作物由于除草剂的污染，在实验室内老鼠身上做实验时，老鼠产生了癌细胞。

在大众传播媒介如此发达的美国，“克兰梅致癌”的消息不胫而走，家喻户晓。一时间，克兰梅的销售直线下降。美国负责制造克兰梅果汁与果酱的海洋浪花公司副总裁史蒂文斯在纽约 BBDS 广告公司公关部门的指导下，立即发动反击。他们首先成立了七人小组，向新闻界说明克兰梅作物是纯净的，并在全国广告公司“今日新闻”电视节目中，安排一个专访节目，继而又在纽约安排了一个食品杂货商会议，使副总裁史蒂文斯有机会澄清此事。然后，他们又致电弗莱明，要求他立即采取措施，挽回由于他的失言造成的无法估计的损失。同年 11 月 12 日，他们特别邀请了打算竞选总统的尼克松和肯尼迪上电视，让尼克松吃了四份克兰梅，肯尼迪喝了一杯克兰梅汁。此后，卫生教育福利部与海洋浪花公司达成了一个协议，即对这批克兰梅作物是否有害于人体进行化学试验。然后，他们又及时向公众宣布这项协议和化学试验的结果。克兰梅在感恩节前夕又放回了食品架。

在具体公共关系活动中，有许多是用于自我保护的，即通过公共关系活动与运作来保全组织。在这种背景下，以攻为守法的策划思路是很有启发性的。

（四）以诚换诚法

以诚换诚法是在组织产生形象偏差时，与公众进行协调的公共关系策划方法。俗话说，人心都是肉做的，人之所以成为人的重要因素之一就是具有情感。因此，我们在公共关系策划中就应当注意用真诚来赢得公众的谅解和支持。公共关系手段中像防御型公关手段，完全是以诚换诚法的成功运用。

（五）借题发挥法

借题发挥法是依照某一种态势，因势利导地推出公共关系策划的方法。如 1987 年 9 月 13 日，四川省泸州曲酒厂生产的泸州老窖特曲酒在泰国曼谷第二届国际饮料食品展览会上荣获金鹰杯奖，继 1915 年国际巴拿马金奖后再获殊荣。该厂公关部当即策划刮起一阵“老窖旋风”，内容包括彩车迎奖、人民大会堂庆典、打出“四百年泸州老酒飘香，七十年国际金牌不倒”的口号等，这一策划的成功之处就在于抓准了时机。对于公共关系策划人员来说，节日、纪念日等都是极好的公共关系活动机会，应当善于利用这种机会推出公关绝招。

（六）变换组合法

变换组合法也可以称为“异中求同法”，即将两件本来不相干的事情联系起来，从而提高新闻度和可宣传性。如深圳赛格集团公司将原准备于 1988 年 1 月 8 日开业的时间提早了 2 天，原因是中央领导人 1 月 6 日正好在深圳视察，想请领导人前来剪彩。本来，作为深圳的一个企业，最多只能在地方报做一报道，但由于中央领导人的剪彩，提高了这一事件的新闻度，国内许多大报纷纷报道，这对于提高刚刚开业的赛格集团的知名度是十分有益的。

变换组合法可以将两件事情进行组合，也可以将两种手段进行组合，通过组合出新、出奇，从而产生良好的公关效果。

（七）同中求异法

同中求异法又称为“轰动效应法”，它普遍运用在同行之间的公关竞争中。轰动效应产生的关键是别出心裁、与众不同。要做到这一点，必须有严密的计划，能抓住活动的关键点，有礼有节，注意时机。其实，轰动效应的产生不光靠强有力的宣传，还经常要以

“奇”取胜，像有些“亮丑”展览、“亮丑”记者招待会等防御型公关手段的实施，都属于同中求异而产生的轰动效应。

（八）弘扬优势法

弘扬优势法是针对本企业、本组织，甚至是组织代表人的优势来进行公共关系策划的方法。例如，有些电扇厂在商店里展出转动的电扇，并标明此电扇从某年某月某日起转动；有些哑巴卖刀，虽不能叫卖，但起劲地表演“削铁如泥”以展示优势，争取人心等，使用的就是弘扬优势法。

（九）弥补缺点法

弥补缺点法是指通过巧妙弥补自身缺点的办法，使自己的形象更趋美好。如年龄过大的里根，用海军少壮派行礼的姿势来显得年轻；尼克松用花格子狗来抹去人们对他受贿的传言；西铁城石英表公司针对该表样式美观、走时准确但不牢固的传言，专门搞了一次活动，将该表从低空飞行的飞机上抛下来，过往行人拣起表来一看，竟完好无损，于是一传十、十传百，西铁城表不牢固的传闻，不攻自破。

由于公共关系策划需要不断创新，因此，公共关系策划的谋略也就不可穷尽。以上提到的九种技巧只是其中很少的一部分。当你积累起一定的策划经验以后，就会明白策划之道无一定之规，它的要义就是见机而作，常思常新。

第三节　公共关系实施

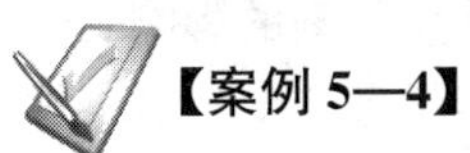

【案例5—4】

凯洛哥公司的早餐计划

美国凯洛哥公司是一家生产谷类食品的国际性公司，在世界许多国家和地区，“凯洛哥”几乎成了“早餐”的象征，这得益于该公司向世界各地推行“早餐有益”的观念。

早在1961年，凯洛哥公司的人员发现，西方许多国家的早餐只有咖啡和面包，这很不利于人们的健康。于是，凯洛哥公司决定向销售本公司产品的所有国家开展一次大规模的宣传活动，让这些国家的人们接受吃早餐有益身体健康的观念，并借机大规模地推销凯洛哥的产品。为了使这一宣传计划得以顺利实施，凯洛哥公司主要做了以下三方面的工作：

(1) 凯洛哥公司在销售本公司产品的所有国家和地区成立了“凯洛哥营养委员会”，其任务就是向消费者讲授有关营养的基本知识，编写有关营养方面的资料，向当地媒介和消费者分发。

(2) 凯洛哥公司指令该公司的公关协调人员定期准备有关讨论营养问题的新闻稿，把它译成八国文字向不同国家的新闻媒介发放，并注意搜集新闻媒介对新闻稿的反馈信息。

(3) 凯洛哥公司制作了一部名为《向良好健康问早安》的影片，该影片被发往世界各地，估计观众已达到数百万人。同时，凯洛哥公司又专门为青年人制作了一部名为《营养天地漫游》的影片，于1976年发行，发行两年间，观众就达520万人。

此外，凯洛哥公司还同学校、医疗单位、青年团体、青年主妇协会、托儿所、政府机构以及一些以教育为主要内容的电视台联系，经常到他们那里去放映这两部影片。

经过以上这些大规模的宣传活动，凯洛哥公司终于实现了自己的公关目标——使许多人都相信，从营养学的角度看，吃好早餐，尤其是吃谷类早餐食品，是健康的。

公共关系策划是公共关系工作过程的先导，而公共关系实施乃是整个公共关系活动的中心和关键环节。因为，策划是对未来行动的一种预见和设想，只有经过努力，将它转变为现实，才有实际意义，否则，只是一纸空文。而公共关系实施则是将公共关系策划变为实际行动的过程，因此，公共关系实施更为重要。

一、公共关系实施过程的特点

公共关系计划的实施过程应该是一个完整的过程。一般情况下，它包括以下一些内容：首先是实施的准备阶段，包括设计实施方案，制订对各类公众的行动、沟通计划，确定实施的措施和程序，建立或组织实施机关，训练实施人员，并向他们介绍计划的内容和实施所必需的条件；其次是实施的执行阶段，实施机关按照已经设计好的实施计划，落实各项措施；最后是实施的结束阶段，实施机关为下一步的效果评估做好相应的准备。如果说公共关系计划的制订是一个分析和策划的过程，那么，公共关系计划的实施则是一个行动的过程。具体地说，公共关系计划的实施具有下述一些特点。

（一）实施效应的联动性

一项公共关系计划涉及众多的因素和变量，它会对各类公众产生广泛的影响。然而，只有在计划实施后这种影响才能真正地体现出来。公共关系计划实施所产生的联动影响主要表现在以下两个方面：一方面，计划的实施，会对众多的目标公众差生深刻的影响。一项公共关系计划成功实施后，常常会使该组织的异己力量变为自己的合作者和支持者。即使有时不能令目标公众在立场上彻底的转变，至少在观点、态度等方面会使其产生不同程度的变化，也可以令目标公众从对组织的负态度（敌视、默然、偏见、无知）向正态度（了解、理解、支持、感兴趣）方向转化。另一方面，公共关系计划的实施有时还会对整个社会的文化、习俗产生深刻影响。

例如，1971 年，美国的汉堡包在异乡公共关系计划的实施中远涉重洋，“登陆”日本。这一成功的公共关系计划的实施，不仅使日本民族 2 000 多年来吃米、吃鱼的习惯发生了变化，而且使日本民族进餐的方式都有了改变。以往的日本民众习惯于端坐桌旁用筷子吃饭，吃汉堡包却可以用手抓着吃，可以边谈边吃，也可以边走边吃，甚至可以边工作边吃。这一进餐方式的变革由于适应了日本民族快节奏的现代生活方式而为日本人民所接受。由此可见，一项公共关系计划的实施所产生的影响和作用往往不局限于计划本身所制订的目标，而且会对整个社会进步产生推动作用。

（二）实施过程的动态性

公共关系计划的实施是由一系列联系活动构成的过程，是一个思想和行为需要不断变化、不断调整的过程。这是由于：一方面，一项公共关系计划无论制订得多么周密、具体和细致，它总是免不了与实际情况存在一定的差异；另一方面，随着时间的推移、实施的进展、环境的变化，实施过程中仍会遇到一些新情况和新问题。因此，不断地改变、修正或调整原定的实施方案、程序、方法、策略等则是实施活动中不可避免的正常现象。这种现象的出现说明计划实施正处于顺利状态，并非在实施计划中存在随意性。如果不考虑社会环境的发展而引起的条件变迁，却按一个固定的模式去机械地“执行计划”，那就不仅不能实现自己的计划目标，反而会给组织自身带来新的麻烦。实施过程的动态性，并不意味着实施人员可以随意以一些无关大局的变化为借口而不按原计划实施，公共关系计划实施的动态性和实施人员的主观随意性不可混为一谈。

（三）实施活动的创造性

由于公共关系计划的实施是一个不断变化和需要调整的动态过程，实施者需要依据整个实施方案中的原则和自己所处的环境、面临的条件确定自己的实施策略，比如正确地选择传播渠道、媒介与方法，合理地选择时机，正确地分配任务，灵活地调整步骤等。公共关系计划实施的过程绝不是一个简单的照章办事的过程，而是一个由一系列不同层次的实施者发挥主观能动性的过程。实施人员应该充分发挥自己的积极性、主动性和创造性。从这个意义上说，公共关系计划实施的过程也是一个对原计划进行艺术的再创造的过程。

二、公共关系实施的原则

在公共关系策划方案实施过程中要遵循下述原则。

（一）目标导向原则

在公共关系计划实施过程中，要保证不偏离既定的公共关系目标。在计划实施过程中，由于环境的变化，需要对计划做一些调整，但这些调整不能改变原来的目标，否则就要重新制订计划。

（二）控制进度原则

根据整个公共关系计划和目标的需要，按照一定的程序，掌握工作的进展速度。由于公共关系人员的分工不同、能力差异及环境影响，在公共关系计划实施时，会出现进度快慢不一致的情况，甚至有时会造成工作的脱节。控制进度，就是要使工作同步协调，防止超前或者滞后的情况发生。

（三）整体协调原则

在公共关系计划实施过程中，要使工作的各个方面达到和谐、互补、配合、协调的状态，相互间不产生矛盾，一旦出现矛盾，就要及时协调。这样才能提高工作效率，减少或杜绝人力、物力和财力的浪费，保证公共关系目标的实现。

（四）反馈调整原则

由于计划实施的环境和目标公众是复杂多变的，在实施过程中，必须不断地把公共关系计划实施的结果与计划目标相对照，如发现偏差，及时对计划、行动和目标做出相应的调整。在计划实施阶段，这种反馈调整始终不断地进行着，直至计划目标实现。

三、公共关系实施的步骤

公关关系实施的步骤包括下述几个环节。

（一）设立领导组或指定负责人

由于公共关系工作具有负责性、多样性和重要性等特点，因此对公共关系活动计划的实施，首先应该实行集中领导，统一指挥，形成单一清晰的指挥链。大型活动要成立专门的领导小组，从最高决策层到公共关系策划人员，再到其他各部门的相关人员，都要参与进来，以便调动需要的人、财、物；小型活动则要指定专门的负责人，如公关部长等来负责。只有如此，才能保证公共关系活动有条不紊地进行。

（二）落实专项经费

在公共关系活动实施前，必须先将经费问题落实。组织在实施工作中，对组织的财务状况要有清晰的认识，并保证有畅通的调动资金的渠道。

（三）公共关系活动的预演和展示

公共关系活动策划方案一般都有具体的活动内容，如喜庆型公共关系活动的节目、公益型公共关系活动的仪式等，因而，在公共关系活动实施时，需要进行事先的预演。在预演过程中，既获得了展示活动时的经验，又强化了活动参与者的印象，并能及时对方案中的一些不完善之处进行修正。预演的规模和次数需根据活动策划方案的复杂程度而定。

（四）指派专人与新闻媒体联络

在公共关系活动实施过程中，对新闻媒体要予以格外关注。新闻媒体是组织重要的目标公众，在公共关系实施过程中，媒体的对外宣传发挥着重要功能，需指派专人去联络他们，创造更好的条件让他们对组织的公共关系活动进行全面报道，从而使公共关系活动取得更好的效果。

（五）准备必要的设施

在进行较大型和重要的公共关系活动时，设施的安排和配备是必不可少的，如会场布置、会议资料、礼物等。

四、公共关系实施中的障碍

在公共关系实施过程中，还要排除各种可能影响和阻碍公共关系实施的因素所造成的实施障碍，主要包括实施主体障碍、沟通障碍及突发事件的影响。

（一）实施主体障碍

实施主体障碍主要是来自组织自身的影响因素，产生这种障碍的主要原因是组织内部的抵触情绪。要消除这种障碍，需要分析哪些因素和问题可能造成公司内部各个部门、员工的抵触情绪的产生，如没有充分发扬民主、让员工参与公共关系活动，没有公正地分配工作任务和活动经费。预测可能出现的问题，然后采取预防措施。

（二）沟通障碍

沟通是一个包括纵向沟通与横向沟通在内的综合的、多次的过程。在现代社会，每个人不断地受到各种各样的大量的信息的冲击，并受这些信息的影响。但同时，每个人又以书面的、口头的、动作的形式，向外界传递自己的知识、经验、观点等信息，向外界施加影响。这种相互影响，交织在一起的信息潮流，一方面促进了沟通，另一方面对沟通又形成干扰，使沟通出现障碍。

沟通障碍主要有经济障碍、语言障碍、观念障碍、文化习俗障碍、年龄障碍、机构障碍等。除此之外，研究表明，社会上很大一部分人，对社会问题和公共事务不感兴趣；公众乐于接受与他们原有认识或态度相一致的信息，而回避或不接受与其认识或态度相矛盾的信息；对同一信息，人们记忆、理解的内容各不相同；公共关系活动企图通过传递信息，改变公众的思想活动行为，但同时会受到公众原有的认识和态度的影响。因此，在公共关系计划实施过程中，一定要认真研究目标公众的生活方式、价值标准、利用大众传播媒介的习惯等。

（三）突发事件的影响

对公共关系方案的实施干扰最大的莫过于重大的突发事件。突发事件包括两大类：一是不可抗力的自然灾害，如地震、火灾等；二是人为的纠纷事件，如公众投诉、新闻媒体的批评报道、竞争对手的陷害等。这些突发事件没有预兆性地发生，会影响方案的实施进度及实施的过程。但是，当组织在实施过程中突遇这些意外事件时，也要冷静及时地处理，不能因此持续影响公共关系计划的实施。

第四节　公共关系评估

公共关系评估是公共关系工作的最后一个阶段，在公共关系中具有重要作用。所谓公共关系评估，就是指对公共关系计划方案的执行、实施情况进行检查、分析和总结，以便找出成功和失败的经验教训，作为今后进一步开展公共关系活动的参考。

公共关系评估往往被当做工作总结，这只是一种表面理解。在整个公共关系活动过程中，有效的评估应该贯穿于整个过程的始终，并成为重要的内容之一，而不仅仅是事后的总结。在公共关系活动的准备过程中，评估研究要分析：目标确定的广度与深度；公共关系计划与预计目标是否一致，成功的机会有多大；预订的费用与实际的支出是否相符；活动能取得什么样的利益和效果。在公共关系活动实施过程中，评价研究要分析：沟通交往中发出的信息是否到达目标公众和目标区域；社会关系的协调是否按设计的程序进行。在公共关系活动效果评估阶段，评估研究要分析：公共关系活动是否已达到预期的效果；成本收益状况如何；是否充分利用了信息和可供利用的媒介；是否产生预料之外的影响；实现的效果是否都是公共关系活动的结果，是否存在其他活动的作用。有效的评估是下一个公共关系活动的重要的背景材料。

一、公共关系评估的基本程序

公共关系评估的基本程序包括下述几方面。

（一）设立统一的评估目标

进行有效的评估，同样需要在评估开始之前进行周密的筹划与安排。首先要确定评估目标，目标不统一，就会在调查中收集许多无用的资料，从而影响评估的效率与效果。其次，将有关问题如评估重点、提问要点、评估后形成的资料的使用形成书面计划，以保证评估工作的顺利进行。

（二）将评估列入公共关系计划

评估不是事后的总结，而是整个公共关系计划的重要组成部分。对评估的方法、程序应予以充分的考虑和周密的筹划。

（三）在公共关系人员中统一对评估的看法

由于公共关系活动是整个组织的形象塑造，往往没有实物性的结果，这使得公共关系人员对公共关系活动能都检测，同时也表示怀疑。因此，必须统一对评估的认识，否则将影响公共关系人员对评估工作的积极性。

（四）将评估目标具体化

在评估过程中，应从可测量的角度将目标具体化为许多目标。如谁是公众目标，哪些预计效果将会发生以及何时发生等。将目标分解为许多具体目标，能使公共关系计划实施过程更加明确化与准确化，以利于评估工作的进行。

（五）选择相应的评估标准

目标表示着组织的期望效果。如果一个企业的公共关系活动的目标，是通过对一项体育运动的赞助以改善自己的形象，那么评估的标准不只是大众传播媒介对这一赞助做了多少报道，在报上登了多大篇幅，在电视台播出了多少时间。因为这并不表明信息已经传递给目标公众，更没有反映目标公众态度的变化。为此，必须调查目标公众对组织的认识及其观点、态度和行为的变化。

（六）确定搜集证据的最佳途径

了解公共关系活动影响的途径并不只是调查这一种手段。组织活动的记录，进行小范围的试验是十分重要的。搜集证据方法的选择，取决于评估的目的、提问方式，以及已确定的评估标准。

（七）保持完整的计划实施记录

计划实施记录充分反映了公共关系人员的工作方式和工作效果，尤其重要的是反映了计划的可行性程度。例如，哪些策略是有效的，哪些策略是无力的或者无效的；哪些环节衔接比较紧密，哪些环节还有疏漏或欠缺。

（八）评估效果的使用

公共关系活动的每一个循环，都要比前一个循环表现出更大的影响力。在对前一个策略有效性充分了解的基础上，新策略的制定将会更加完美与成熟。这是由于在制定新的策略时，充分运用了前一策略的评估结果，并作出相应调整。由于评估结果的运用，问题确定及形势分析将会更加准确，公共关系目标将会更加符合组织发展方向的要求。

（九）将评估结果向组织管理者报告

将评估结果向组织管理者报告，这一方面可以保证组织管理者及时掌握情况，有利于尽心全面地协调；另一方面也可以说明公共关系活动始终与组织目标保持一致，并在实现组织目标过程中起重要作用。

（十）丰富专业知识内容

评估研究的成果，进一步丰富了公共关系专业知识的内容，通过对具体项目效果评估所得的资料，经过分析、研究、提炼，可以得到对指导这一活动有普遍意义的思想、方法与原则。

二、公共关系评估的标准

美国学者卡特利普和森特所著的《有效公共关系》一书中，将公共关系评估分为 3 个阶段 14 个层次。对于不同的阶段，提出了一些评估的标准。

（一）准备过程的评估标准

准备过程的评估标准包括：

(1) 背景材料是否充分。

(2) 信息内容是否正确充实。

(3) 信息表现形式是否恰当。

（二）实施过程的评估标准

实施过程的评估标准包括：

(1) 信息资料发送的数量。

(2) 信息被新闻媒介采用的数量。

(3) 接收到信息的目标公众的数量。

(4) 注意到该信息的公众数量。

(三) 活动影响效果评估的标准

活动影响效果评估的标准包括：

(1) 了解信息内容的目标公众的数量。

(2) 改变观点的目标公众的数量。

(3) 改变态度的目标公众的数量。

(4) 发生期望行为的目标公众的数量。

(5) 发生重复期望行为的公众的数量。

(6) 达到的目标与解决的问题。

(7) 对社会经济与文化产生的影响。

三、公共关系评估的方法

公共关系活动效果与其他经营活动效果，如销售成果，财务成果相比，比较难以评估。其原因包括：一是公共关系工作成效不会在短时间内显现；二是公共关系工作成效很难用具体数字表示；三是企业的工作成效往往是优质商品、优质服务等营销活动和公共关系共同努力的结果。因此，公共关系活动效果的评估方法就得多种多样，有定性有定量，要用多种方法进行评估。评估的方法主要包括下述几种。

(一) 观察反馈法

观察反馈法是指企业负责人或公共关系人员在开展公共关系活动时，现场了解进展情况，感受当时的气氛并估价其效果的方法。评估人员把实际情况与计划目标相比较，提出评价和改进建议，这是一种最简单、最常见、最直观的方法。该方法的优点是迅速评价反馈，改进意见具体，易于落实；缺点是很难测出公共关系活动的长期效果。因此，采用观察反馈法时要遵循全方位原则和求实原则。

(二) 目标管理法

目标管理法是指在企业公共关系工作中建立目标体系，每个环节、每个部门、每个人都有自己的目标和措施，在计划实施之中和之后进行评估的一种评估方法。采用这种方法，应在制订计划时就考虑到效果评测，即用量值方法对目标进行分析，判定通过方案实施之后是全部达到目标，还是部分达到目标。这里对目标评定多采用列表法，通过列表把目标分解成为一些具体项目，每个项目还可以分成若干个子项目，再按项目在目标中的重要程度，列出一定的比例，在活动实施后，根据目标达标情况进行打分，从而确定目标达标程度，衡量和评价公共关系活动的效果。

(三) 公共关系调查法

公共关系调查法是指通过对企业公共关系活动情况、公共关系状态的调查来评定公共关系活动效果的一种评估方法，主要有以下两种方式：

(1) 比较调查法。在一次公共关系活动前后分别进行一次调查，比较先后调查的结果，分析公共关系活动的结果，这种方法称为比较调查法或对比调查法。例如，企业的销售额及利润的增减受市场环境和企业内部因素的影响，虽然制约因素很多，不完全是公共关系活动的成效，但在一定时期内借助于公共关系活动的效果还是明显的。假如某企业开展大型展销活动时配合大量的公共关系活动使销售量急剧上升，这时就可以应用比较调查法，从一定时期的销售量、利润率对比说明公共关系活动的效果。

（2）公众态度调查法。在一系列公共关系活动之后，对主要目标公众进行抽样调查了解其对组织评价的变化，分析公共关系活动，这种方法称为公众态度调查法。运用该种方法时，可以采用问卷或访谈的方式征求公众的意见，再做出统计、说明，分析公共关系活动的效果。

（四）内外部监察法

（1）内部监察法。内部监察法是指由企业内部人员对公共关系部门的工作和活动进行检查和评价的方法。如企业领导层和管理人员可以从企业经营管理中观察出特定时期内，公共关系目标达到的程度和效果。内部监察范围包括：所进行的工作和取得的成果；目前存在的问题；将来的计划安排。

（2）外部监察法。外部监察法是指聘请企业外部的专家对本企业公共关系活动进行检查和评价。外部专家可以通过调查、访问和分析，对企业公共关系活动及其效果做出较为客观的衡定和评价，并对未来提供建议和咨询。

（五）媒介信息评估法

媒介信息评估法是指根据新闻媒体和电子媒体发表的报道内容，对媒体信息进行定量和定性分析研究的方法。首先，对选中的媒体报道进行摘录和分类登记，然后，根据报道的标准、篇幅、版位、包含的信息及媒介的类型等进行打分，评估其价值和满足公众的程度。我们可以通过以下指标概略地了解公共关系活动的效果：

（1）定量分析指标。定量分析指标包括：

1）沟通有效率，指沟通有效数与沟通信息总数之比。用公式表示为：

沟通有效率＝（沟通信息总数－沟通无效数）/沟通信息总数×100％

2）公共关系信息传播速度，指单位时间内传播的信息量，或一定的信息量传递所需要的时间。用公式表示为：

传播速度＝传播信息量/传播时间

3）视听率，指实际视听人数与该项调查总人数之比。用公式表示为：

视听率＝实际视听人数/调查总人数×100％

4）知名率，指掌握某一信息内容的人数与该项调查总人数之比。用公式表示为：

知名率＝掌握某一信息内容的人数/调查总人数×100％

（2）定性分析指标。定性分析指标包括：

1）报道的篇幅和时数。篇幅越大，时数越多，说明公共关系活动效果越好。

2）报道的内容。报道中，对组织的成就、发展情况等正面内容报道越多，效果就越好。

3）新闻媒介的层次和重要性。所谓层次高、重要的媒介是指那些级别高、发行量大、覆盖面广、具有权威性、影响力强的新闻媒介。这些媒介对组织的有利报道更能提高组织的知名度和美誉度。

4）报道的时机。报道的时机是否及时、适时，是否能恰好配合组织的需要。

公共关系活动评估方法较多，在实际工作中要根据各项公共关系活动的目的和要求，遵循"准、简、省"的原则，选择适当的方法，也可综合运用这些评估方法。要真正做到评估客观、公正、全面，公共关系人员必须超然于组织立场之外，排除主观因素干扰，以科学、负责的精神进行检测和评价。

要点回放

公共关系工作程序包括公共关系调查、公共关系策划、公共关系实施和公共关系评估四个步骤，也称公共关系四步工作法。

公共关系调查是公共关系工作开展的第一步，就是对组织形象进行调查。主要调查组织的现状、在社会及公众中的印象和组织的信息传递状况。公共关系调查由制订调查方案和调查计划、确定调查任务、搜集调查资料、整理分析资料和撰写调查报告五个相关步骤组成。

公共关系策划是在公共关系调查的基础上进行运筹、制定公共关系方案，为公共关系计划的实施与评估提供依据。公共关系策划是一项系统工程，应该按照确定公共关系目标、公众研究、确定公共关系活动主题、选择公共关系活动的模式、选择媒介、确定公共关系活动的时间与空间、经费预算和公共关系策划书的撰写的程序进行。

公共关系实施是公共关系工作程序的第三步，组织在计划实施过程中，需要运用到各种公共关系技术和方法，尤其是要处理好各种内外关系。

公共关系评估应该按照程序进行，评估标准主要包括准备过程、实施过程及活动影响效果三个方面。

模拟训练

情境设定：

"情人节"虽源于西方，但近年来已经以其浪漫的情调和甜蜜的氛围征服了中国的年轻人。在五彩缤纷的情人节礼品中，鲜花和巧克力是经久不衰的两个黄金选择。这个弥漫着浓情蜜意的节日也因此成为巧克力消费的旺季，成为各种巧克力品牌大显身手、逐鹿中原的特别时机。为了巩固自身的市场地位，进一步提升品牌的形象、扩大公司的影响，德芙巧克力制造商准备借情人节举办系列宣传活动。

训练要求：

1. 每5名同学为一组，完成训练任务。
2. 以小组为单位设计公共关系主题与公共关系目标。
3. 以小组为单位策划活动方案。要求构思新颖、创意独特、具有可操作性。

复习题

1. 公共关系工作的程序有哪几步？各步程序之间有什么关系？
2. 公共关系调查的方法有哪些？
3. 如何进行公共关系策划？

4. 实施公共关系方案时应注意什么问题？

5. 公共关系的评估包括哪几方面？评估标准分别是什么？

经典案例

老字号，新辉煌

——全聚德135周年店庆大型活动公关

主办单位：中国北京全聚德集团有限责任公司

咨询单位：中国北京全聚德集团有限责任公司

一、项目背景

“全聚德”作为我国餐饮业驰名中外的老字号企业，自清朝同治三年（公元1864年）创立至1999年已有135年的发展历程，经过几代人努力，“全聚德”形成了以烤鸭为代表的系列美食精品和独特的饮食文化。“全聚德”这家百年老店已成为国家领导人宴请国际友人的主要场所，成为国际国内朋友了解、认识北京的窗口。

改革开放以来，我国餐饮市场迅速发展。面对日趋激烈的市场竞争和国外餐饮业的挑战，“全聚德”于1993年5月组建了以前门、和平门、王府井全聚德三家店为基础，包括50余家联营企业的大型餐饮企业集团，结束了过去长期形成的一家一店、分散经营的不利局面，全聚德集团成为“全聚德”商标的唯一持有人，从而开创了“全聚德”这一北京传统名牌集团化经营发展的新阶段。

截至1999年初，全聚德集团在国内已注册11个商标，涵盖25大类124种商品或服务项目；同时，在世界31个重点国家和地区注册了“全聚德”商标。1996—1998年，“全聚德”商标连续两届被北京市工商局评为“北京市著名商标”；1999年1月，“全聚德”品牌又被国家工商总局认定为“中国驰名商标”，它是我国首例服务类驰名商标。

21世纪已经到来，全聚德老字号正演绎着它发展历史上的第二个百年。全聚德品牌战略的成败，是决定企业在新世纪能否保持旺盛生命力的关键。

二、项目调查

面对21世纪，全聚德品牌的发展同中国的餐饮业，乃至中国商业、服务业一样，面临着良好的机遇和严峻的挑战。

1. 面临的机遇

(1) 随着市场经济的发展和人们消费水平的提高，名牌效应日益明显，使用名牌、享受名牌逐步成为一种社会时尚，久负盛名的全聚德将进一步得到社会与消费者的推崇与青睐。

(2) 全聚德国有企业改革的推进，现代企业制度的确立，企业经营机制的完善，为全聚德企业形象的提升奠定了良好的制度保证。

(3) 全聚德全体员工对“全聚德”具有深厚的感情，对弘扬品牌、发展品牌具有崇高的历史责任感和社会责任感，成为全聚德企业形象公关的思想基础。

(4) 此外，全聚德品牌形象在社会公众心目中占有较高的地位。1998年3月，北京电视台《北京特快》栏目组与中国人民大学舆论研究所就“哪些产品最能代表北京的品牌形象?”这一话题采用问卷方式进行调查。调查问卷要求被访者具体写出 4 种最能代表北京品牌形象的产品，结果被提名的北京产品有四五十种之多，其中，全聚德烤鸭名列榜首，被一致认为是最能代表北京经济形象的标志性产品。北京果脯、北京吉普、牡丹彩电、二锅头酒、北京小吃、燕京啤酒、大宝化妆品、王致和腐乳、联想电脑、同仁堂中药分列第 2～11 位。

2. 遇到的挑战

(1) 从买方（消费者）的角度看，随着人民生活水平的提高和生活方式的改变，广大消费者对全聚德餐饮的品位提出了更高要求。

(2) 从卖方（生产者、经营者）的角度看，全聚德集团特许经营管理体系的运作，要求统一企业形象。

(3) 从现在国内餐饮竞争者的角度看，国内餐饮业持续发展，单就北京市目前以“北京烤鸭”命名的烤鸭餐馆就有 400 多家，兼营北京烤鸭这道菜的饭店、餐厅更是数以千计，竞争更加激烈。

(4) 从未来潜在竞争者、替代者方面分析，全球经济一体化进程加快，我国加入世界贸易组织后，洋餐饮更加无障碍地长驱直入，对国内包括全聚德在内的餐饮业的生存与发展构成威胁。

为了抓住机遇，迎接挑战，积极参与市场竞争，创造具有中国文化底蕴、实力雄厚、品质超凡、市场表现卓越、享誉全球的餐饮业世界级名牌，全聚德集团公司决定以 1999 年全聚德建店 135 周年为契机，全年推出多层次、一系列的企业形象公关活动。

三、项目策划

1. 公关目标

发扬“全而无缺，聚而不散，仁德至上”的企业精神，（对外）弘扬全聚德民族品牌，树立全聚德老字号的崭新形象，以店庆造市场，以文化兴市场，（对内）强化全聚德烤鸭美食精品意识，丰富全聚德企业文化内涵，激励全聚德集团的全体员工以百倍的信心迎接新世纪的挑战。

2. 公关策略

为了达到这一目标，全聚德集团公司准备举办“全聚德杯”有奖征集对联、全聚德烤鸭美食文化节、全聚德品牌战略研讨三项大的活动。对这些公关活动的媒体在选择上主要以报纸为主，兼有电视台、电台，并辅以本公司宣传刊物。

3. 具体计划

全年系列公关活动分为三个阶段，从序曲到高潮：

第一阶段：在含有元旦、寒假、春节、元宵节等节假日的第一季度与《北京晚报》、北京楹联研究会联合举办“全聚德杯”新春有奖征集对联活动（以下简称征联）；面向全社会（包括集团员工）开展《我与全聚德》征文，征集店史文物活动；着手整理资料，编辑、出版《全聚德今昔》一书。

第二阶段：在农历六月初六，即全聚德创建日的 7 月 18 日举办“全聚德建店 135 周年店庆暨首届全聚德烤鸭美食文化节开幕式”。

第三阶段：在金秋的 10 月份，借新中国五十华诞举办全聚德品牌战略研讨会。

四、项目实施

1999年初，集团公司在工作会上针对全年公关系列活动进行动员。针对每一活动分别成立了由总经理或副总经理牵头的、由不同业务部室有关人员组成的专门工作组负责具体实施。

1. 序曲："全聚德杯"新春有奖征联活动（1998年12月—1999年3月）

第一阶段征联活动结束后，为更好地开展第二阶段店庆活动，集团公司及时进行总结，并于1999年3月30日以书面形式正式下发《关于庆祝全聚德建店135周年系列活动的安排》的通知，将每项活动进一步分解落实。

（1）向全社会开展《我与全聚德》征文，征集店史文物活动。

（2）着手整理资料，编辑《全聚德今昔》一书，在全聚德135周年店庆日当天举行首发仪式。

（3）请具有权威的资产评估机构对全聚德无形资产价值进行集团成立以来的第二次评估。以1999年1月1日为基准日的全聚德无形资产价值为7.085 8亿元人民币，是1994年第一次评估的2.63倍（不仅使全聚德国有有形资产保值增值，而且使无形资产也增值）。这一消息放在全聚德135周年店庆日当天通过新闻媒体向社会公布。

2. 主旋律：全聚德建店135周年店庆暨首届全聚德烤鸭美食文化节开幕式

1999年7月18日上午9：30—11：30，集团公司在前门全聚德烤鸭店一楼大厅举办了隆重的开幕仪式。来自国家内贸局、北京市委、市政府有关委办局、所辖区委、区政府的领导和负责同志、新闻单位的记者及全聚德成员企业代表200余人出席了本次活动。具体安排为：

（1）唱《集团歌》。

（2）集团董事长致辞。

（3）北京市商业联合会致贺词。

（4）向集团总厨师长、副总厨师长、各成员企业厨师长授聘书、绶带（展示全聚德雄厚的技术力量）。

（5）新编《全聚德今昔》一书首发式（传播全聚德历史文化）。

（6）第135号全聚德冰酒珍藏仪式（展示全聚德品牌延伸产品）。

（7）请有关方面的领导讲话。

（8）"打开老墙，重现老铺"——全聚德老墙揭幕仪式（向现场来宾再现历史，追溯往昔，给人留下深刻印象）。

（9）第1亿只全聚德烤鸭出炉仪式。

第1亿只烤鸭出炉成为新闻记者争相报道的热点。11点钟，全聚德第1亿只烤鸭出炉之前，10几名摄影记者早早等候在烤鸭炉前，占据最佳拍摄位置。烤鸭出炉时，记者们迅速按下快门，用相机记录下这一有意义的历史时刻。《北京晚报》的记者为了抢得第一新闻，顾不上吃午饭，立即返回报社发照片，当天下午的晚报就在第一版刊发新闻照片，使《北京晚报》成为第一家报道这一活动的媒体。

（10）第1亿只全聚德烤鸭片鸭仪式。

由原市政府副秘书长、全聚德集团第一任董事长杨登彦先生片下第一刀。这只烤鸭奖给了当天中午来全聚德就餐的一对法国夫妇。

为了报道这次活动，中央电视台还对集团董事长进行了独家采访。出乎预料的是，还有一些国外的新闻记者不邀自来。如当天上午活动期间，南斯拉夫电视台闻讯赶来，进行现场拍摄；在活动结束后，《香港商报》的记者对未能进行现场采访而深感遗憾，事后专门来公司进行了追访。

3. 提升：全聚德品牌发展战略研讨会（1999 年 10 月 16 日）

1999 年 10 月 16 日上午 9：00—12：00，集团公司在和平门全聚德烤鸭店 500 人会议室邀请中国商业经济学会、中国商业文化研究会、中国社会科学院、中国人民大学、首都经贸大学、北京工商大学、北京工业大学、北京财贸管理干部学院的专家、教授、副教授与集团全体领导及有关部室负责人就全聚德品牌战略进行研讨（借助外脑进行分析，理论指导实践）。

五、项目评估

1999 年，全聚德集团企业形象公关活动达到了预期的公关目的。

1. “全聚德杯”新春有奖征联活动大获成功

有奖征联活动历时两个月，共收到应征楹联作品3 954.5副，它们来自北京、河北、辽宁、内蒙古、山东、江苏、安徽、江西、湖南、贵州、广东、海南 12 个省市自治区，使全聚德的品牌遍及大江南北，长城内外。作者中年龄最小的为 14 岁的初中生，最大的为 82 岁的老人。还有的老者率领全家老少三代参与撰写，甚至还有几位福利工厂的盲人请同事代笔，参与热情之高，是我们始料未及的。

经过专家评委的初评、复评和终评，从中评选出一等奖 5 名，二等奖 10 名，三等奖 20 名，鼓励奖 135 名。此次活动把迎春与商业宣传融合为一，把树立全聚德品牌形象与中国传统楹联文化有机地结合起来，营造了“以文化树品牌”、“以文化促经营”的新闻热点，弘扬了全聚德饮食文化、品牌文化，在社会上引起较大反响。

2. 提高了全聚德品牌的知名度和美誉度

众多新闻媒体都对“全聚德建店 135 周年暨美食文化节”做了全面报道，报道的形式有新闻、照片、侧记、专访。可以看出，这次活动的媒体报道率是相当高的，不仅国内形成一股全聚德企业形象的冲击波，而且通过海外一些媒体把全聚德 135 周年庆典活动的新闻消息传出北京，飞向世界。“全聚德”成为人们普遍谈论和关注的话题，使“全聚德”品牌的知名度和美誉度进一步提升，强化了“全聚德”品牌形象。

3. 全聚德集团通过 135 周年店庆活动取得了良好的经济效益

由于全聚德 135 周年店庆暨首届全聚德烤鸭美食文化节活动的拉动作用，国庆节期间（10 月 1—7 日）集团公司 10 家直营店共完成营业收入 703.5 万元，接待宾客76 325人次，日平均营业额达 100.5 万元。到 1999 年 11 月底，集团公司营业收入、利润均已提前完成全年的计划任务，其中利润达到全年计划指标的 110％。1999 年下半年，和平门店、前门店日均营业额均比上年同期增长了 20％左右。

4. 全聚德品牌发展战略研讨会明确了全聚德品牌战略目标

全聚德品牌战略目标即以全聚德烤鸭为龙头、以精品餐饮为基业，通过有效的资本运营，积极审慎地向相关产业领域延伸，创造具有中国文化底蕴、实力雄厚、品质超凡、市场表现卓越、享誉全球的餐饮业世界级名牌。

全聚德的战略研讨又引发首都的专家、学者对以全聚德为代表的京城老字号发展的内在规律的探索与研究，参加过“全聚德品牌战略研讨会”和曾经参与全聚德有关活动的专家学者就“老字号怎样迈向新世纪”为主题又多次开展大讨论，将全聚德这一典型的经营管理实践作为案例上升为京城老字号发展的一般规律的理论探讨。专家们认为：“发展老字号品牌食品是历史重任”，“老字号要发扬品牌优势，紧跟时代步伐”，“立足传统，创新发展”。

通过阅读分析下列问题：

1. 全聚德的这次公关活动的主题是什么？目标是什么？
2. 全聚德的这次公关活动分几个阶段？每个阶段主要工作有哪些？
3. 全聚德的这次公关活动获得成功的原因有哪些？

趣味阅读

1985 年，轰动英国的新闻是戴安娜与查尔斯王子的婚礼。当时，伦敦有一家濒临倒闭的珠宝店老板认为，如果能抓住公众对王妃结婚盛典的关注心理，导演一出绝妙的广告剧的话，必定能使自己的珠宝店摆脱困境，大发其财。于是，他挖空心思地找到了一位酷似王妃的模特，对她从服饰、发型到神态、气质做了模仿训练，然后请她演了一出广告剧：

一天晚上，这家珠宝店灯火辉煌，老板衣冠楚楚，神采飞扬地站在店门口，像在恭候要人光临，此举顿时吸引了不少过路人驻足观望。一会儿，一辆高级轿车缓缓停在门口，扮演戴安娜的模特从车上走下，嫣然一笑，向围观行人点头致意，众人皆以为是戴安娜王妃到场，蜂拥而至。电视台的记者也赶来了，因为这位老板向他们暗示说有一位重要人物光临。警察怕影响“王妃”的活动，急忙维持秩序。珠宝店老板热情有礼地接待“王妃”参观，店员热情介绍各件名贵饰品，王妃赞不绝口，并且挑选了好几件饰品。第二天，电视台播放了这则以假乱真的新闻录像，因受老板关照，记者把它拍成了“默片”，没有一句解说词，屏幕上出现的只是热闹的场面。这一下震动了全伦敦城，人们纷纷传递这则重要新闻，戴安娜迷们纷纷去珠宝店抢购各种饰品，珠宝店门庭若市，生意兴隆，几天的营业额远远超过开业多年的总和。

这则新闻惊动了英国皇宫贵族，英国皇家发言人郑重宣布：“经查日程安排，王妃没有去过那家珠宝店。”并要求法院判处珠宝店老板犯有诈骗罪。发了大财的老板振振有词地说：“电视片中没有一句话，我也没说嘉宾就是戴安娜，这在法律上不能构成犯罪，是围观的公众想当然地把模特当成王妃了！”

第六章　公共关系活动

学习目的

1. 掌握新闻传播的概念、策划新闻事件的关键和新闻发布会的主要环节及注意事项
2. 掌握公共关系广告的概念和类型
3. 掌握展览活动、庆典活动、赞助活动、联谊活动的特点、操作方法及注意事项

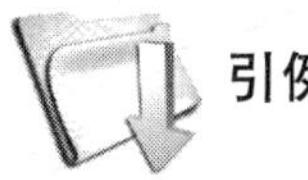

引例

刘翔退赛新闻发布会

时间：2008年8月18日12:25

地点：国家体育场

北京时间8月18日上午11点50分，披着红色战衣、蹬着黄色战靴的刘翔出现在北京奥运会男子110米栏的起跑线上。但是在第一枪起跑之后，悲情的一幕发生了，刘翔迈出了第一步，但他的右脚明显出现问题，在裁判示意有人抢跑后，刘翔停了下来，然后无奈地将身上白色2号道标志摘了下来，踉跄地低着头走出了“鸟巢”，全场寂静既而哗然。

刘翔退赛后不久，刘翔的教练孙海平和国家田径队主教练冯树勇立即在国家体育场召开了新闻发布会，刘翔没有出席。

会上，孙海平和冯树勇回答了现场中外记者提出的众多问题，先后证实了刘翔“确实因伤退出——雅典奥运会前足部就已受伤——今日伤情再度恶化”的事实，指出刘翔“在赛前治疗中疼痛难忍——曾尝试带伤参赛——退赛已是万不得已——目前面临巨大压力”的状况，并提出了“希望全国人民理解”的呼吁。

孙海平说：“在美国的时候，有两个问题，一个是大腿的问题，还有一个就是脚跟问题。大腿是今年他感觉不舒服，应该说也不是突然拉伤的，是逐渐积累起来的，经过治疗已经好了。从今天情况看，他的大腿是完好的，是没有问题的。造成今天退赛的主要原因还是脚跟问题，具体哪天发生的很难讲，但是已经有六七年的时间。应该说在2004年雅典奥运会前，这个伤就有了，后来一直恢复一段好一点，大强度训练以后它又有反应，一直到今天，主要的问题是脚跟。”……“刘翔今天到了准备活动场地之后，他一直在坚持，他一直在玩命。”说到此处，孙海平掩面而泣。

冯树勇说：“刚才我们在外面碰到刘翔，我们做了简单交流，他很难过，他说我如果不是万不得已，是不会退出的。”“我知道每个中国人都期待着刘翔在北京奥运会上的良好表现，正如他四年以前在雅典奥运会上取得金牌一样，包括很多外国朋友都希望刘翔这次能够蝉联110米栏冠军。但是互联网上和其他新闻媒体报道了刘翔伤病情况，我个人也收

到一些短信，甚至在互联网上有人给我们留言说对刘翔的情况表示理解。半年前，在互联网上问的问题就是刘翔这次得不到金牌的话怎么样，超过一半甚至是达到60%的中国百姓对此表示理解，所以，我觉得中国人是可以理解现在所发生的情况的，我们也鼓励刘翔尽早恢复状态，重返赛场，取得好成绩。”

阅读本引例，回答下列问题：

1. 新闻发布会的召开可以起到哪些作用?

2. 在新闻发布会策划及召开的全过程中有哪些应该注意的事项?

公共关系活动，是公共关系传播活动的实务操作内容，是组织为了实现公共关系目标，围绕一定的主题，有计划、有步骤地组织目标公众参与的各种特殊的专门活动，它具有专业性强及操作方法具体、细致、实用等特点。本章将着重展示新闻传播、公共关系广告、展览活动、庆典活动、赞助活动、联谊活动等公共关系活动的实务操作方法和技巧。

第一节　新闻传播与公共关系广告

一、新闻传播

所谓新闻传播，是指依靠新闻媒介传递信息。公共关系本身就是一种传播活动，因此避免不了同新闻媒介打交道，新闻传播就是指组织借助新闻媒介的力量树立自身形象，传递组织信息，从而获得公众的好感与合作。

新闻不同于一般信息，而是具有以下特征：真实、新鲜、及时；前所未见、与众不同；不允许夸张、想象。掌握新闻的这些基本特征，提高对新闻感受的敏感性，就能够在日常生活中发掘新闻题材，进行新闻传播。

（一）撰写新闻资料与新闻稿

1. 新闻资料

新闻资料是提供给新闻媒介编写新闻信息的文字材料。新闻资料往往不直接和公众见面，因此要求不高，只要把新闻五要素表达完整清楚即可，即何时（When）、何地（Where）、何事（What）、何因（Why）、何人（Who），简称5W。

2. 新闻稿

新闻稿是提供给新闻媒介向公众发布的文字材料。其写作的基本要点是主题突出、简明扼要、生动活泼，不仅表述要清晰明白，还要引人注意、给人留下深刻印象。具体要求如下：

(1) 设计新闻稿结构。常见的新闻稿结构有倒金字塔结构、并列结构和顺时结构。

1) 倒金字塔结构。所谓倒金字塔结构，指的是新闻事件的高潮出现在文章的开头，即最重要的情况最先说，所有的重点内容都要在第一段即导语部分中出现，导语是一篇新闻稿的灵魂、精华所在。导语之后就是新闻事实。新闻事实要严格地按照重要的在前、次要的在后的原则来排列。如果说导语是第一重要，那么事实1就是第二重要，事实2就是第三重要，以此类推。倒金字塔结构如图6—1所示。

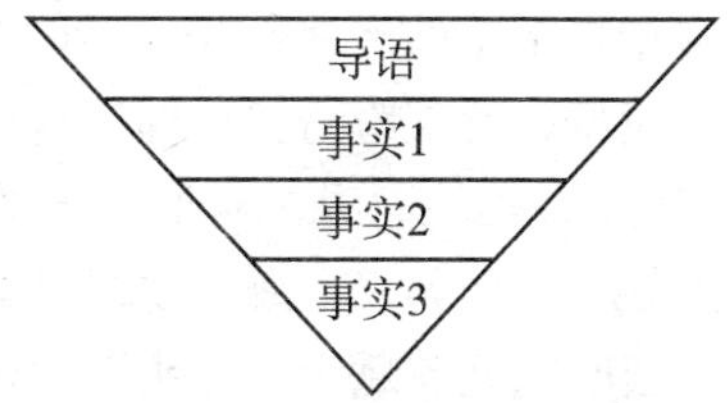

图 6—1 新闻稿的倒金字塔结构

2）并列结构。当报道的内容中有若干事件且几乎具有同等重要性时，可采用并列结构。并列结构即先写一段概括性导语，然后将各新闻事件并列在一起。

3）顺时结构。顺时结构的新闻稿是按时间顺序来写的，先发生的事实先写，后发生的事实后写。其导语可以是概括性的，也可以是新闻稿所涉及的最早发生的事件。

（2）拟好标题。标题是新闻稿的“眼睛”，它直接影响公众对新闻稿件内容阅读的兴趣。一般来说，好的标题应该做到准确、鲜明、简洁、生动。准确，就是能确切地反映新闻稿件的中心思想和主要事实；鲜明，就是要观点明确；简洁，就是要高度概括，十分精练；生动，就是要新颖、形象，给人以新鲜感。同时，还要注意在标题中突出的并不是组织名称、品牌，而是组织的行为和精神风貌。

（3）写好新闻导语。新闻稿的结构是较简单的，比较容易掌握，但同时也提出了一个难题，怎样才能抓住读者的注意力呢？别无他法，只能靠内容生动、导语新颖。导语是新闻稿的灵魂、精华之所在，因此，写好了导语，新闻稿的成功就有了较大的把握。导语的写作，宜采用“开门见山”的手法，突出最新鲜、最重要的事情，即只突出一两个 W 即可，应做到醒目、精练、生动、引人入胜，使人读了马上能把握住要点。如报告火警的人的第一句话几乎总是：“××起火了！”而绝不会拿腔拿调地说：“今天早晨上班的时候，我发现锅炉旁边的小房里冒出缕缕烟雾，感到有些蹊跷，就快步走上前去，打开房门一看，啊——”如果这样报告的话，等他说完，房子已烧得差不多了！写新闻导语就要像“××起火了”那样干脆、简短、明确，一语中的。

在表达方式上，常见的新闻导语有以下几种类型：

1）叙述型。叙述型是指把消息中最具新闻性的事实，简要地写在消息的开头，又可以分为顺叙、倒叙、插叙等几种。例如，《新北大诞生》的导语：在我国高等院校中具有重要地位和影响的北京大学和北京医科大学近日合并，组建新的北京大学。中共中央总书记、国家主席江泽民为此致信祝贺，对新的北京大学师生和全国教育战线的同志提出希望。

下面这条体育新闻是采用倒叙的方式来写的：意大利足球队在北京时间今天凌晨四点半钟结束的第 12 届世界杯足球决赛中，以三比一战胜了西德队，获得冠军，从而成为世界足球史上第二个三次夺得世界冠军的足球队。西德队获得这届世界杯赛的亚军。

2）描写型。描写型是指对消息中主要事实的某一场景，具有意义的某一情节或侧面，做简练而突出特点的描绘。特别是记者根据目击事件采访而得的导语，能给读者以强烈的现场气氛和情绪渲染，增强消息的说服力与生动性。如《上海严寒》的导语抓住了瑰丽而奇特的雪景：这几天上海街头积雪不化，春寒料峭，最低气温下降到摄氏零下 7.4 度，上海人遇到了有气象记载的八十多年来罕见的严寒。10 日和 11 日，这里出现了晴天下雪的现象。晴日高照，雪花在阳光中飞舞，行人纷纷驻足仰视这个瑰丽的奇景。

3）评论型。在简明扼要地叙述事实的同时，对所报道的新闻加以评论，揭示事物的内涵和重要意义，这就是评论型导语。例如《上海：跨国公司竞相抢滩》一文的导语：具有独特的地理和人文环境优势，新时期又被赋予“龙头”地位的上海，目前已成为跨国公司向中国发展的首选之地。

4）提问型。提问型就是故意在导语中提出有关问题，再接着做简要回答，以引起读者的思考和注意。如《民航服务质量名次排定》一文的导语：国内各航空公司谁的服务质量最好？国际航空公司和东方航空公司并列第一。提问型导语要注意抓取读者有共同兴趣的问题，不要无疑而问。所提的问题以具体明确为宜，如果答案不言自明，就不应该提任何问题。

5）对比型。对比型是通过对比、衬托的方式突出事物的个性特征，从而使新闻主题更加突出、更加鲜明，给读者留下深刻印象。例如，据天津市自来水公司化验后宣布：滦河水水质优于国家规定的饮水卫生标准，比北京、上海等城市的原水质要好。

6）引语型。引语型即引用他人的话作为新闻导语。如《“一份情温暖一颗心，扶百村济千户”大型活动启动》一文的导语：“我们捐赠一万公斤大米”、“我们出价值 4.5 万元的服装”、“我们准备在贫困地区招收员工”、“我们还要在集团公司职工中积极发动，做到人人皆知、人人参与”……目前，在浙江日报会议室里召开的“一份情温暖一颗心，扶百村济千户”大型活动座谈会，成了众多单位慷慨解囊、踊跃捐赠的现场会。“扶百村济千户”活动拉开序幕。

(4) 运用新闻背景材料。新闻背景材料，顾名思义，指的是向新闻事件或人物提供“背景”的材料，在报道中起着映衬、补充、烘托、说明、解释等辅助作用。如新闻人物的工作经历与社会关系；新闻事件的历史条件、自然环境、前因后果等。背景材料在新闻中不是独立的结构部分，它可以穿插在各部分之中，同时也并不是所有新闻都必须营造出一个背景。要不要交代背景材料，决定于表达内容的需要，不要为交代而交代。对新闻背景材料的恰当运用能使新闻人物的形象更加丰满，新闻事件更加打动人。

(5) 注意遣词造句。遣词造句对于新闻稿的写作具有十分重要的意义。总的原则是要求用词造句必须准确、生动、言简意赅、含义隽永，以达言尽而意未穷之效。应尽可能使用大众化词语，少用生僻的行话和过于专业的技术用语；用词要尽量生动多变，减少重复；此外，还要避免使用过于华丽和含义不确切的词语，并少用过长或过于复杂的句子。

此外，写好一篇新闻稿，还应注意一些技术处理的细节。如稿子撰写时，行与行之间应留空，以利编辑做删改补充。稿纸上最好标有组织名称、地址、电话号码、联系人姓名等，便于编辑对稿件内容需要发问或补充时可以及时联络。另外，了解新闻机构的截稿时间，以及发送资料、稿件的方式方法，熟悉编辑工作程序和编辑责任范围，以便于将资料和稿件尽快地发送到主管编辑手中。

以上我们介绍的是新闻稿写作的共同点。但不同的新闻媒介，对同样的报道要求是不同的。如一篇在日报上是 1 000 字的报道，在杂志上可能就是 400 字；在电视上播出 2 分钟，而在广播里只能播 30 秒。因此，公共关系人员要能够适应各种新闻媒介的要求，了解不同新闻媒介的特点，这对于有针对性地发出各种稿件是很有必要的。

【案例 6—1】

新闻稿例文：“革命圣地”实施城市形象工程

被誉为“中国革命圣地”的延安市，将大规模实施一项旨在“塑造延安形象，再创圣地辉煌”的城市形象工程。

延安是国务院首批公布的全国 24 个历史文化名城之一，中共中央曾在此工作了 13 个春秋。享有“革命历史博物城”之称的延安市，现有历史文物 720 多处，革命文物 130 多处。近年来，许多国家领导人都曾莅临该市，对延安的发展十分关注。同时，随着世界级的陕北煤田、气田、油田的开发，延安市作为陕北中心城市，经济发展的战略地位也日趋重要。

中共延安市委书记马富雄表示，由于历史上延安经济的落后贫困，对外始终是一个贫困地区的形象，这与今天延安的实际状况是不相符的。他介绍：去年延安市国民生产总值达 3.75 亿元，延安民航班机可达北京、太原、西安等地。西安至延安铁路全线开通营运，北上榆林的铁路干线正在加紧建设。近年来，延安市每年接待海内外人士达四五十万之多。

据悉，一个由老一辈革命家、老延安、社会各界专家和陕西省以及延安地、市各级负责人共同介入和参与的“延安城市形象工程委员会”已经成立。该委员会将从营造舆论氛围、强化胜地意识、健全和完善延安作为全国三大爱国主义教育基地的设施和环境，确立包含文化精神理念、视觉情调特征和人物风情景观在内的现代化城市形象体系等方面，推进延安市的形象工程建设。

（二）策划新闻事件

在公共关系活动中，策划具有新闻价值的事件也叫“制造新闻”或“策划新闻”，是组织争取新闻宣传机会的一种技巧。组织通过策划，举办具有新闻价值的事件或活动，吸引新闻界和公众的注意力，制造新闻热点，争取被报道的机会，以达到提高知名度、扩大社会影响的目的。策划新闻事件不仅可以传递组织信息，还可以传递商品信息、服务信息、技术信息等。在策划新闻事件的过程中，应注意：

（1）要突出一个“新”字，跟在别人后面没有新闻价值；

（2）要突出一个“奇”字，发挥创造力、想象力，出奇制胜；

（3）要突出一个“真”字，要强调真实性，不能文过饰非、歪曲事实；

（4）要突出一个“常”字，经常有新闻奉献给公众。

【案例 6—2】

新闻稿例文：10 万美元寻找主人

某公司宣传其新型保险柜的卓越功能，登出一则这样的广告：“10 万美元寻找主人！本公司展厅保险柜里存放有 10 万美元，在不弄响警报器的前提下，各路豪杰可用任何手段拿出享用！”

广告一出，轰动全城。前往一试身手的人形形色色，有工人、学生、工程师、警察和侦探，甚至还有不露声色的小偷，但都没有人能够得手。各大报纸连续几天都为此事免费报道，影响极大。这家公司的保险柜的声誉随之大增。

案例 6—2 是一则以制造新闻获得强大效应的公关实例，新型保险柜公司未出一分钱的广告费，却取得了极好的广告效果。因为他们充分运用了策划新闻事件这一公关手法，引起公众注意，向公众传递了组织和产品的信息，增强了公众的信任感。

策划新闻事件的关键是“新”，跟在别人后面，就会失去新闻价值，公众不会产生新鲜感，也就失去兴趣。因此，公共关系人员应善于开动脑筋，充分发挥创造性和想象力，出奇制胜，方能奏效。

（三）新闻发布会（记者招待会）

新闻发布会又称记者招待会，是组织为发布重大新闻或解释重要方针政策而邀请新闻记者参加的一种公共关系专题活动。它是组织传播各类信息，吸引新闻界客观报道，搞好媒介关系的重要手段。

1. 新闻发布会的功能与特点

（1）新闻发布会的功能。新闻发布会产生于现代西方社会，是现代组织机构从事信息传播的一种十分正规和隆重的活动，它是一种两级传播，即组织先将信息告知记者，再通过记者所属的大众传媒告知公众。一般具有以下三种基本功能：

1）引导舆论。组织机构通过阐述自己的方针政策，引导公众意见和态度朝着有利于自己的方向转化。

2）搞好媒介关系。组织机构通过新闻发布会为新闻界提供了解自己的机会，借以建立或巩固与新闻界的良好关系。

3）提高知名度。组织机构通过发布信息，引起公众对自身的关注，从而扩大自己在社会上的知名度，树立和维护自己的组织形象。

（2）新闻发布会的特点。新闻发布会的特点包括：

1）条理清晰。新闻发布会的程序比较简单、清晰，往往一个主题贯穿发布会始终，即使面对一些记者“旁敲侧击”的提问，头脑清晰的新闻发言人也会巧妙地将“枝节”问题引导到会前设定的主题上来。

2）节奏明快。新闻发布会一方面沿袭限定时间的惯例，新闻发言人的演讲和说明往往简洁明快；另一方面受新闻媒介截稿时间的限制，要保持快节奏的工作作风。这两方面的因素决定了新闻发布会的程序在时间安排上要紧凑明快。

3）程序规范。新闻发布会形式比较正规、隆重，规格比较高，多年来的国内外实践形成了基本的规范，并已经以相对固定的程序延续了下来，除非出于组织机构的特殊需要，一般不会做大的改动。

2. 新闻发布会的主要环节

新闻发布会组织和安排的主要工作环节应包括以下几个方面：

（1）明确新闻发布会的主题。新闻发布会的主题要视具体情况和需要来制定。一般以企业集团的成立或合并、新技术新产品的问世、经营管理方面的重大改革、重大的庆祝日或纪念日、特殊事件等有一定发布价值的事件作为贯穿于整个会议的主题，整个会议过程切忌偏离主题。

（2）确定新闻发布会召开的时间和地点。新闻发布会举行的时间应尽量避开节假日和有重大社会活动的日子，以免记者因故不能来参加而降低会议的新闻价值。发布会召开的地点要考虑为记者采访提供方便的条件，如辅助灯光、播放设备、电话传真、网络通信等是否齐备，交通是否便捷等，会场背景应与所要发布的新闻性质相协调。一般可在宾馆、大饭店举行；如希望形成全国性影响，则可在首都或大城市举行，但始终要保证新闻发布会的效果。

（3）确定新闻发布会邀请的对象。根据新闻发布会的主题，应当有选择地邀请有关的新闻记者参加，根据消息发布的范围来确定记者的覆盖面和级别。另外，有时也可以邀请一些知名人士及有关方面的专家，以提高会议的规格和内容的可信度。邀请对象一旦确定，应提前一周左右发出请柬，临近开会前还应打电话联系落实。

（4）准备好相关材料。根据新闻发布会的主题收集相关信息，撰写准确生动的有关材料，如主持人和发言人的讲话提纲、发言稿、答记者问的备忘提纲，为记者准备的会议报道提纲、新闻统发稿、所发新闻的背景材料和论据材料，以及会议所需的图片、实物、影像等辅助材料。如果是某项产品的新闻发布会，甚至还可以请记者亲身体验和试用，使记者在撰写报道时更加准确生动。

（5）选定新闻发布会的主持人和发言人。主持人和发言人是新闻发布会取得成功的两个重要角色。他们面对习惯于“刨根问底”的记者提问时必须头脑清醒，反应机敏，有较高的文化修养和口头表达能力。一般来说，主持人由组织公共关系部的负责人担任，负责介绍会议的基本情况和议程；发言人由组织内的高级领导担任，因为他们熟悉组织的整体情况和方针政策，发布消息和回答问题也具有权威性。主持人和发言人都是组织形象的化身，出场时一定要由内到外地给媒介公众以良好的“首因效应”。

（6）制定新闻发布会所需经费的预算。应根据所举行新闻发布会的规格和规模制定费用预算，并留有余地，以备急用。新闻发布会的费用项目一般包括：场租费、场所布置费、印刷品、邮电费、交通费、住宿费、器材费、茶点或餐费、礼品、文具用品等。

（7）召开新闻发布会。新闻发布会议程一般为：来宾签到及分发会议资料—主持人宣布会议正式开始—发言人讲话—接受记者采访—主持人宣布会议结束—安排会后参观或招待等其他活动。

（8）收集反馈信息。新闻发布会结束后，公共关系人员应尽快整理出会议记录材料；注意收集与会者对会议的反应；及时广泛收集并逐一分析所有到会记者在各种媒体上的报道，将有关媒体上的报道对照原拟主题，检查目标是否达到；要认真吸取经验教训，对本次活动做出评估总结报告，并归档备查。

3. 新闻发布会的注意事项

（1）主持人要充分发挥好主持和组织的作用，活跃整个会场气氛，引导记者提问。主持人的言谈要庄重、机智、有幽默感，要尊重别人的发言和提问，把握主题范围，维持会议秩序，掌控会议时间。对各方媒体记者要一视同仁，切莫厚此薄彼。

（2）会议接待服务要亲切周全。应安排足够的接待员，设立签到处，并派专人引导记者前往会场。会议组织人员应佩戴工作证件，与会人员应发给写有其姓名和新闻机构名称等的证牌。会议桌与餐桌等要分清主次，排好顺序，避免混乱或不愉快的情况出现。

（3）所发布的信息必须做到准确无误，如果发现错误应及时予以纠正，对不愿发表或透露的信息，应委婉地做出解释。要避免闪烁其词、吞吞吐吐，否则容易造成尴尬局面，甚至引起记者发表一些对组织不利的负面报道。

补充知识

新闻发布会的几个误区

误区之一：没有新闻的新闻发布会。有些企业似乎有开发布会的嗜好，很多时候，企业并没有重大的新闻，但为了保持一定的影响力，证明自己的存在，也要时不时地开个发布会。这种行为造成的后果是，企业虽然花了不少的精力，但几乎没有成效。新闻性的缺乏使得组织者往往在发布会的形式上挖空心思、绞尽脑汁，热闹倒是热闹了，效果却未见得理想，如果过于喧宾夺主，就会使参会者记住了热闹的形式，却忘记了组织者想要表达的内容。

误区之二：新闻发布会的主题不清。从企业的立场出发，主办者恨不得把企业所有的光荣史一股脑端上去，告诉人家什么时候得了金奖，什么时候得到了认证，什么时候得了第一，什么时候捐资助学。但是偏离了主题的东西在媒介眼中，形同废纸。

误区之三：“过于保守”的新闻发布会。有的企业在传播过程中，生怕暴露商业机密，凡涉及具体数据时总是含含糊糊，一谈到敏感话题就“环顾左右而言他”，不是无可奉告就是正在调查。这样一来，媒体想知道的，企业没办法提供；媒体不想了解的，企业又不厌其烦。

二、公共关系广告

（一）公共关系广告的概念

公共关系广告是指以广告的形式开展公共关系活动。它具有广告的特征，但并不限于商业活动，不以推销产品或者盈利为目的，而是推销组织自身形象的一种特殊手段。如长虹的广告词：以产业报国、民族昌盛为己任；海尔的广告词：真诚到永远；可口可乐的广告词：奥运精神长存我心中。

（二）公共关系广告与商业广告的区别

与其他商业广告一样，公共关系广告要交付一定的费用，购买大众传播媒介的版面（时间）来向公众广而告之。但又与一般的商业广告不同，它具有自己的特点，是一种特殊形态的广告。

1. 目的不同

商业广告是以推销商品或服务为目的的广告，注重引起消费者对商品或服务的注意和兴趣；而公共关系广告则是通过广告的形式，来塑造良好的组织形象，增进公众对组织的整体了解，注重引起消费者对组织的关注和兴趣。例如对饮料生产企业来说，商业广告的重点是宣传饮料的质量、口感、售价等，而公共关系广告则要宣传企业生产饮料的目的、生产方法、企业的技术水平和应尽的义务与职责，以此获得的美誉是对顾客提供优良商品及服务的保证。如能获得公众的赞许，则容易推销商品，吸引管理和技术人才，减少人才外流，争取社会人士的支持。“商业广告让公众买我，公共关系广告让公众爱我”的说法鲜明、形象地指出了两种广告的质的区别。

2. 内容不同

商业广告以介绍商品信息为主，注重短期行为；而公共关系广告在宣传内容上就比较注重长期性和系统性，以介绍组织理念为重心。

试看下列两则广告语，虽然同出于农夫山泉，但两者采用的宣传策略却有所不同。

其一："农夫山泉有点甜。"

其二："再小的力量也是一种支持。从现在起，你买一瓶农夫山泉，你就为申奥捐出一分钱。"

前者是商业广告，后者则属于公共关系广告，是商品广告与公益事业结合的成功创举。

3. 效果不同

商业广告侧重于在短期内直接取得某种经济利益，重在促成购买行为，一旦买卖成交，双方关系便不复存在；而公共关系广告侧重于持久地取得公众的信任并保持情感上的联系，但往往并不直接为组织赢得经济利益。

4. 传播方式不同

一般的商业广告是直接列举商品或服务的种种优点，力图说服人们去购买，采用的是单向传播的方式；而公共关系广告则不仅向公众传播信息，还密切关注公众好恶，根据公众意愿调整自身行为，是一种双向的传播方式。

5. 适用范围不同

需要做商业广告的组织局限在工商企业；而需要做公共关系广告的则是所有的组织。一个组织如果不是工商企业，它可以不做商业广告，但不能不做公共关系广告。所以一般来说，公共关系广告比商业广告的适用范围更广，作用更大，综合性更强。

（三）公共关系广告的类型

1. 形象广告

形象广告是提高组织知名度，以树立良好的组织形象为主要目的的公共关系广告。主要宣传的内容可以包括：组织名称、标识设计；反映组织文化的口号或歌曲；组织的实力与业绩；组织的历史与传统；组织某些活动的主题；组织对公众的关怀和敬意等。如某某企业向您问好，祝您合家新年快乐；某某组织恭祝大家节日愉快，愿竭诚为您服务。

形象广告在设计时，要注重突出组织的整体形象，有明确的主题和观点，不应表现某个具体产品，广告文稿、图像等应尽量避免商业化气息。同时，要突出自己的独特之处，即与众不同的定位；组织命名应简单易记、富有特色；要持之以恒，努力使组织形象深入人心。

2. 公益广告

公益广告是为社会公益活动提供服务的广告，采用适当媒介表现组织"关心社会、关心公众"的一片爱心。它可以分为完全以公益性主题制作的广告和配合组织参与某项公益事业而制作的广告。

完全以公益性主题制作的广告，如维护公共秩序、保障行车安全、保护森林、防火防盗、计划生育、某某组织为您报时、某某组织提醒您注意天气变化等，中央电视台的"广而告之"均属此类。配合组织参与某项公益事业而制作的广告，如修建公益设施、资助慈善机构、援助受灾民众等。国外一些成功企业每年都会从盈利中拨出专款从事公益活动，在我国这种公益活动也越来越多。

优秀的公益广告在为公众提供某种服务的过程中树立组织形象，从而获得社会公众的赞许、信赖和支持。

3. 观念广告

观念广告是通过提倡某种观念来影响公众态度和行为的公共关系广告。这类广告不直接宣传商品，甚至不宣传组织，而是常用暗示的方法通过宣传组织宗旨、文化、某项政策和社会热点等内容来触发公众的联想，在潜移默化中影响公众的观念和态度。例如下面这几则广告：

(1)“羝羊牌”毛线：“羝羊”和“抵洋”谐音，宣传提倡国货、抵制洋货的观念。

(2) 顾客是上帝：宣传组织的服务理念。

(3) 国内电视上经常出现的万宝路香烟广告：画面上没有万宝路香烟的形象，只见一群雄健的骏马，背负着英俊彪悍的美国牛仔们驰过画面，伴随着赞叹男子汉形象的画外音，在屏幕一角出现万宝路商标。构成这样一种暗示，英俊健壮的男子汉和万宝路紧密相连，您想成为真正的男子汉吗？请加入万宝路世界。广告制作者创造这样一种观念：万宝路就是男子汉的标志。

4. 响应广告

响应广告是表达组织与社会各界有关联性和共同性，以求社会各界公众的理解与支持而进行的广告。

响应广告可以划分为两种形式：一是对政府的某项政策、措施或者当前社会活动中的某项重大事件以组织的名义表示响应，表明组织关心、参与公众生活，从而借助社会主题扩大组织影响。二是组织之间的感情联络，以同行的身份刊登广告表达对某组织的祝贺、支持和赞许，具体做法如向新开张的单位赞助若干广告费等。这类广告往往表明组织愿意同其他组织携手并进、共创繁荣，同时欢迎正当竞争，可以起到广结良缘之效。

5. 其他形式的公共关系广告

其他形式的公共关系广告往往采取一些比较特殊的方式达到出奇制胜的效果。常见的宣传方式有：

(1) 征询型广告。通过征求组织歌曲、商标图案及组织名称等吸引公众对企业的关注度，增强他们的兴趣，借以提高公众对组织的记忆度和熟悉度。有时，还可以组织名义发起一个有奖征答活动，收到的效果也很好。

(2) 赞助型广告。用赞助某一体育或文艺活动，显示实力，以提高企业或产品的知名度和美誉度。瞄准时机慷慨解囊是明智的广告策略。

(3) 坦诚型广告。商事以诚为本，用坦诚的平常心敢于给自己“揭短”，恰恰满足了消费者真切、实用、坦诚的心理需求。天才广告家彭巴克曾以“丑——在外表”为广告标题，承认福特汽车外形不漂亮，但同时实实在在地列举出该车的种种内在优点。广告正文毫无花俏辞藻，但坦诚的广告策略使福特汽车销量在激烈的市场竞争中急剧上升。

(4) 迂回型广告。迂回型广告即采用迂回方式宣传组织的广告。如采取比较特殊的致歉形式，一方面向公众赔礼道歉或者排除误解，另一方面体现出组织的实力和诚意。

第二节　其他公共关系活动

通过举办各种公共关系活动如展览会、庆典、赞助、联谊等，可以创造组织与公众直接沟通的良好环境，从而达到增进感情、提高声誉、扩大影响、树立形象的作用。

一、展览活动

展览活动的存在已有相当长的历史。据史料记载，公元5世纪，波斯举办了第一个超越集市功能的展览会，当时的波斯国王以陈列财物来炫耀本国的财力和物力，以期展示自己的强大实力。现在我们所说的展览活动是一种综合运用各种媒介、手段，通过实物、文字、图表或图像的展示和示范表演来传递组织信息，展示组织成果，推销组织形象的公共关系专题活动。由于展览活动图文并茂、直观形象，往往会给公众留下深刻的印象，因此，它已成为当今新组织、新产品、新技术等塑造形象的最常用的公共关系活动形式之一。

（一）展览活动的特点

作为组织在特定的环境条件下开展的一种专题活动，展览活动具有下述五个显著的特点。

1. 直观性

展览活动是一种非常直观形象的传播方式，它把实物直接展现在公众面前，并配以现场操作表演，甚至集知识性与趣味性于一体，给公众以“眼见为实”、“亲眼目睹”的真实感觉，有助于达到广泛传播的目的。

2. 双向性

展览活动通过讲解、咨询、洽谈以及座谈会、意见簿、有奖测验等方式，实现组织与公众之间的交流与互动，它不仅可以当面向公众展示自身形象，同时还可以广泛收集公众的反馈意见，有针对性地就个别公众或某种特殊情况进行交谈，起到良好的双向沟通作用。

3. 综合性

展览活动通常要综合运用多种媒介进行交叉混合传播，往往以实物展示为主，配以文字资料、图片、幻灯片、影视、广播、计算机等，加上生动的现场讲解、优美的操作表演、高雅的环境布置和热情的咨询答疑等，总之，展览活动综合了多种媒介的传播优势，具有很强的吸引力。

4. 高效性

展览活动可以一次展示许多行业的不同产品，也可以集中同一行业的多种品牌产品来展示，是一种高度集中和高效率的沟通方式。它既为参观者提供了比较产品和购买产品的方便，也为组织之间的相互交流和信息沟通提供了良机。许多组织及其优秀产品就是在展览会上脱颖而出，从而提高了知名度，打开了销售市场。

5. 新闻性

展览活动是一种综合性的大型活动，除本身能进行自我宣传外，往往还会成为新闻媒介重点追踪报道的对象，是新闻报道的好题材，甚至形成舆论热点。一些重要的展览活动还会因为许多政界官员、商界名流或者演艺明星前来庆贺、捧场，加上宣传媒介的报道传扬，使展览活动的宣传效应倍增和扩展。

【案例 6—3】

欢迎试坐：奥迪厂家有魄力

1996 年夏天，国内外近千家厂商参展的第四届北京国际汽车展览会，气氛火爆异常。展厅里，一辆辆靓车光彩夺目，引得满场人潮涌动。更为精彩的是，各参展厂商公关高招迭出：法拉利跑车旁有“法拉利小姐”的狂歌劲舞和歌星签名；绅宝车前有异国淑女迷人的微笑；福特公司则让金发碧眼的姑娘与活泼可爱的中国儿童同台演出……所有这些，令观众耳目一新。

强中更有强中手，奥迪厂家破天荒地使出了绝招——所有奥迪展车，欢迎观众试坐。只见一个个试坐的观众喜形于色，乐不可支：打方向，踩刹车，点油门，揉离合，俨然就是车主，实实在在地过了一把车瘾。更多的围观者看得眼热心跳，跃跃欲试。一时间，观众对奥迪厂家的做法赞美有加，纷纷前去试坐，奥迪车展台前成了展览的新闻热点，各路记者纷至沓来，奥迪车随之声名鹊起。

（二）展览活动的类型

根据划分依据的不同，展览活动可划分为下述几种不同的类型。

1. 按展览活动的性质可分为贸易性展览与宣传性展览

贸易性展览的特点是“展”且“销”，展出实物产品，目的是打开产品的营销局面，提高产品的市场占有率，如“迎春节年货商品大展销”，既展示实物，又当场出售产品。宣传性展览是只“展”不“销”，目的是宣传一种观念、思想、知识、成就等，通常通过展出照片、资料、图表和有关实物达到宣传的效果，如中国国际展览中心举办的“国际图书博览会”。

2. 按展览活动的内容范围可分为综合性展览和专题性展览

综合性展览往往全面介绍一个国家、一个地区或一个组织的情况，要求纵览全局，内容全面，有一定的整体性和概括性，既要突出重点，又要照顾一般，力求给观众以完整的印象，如每年春秋两季在广州举行的“广交会”等。专题性展览是围绕某一专题、某一专业或某类产品举办的展览会，要求主题突出，内容集中，有一定的深度，如“摩托车展览会”、“科技图书展览会”等。

3. 按展览活动的举办场地可分为室内展览和露天展览

大多数展览在室内举行，显得较为隆重且不受天气影响，举办时间较灵活，长短皆宜，但室内展览的设计布置较为复杂，花费较大，宜安排高档次展品展览。露天展览的最大特点是布置工作较为简单，所花费用较少，但受天气条件影响大，因此，宜安排大型机械展览、农副产品展览和花卉展览等。

4. 按展览活动的规模可分为大型展览、小型展览及袖珍展览

大型展览一般由专门的单位举办，规模大，参展项目多，需要较复杂的程序和较高的

布展技巧。如“世界博览会”、“全国糖业烟酒订货会”。小型展览规模较小，多由组织独家举办，展出自己的商品，展览会的地点常常选择在各类建筑的门厅、图书馆、旅馆房间、候车室或专辟陈列室、样品室等。袖珍展览主要是指橱窗展览和流动展览。橱窗展览是通过创意和艺术设计，对商店橱窗里展示的商品或模型进行组合设计来吸引消费者注意，促进商品销售、塑造商店形象。流动展览是发挥人们的创造才能，利用各种交通运输车辆来进行的展览。

5. 按展览活动的时间可分为长期固定展览、定期更换内容的展览及一次性展览

长期固定展览，如北京的故宫博物院、自然博物馆等；定期更换内容的展览，如北京的工业展览馆、农业展览馆等；一次性展览，如 2005 年杭州食品展销会、2004 年海宁冬季服装展示会等。

此外，还有巡回展出，如在各地巡回举行的兵马俑展览、美术作品展览、新电影作品展览等，这类展览除了设计布置需要开销外，根据物品的贵重程度还要花费一定的运输费、保险费等；特殊展览，在现场展示样品，让人反复试用证明其性能，如在铁路站台及机场铺设地毯，以便证明经受了成千上万旅客的踩踏，引起顾客的兴趣及有价值的询问；名城街，指具有重点历史文物价值的历史城街，是重要的旅游地点，也是开放的城街展览，如北京的“大观园”、天津的“食品街”等。

（三）展览活动的策划与组织管理

策划展览活动的基本原则是：展览主题明确，布局结构合理，陈设美观大方，解说精练流畅，给人以深刻的印象。基本的组织管理方法有下述几种。

1. 明确展览活动的主题和目的

举办任何一个展览，都必须首先明确这一展览的主题和目的，并在此指导下精心确定内容，制作展览的实物、图表、照片、文字等，使之更有针对性。主题要围绕展览的目的而定，并写进展览计划，成为日后评价展览效果的依据。

2. 确定参展单位、参展项目和展览类型

大型展览活动，主办单位或承办单位可以通过广告、新闻发布会或者邀请等形式联系可能的参展单位，并将参展时间、地点、项目、类型、收费标准和举办条件等情况告知联系的单位，一方面通过采取各种公关技能吸引参展单位，另一方面为可能的参展单位提供决策所需的资料。

3. 明确参观者的类型和数量

展览活动在策划阶段必须考虑所针对的公众，参观者的类型将影响到信息传播手段的复杂性和多样性。如果参观者对展出项目有较深的了解和研究，就需要展览活动的讲解人也是这方面的专家，介绍的资料要较为专业化和详细、深入；如果参观者只是一般消费者，则应采用通俗易懂的语言进行直观的普及性宣传。当可能有较多的参观者时，要安排合理的参观秩序，必要时要与公安部门取得联系，得到有效的帮助。

4. 选择展览的时间、地点

展览活动时间的选择一般按组织需要而定，有些展览要顾及季节性，如花卉、农副产品、服装展览等。在地点的选择上，首先要考虑的是方便参观者因素，如交通要方便，易寻找等；其次，要考虑展览活动地点周围环境是否与展览主题相得益彰；最后，要考虑辅助设施是否容易配备和安置等。

5. 培训工作人员

展览活动工作人员的素质、展览技能和公关技能的掌握，对整个展览效果有重要影响。必须对展览活动工作人员包括讲解员、接待员和服务员进行良好的训练，同时对展览活动相关内容如接待、介绍、服务、礼仪等公关技能进行专门培训。

6. 确定展览活动的管理机构，提供相关服务

大型的展览活动，要设立文书、邮政、运输、保险等专业服务部门。国际性展览活动，还应设立处理对外商检贸易的业务部门。一般的展览活动应设置：大会领导组、大会办公室、样品办公室、询问室、广播室、卫生保健室、贵宾接待室、保安处、会议室、谈判或签字室、停车场等。

7. 成立专门对外发布新闻的机构

展览活动中会产生很多具有新闻价值的信息，需要展览活动负责公共关系事务的人员挖掘，写成新闻稿发表，扩大展览活动的影响范围和效果。专门的机构要负责制订新闻发布的计划和组织实施计划，并负责与新闻界联系一切事务。

8. 准备展览活动所需的各种书面宣传材料

从主办方和承办方来看，展览活动的宣传材料主要有展览活动背景资料、前言及结束语、参展品名目录、展览活动平面图、展览活动组织机构、日程安排和其他要求等。参展单位应提前做好准备。

9. 编制展览活动费用预算

具体列出展览活动各项费用，并加以核算，有计划地分配展览所需的各项资金，防止超支和浪费。展览活动的费用通常包括：场地费用、设计费用、工作人员费用、联络及交际费用、宣传费用、运输费用等，要根据展览所要达到的效果来考虑这些费用的标准，既要节约，又要留有余地。

10. 选用展览方法和技巧

为了使展览活动办得生动活泼、新颖别致，还需要适当选用展览方法和技巧，如邀请有关知名人士出席，举行别开生面的开幕式，邀请有关文艺团队助兴等，以活跃展览活动的气氛，吸引更多公众前往参观。

11. 做好展览活动的效果测定

展览活动后，要对展览活动的效果进行检测，了解公众对产品的反映，以及对组织形象的认识和对整个展览活动兴办形式的看法等，检测是否达到展览的预期效果。检测方法主要有：举办有奖测验活动、设置公众留言簿、召开公众座谈会、借助记者采访、开展问卷调查等。

二、庆典活动

庆典活动不是一般的庆祝活动，是组织围绕自身重大事件、活动或者重要节日所开展的典礼、庆祝和仪式等专题活动的总称，是组织通向美好发展历程的隆重而热烈的形象展示，如开业典礼、开工典礼、落成典礼、开幕式、闭幕式、奠基仪式、签字仪式等。不同组织，庆典活动的规模和方式不同，但都有一个共性，即盛大、隆重、热烈、喜庆、丰富多彩。各组织都要精心策划、竭尽全力，做到既热烈隆重，又高效节约，借这些活动对内营造和谐氛围，增强员工凝聚力，对外协调关系，扩大宣传，塑造形象。

（一）庆典活动的组织

庆典活动是一种表演色彩较浓的公共关系专题活动。为了使这一活动开展得有声有色，引起社会公众的广泛注意，公共关系人员应做好下述组织工作。

1. 拟订邀请宾客名单

邀请的宾客可能包括政府有关部门负责人、社区负责人、知名人士、社团代表、同行业代表、新闻记者、公众代表以及员工代表等。请柬应尽可能早地寄出，以便被邀请者安排时间，按时出席。

2. 安排庆典活动程序

庆典活动程序一般为：宣布典礼开始、宣读重要来宾名单、致贺词、致答词、剪彩、礼毕。

3. 确定致词和剪彩人员

公共关系人员应为本单位负责人拟写开幕词或贺词等致词，预先准备新闻参考资料或报道提纲，为前来的新闻记者提供新闻素材。剪彩人员一般应由本组织负责人和来宾中地位最高、有较高声望的知名人士共同担任。

4. 做好活动接待工作

公共关系人员要事先确定迎宾、签到、接待、剪彩、摄影、录像、播音等有关服务人员，并在典礼前到达指定岗位。

5. 组织来宾参观

典礼结束后，公共关系人员可以组织来宾参观本企业的生产设施、服务设施以及产品或商品陈列，这是让上级、同行业和社会公众了解自己、宣传产品的好机会。同时，应考虑是否发放纪念品或礼品，是否提供小型宴请。

6. 广泛征求意见

通过座谈和留言等形式广泛征求意见，并尽快将意见和建议综合整理出来，以总结评估活动的效果。

（二）常见的组织庆典活动

1. 开幕庆典

开幕庆典，即开幕式，是指第一次与公众见面的展现组织新风貌的各种庆典活动，包括各种博览会、展览会、运动会和各种文化节日的开幕典礼，组织或企业的开业典礼，重要工程的开工典礼或奠基典礼，重要设备及工程首次运行或运转的庆祝活动，如通邮、通车、通航等典礼活动等。

组织举行一个热烈、隆重、特色鲜明的开幕庆典，会迅速提高组织知名度，为组织自身塑造良好的形象，给社会公众留下深刻而美好的记忆，因为这是第一次向社会公众展现组织以及组织的活动，体现出组织领导人的管理能力、组织公共关系人员的策划能力和组织能力、组织的社交水平以及企业的文化素质，这也往往会成为社会公众对组织取舍和亲疏的重要标准。

开幕庆典的中心内容通常是组织成立的挂牌、大型工程落成后第一次同公众见面的揭幕、大型运动会的升旗和一般开幕庆典的剪彩等仪式。许多组织在剪彩的人选上进行创意，以增加新鲜感和独特性。这些仪式可以利用专题演唱会或组织联谊活动等形式来进行，也可以结合赞助等内容进行，以增加活动的隆重和新意。如长沙友谊华侨公司为了招引顾客，以“友华”名义，在报刊电视上发出通知，邀请长沙市区内在元旦出生的同志在元旦“友华”重新开张之际来店同庆节日之喜，虽生日礼品发出千余份，但商店客流量却超过25 000人次，销售额达100万元，相当于过去平均数的18倍，创该店历史上的最新纪录，并为以后销售奠定了良好的基础。

2. 闭幕庆典

闭幕庆典，即闭幕式，是组织重要活动的闭幕式或者活动结束时的庆祝仪式，包括各种博览会、运动会和文化节日的闭幕典礼，重要工程的竣工或落成典礼，学校学生的毕业典礼，组织重要活动或系列活动的总结表彰或者为圆满结束举行的各种庆祝活动等。

策划和组织闭幕庆典活动时，组织公共关系人员应注意的是：

（1）闭幕庆典是重要活动的尾声，重视的程度和隆重的程度较开幕庆典弱，多强调活动的有始有终、圆满结束，它重在体现系统性特点，蕴涵着塑造组织形象、欢迎再次相聚等象征意义。

（2）有的活动从不同的角度来看，既可以作为闭幕式处理，也可以看做是开幕式。如何开展活动，要根据其内涵和意义来选择。如公路的修成也就预示着开始通车，多举行通车典礼。

（3）不是所有的活动结束或者开始都要举行庆典，这需要根据组织的公共关系目标和财务条件来决定。

3. 周年庆典

周年庆典是指组织在发展过程中的各种内容的周年纪念活动，包括组织“生日”纪念，如工厂的厂庆、商店的店庆、宾馆的馆庆、学校的校庆以及大众媒介机构的刊庆或台庆等，也包括组织或企业之间友好关系周年纪念，还包括某项技术发明或某种产品问世的周年纪念和其他内容的周年纪念活动。

组织利用周年庆典举办庆祝活动，可以借机振奋员工精神、扩大宣传效应，对协调公众关系、塑造组织形象也很有意义。组织公共关系人员在策划和组织周年庆典活动时，应注意以下问题：

（1）作为组织发展过程中的里程碑，周年庆典需体现总结过去、继往开来的内涵。组织周年纪念日是组织发展的里程碑，需要借庆典活动之机对组织的过去进行回顾和总结，对组织未来进行展望。如许多组织在周年纪念日时编写或修订厂史或校史等组织的历史记录，举办组织历史展览和未来规划展览。

（2）作为组织自己的节日，周年庆典应强化对内部员工进行热爱组织教育，热爱本职工作教育的主题。组织周年庆典应该要求全体员工统一着装，如工厂厂服或店服；佩戴厂徽或店徽；庆典仪式上升厂旗，奏厂歌或店歌；为配合周年庆典纪念活动，可组织类似学校的校园文化节或者其他的系列主题活动，起到欢庆和教育的双重作用。

（3）作为庆典活动，周年庆典应突出节日的喜庆气氛。组织周年是组织自己的纪念日和节日，庆典仪式或者纪念活动应采取各种方式来渲染节日喜庆的气氛，并为来宾提供良好的礼宾服务。

（4）周年庆典应围绕组织周年纪念中心内容进行创意，以增强活动的独特性和对公众的吸引力。组织周年庆典活动不能总是相同的模式，组织公共关系人员应发挥其创造性，努力引起新闻界和公众的好奇心，同时调动公司员工的积极性。

4. 特别庆典

特别庆典是组织为了提高其知名度和声誉，利用某些具有特殊纪念意义的事件或者为了某种特定目的，策划并组织的庆典活动。

一般来说，根据不同的目的，组织的特别庆典可采取以下不同的方式：

（1）以制造新闻，吸引外界为主要目的。如酒店宾馆可策划组织迎来第10万名宾客的庆典活动；大型展览会上企业可策划组织本展台迎来第1万名参加者的庆典活动等。

（2）以强化观念，引起注意为主要目的。如邮政部门策划组织“300日无错邮”纪念活动；交通部门策划组织“安全行车100日”纪念活动；采矿企业举办“安全采煤800天”纪念活动等。

（3）以关心组织员工，增进内部团结为主要目的。如学校为年满18周岁的青年举行成人仪式；企业为婚龄男女员工举办集体婚礼，为退休老职工举办银婚纪念活动等。

（4）以关心社会，宣传自己为主要目的。如组织根据其特点策划“世界环境日”纪念活动；“消费者权益法颁布10周年”庆祝活动等。

组织公共关系人员应注意辨别选择时机，策划并组织具有独特创意的特别庆典活动，为实现组织的公共关系目标服务。

5. 节庆活动

节庆活动是指组织在社会公众重要节日时举行或参与的共庆活动。这里的重要节日可以是传统的节日，如春节，也可以是国庆节，还可以是随着改革开放引进借鉴的西方文化节日，如圣诞节等。

节庆活动一般可分为两种，一种是组织利用节日为社会公众举办的各种娱乐和联谊活动、免费或优惠提供的服务，目的在于联络感情，协调关系；另一种是组织积极参与当地社区组办的集体庆祝或联欢活动，如准备锣鼓队、花灯、彩车、高跷、龙灯、舞狮等节目，目的在于为组织塑造一个积极参与社会活动的形象，保持沟通，宣传自己。

策划和组织节庆活动是组织公共关系人员的责任，公共关系人员应精心创意，周密准备，策划出一些独具特色、富有成效的节庆活动来。

三、赞助活动

赞助活动是指组织无偿地提供资金或物资支持某一项社会事业或社会活动，以获得一定形象传播效益的公共关系专题活动。赞助活动是一种对社会的贡献行为，是一种信誉投资和感情投资，是组织改善社会环境和社会关系最有效的方式之一。

组织开展赞助活动的目的一般有：配合广告宣传，增强广告的说服力和影响力，提高经济效益；承担必要的社会责任，树立良好的组织形象，提高社会效益；联络公众感情，改善社会关系，扩大影响。

（一）赞助活动的类型

不同的赞助对象，有不同的赞助效果，组织要依据自身的发展战略和公共关系目标来选择适合自己的赞助对象，从而确定赞助的类型。

1. 赞助体育运动

由于体育竞赛活动拥有众多的观众，而且往往是新闻媒介热衷报道的对象，对公众的吸引力大，因此，组织应经常赞助体育运动，以增强对公众施加影响的广度和深度。赞助体育运动常见的形式有：赞助体育训练经费或物品、赞助体育竞赛活动、设立体育竞赛奖励项目等。

2. 赞助文化生活

文化生活是公众社会生活的主要内容之一。组织积极赞助文化生活，丰富公众的生活内容，不仅可以增进组织与公众的深厚感情，而且可以提高组织的文化品位和知名度。赞助文化生活的方式主要有：赞助拍摄与组织有关的影视片、资助文艺演出队伍、赞助文化演出活动等。

3. 赞助教育事业

教育是立国之本，发展文化教育事业是一个国家的基本战略方针。组织自觉地赞助文化教育事业，如捐资建立图书馆与实验室、设立某项奖学金制度、资助贫困学生、捐资希望工程等，既可以促进学校教育事业的发展，又可以为组织树立一种关心社会教育事业的良好形象。

4. 赞助社会福利事业

为各种需要社会照料与温暖的人如孤寡老人、残疾病人、福利院儿童等提供物质、经济帮助，开展服务活动，既是组织向社会表明履行社会义务的重要手段，也是组织改善社区公众关系、政府公众关系的重要途径。

5. 赞助社会公益事业

组织出资参加市政公共建设，如修建马路、天桥、公园、候车棚、路标等，一方面可以为政府减轻建设压力，赢得政府公众的信赖；另一方面又能为广大市民公众带来方便，赢得市民公众的称赞。

6. 赞助学术理论活动

组织赞助学术理论活动，如提供开会地点、资助会议经费、设立学术研究基金等，既可以利用学术理论活动在公众中的影响提高组织的知名度，又能直接得到理论工作者的科学诊断和积极建议，从而改进组织的生产与管理工作。

7. 赞助公共节日庆典活动

组织利用自己的产品或服务项目赞助公共节日庆典活动，增加节日气氛，让公众在心情舒畅的气氛中享受组织的祝贺与便利，也能收到良好的公共关系效果。

8. 赞助建立职业性奖励基金

有经济实力的组织，可资助或者组办某种职业奖励基金，通过冠名或者参与能获得很好的社会效益。如国内一些地区有一些名目不同的奖励基金，如某某教育基金等，用于奖励在相应领域中取得优异成绩者。

此外，还有公共宣传用品的制作、社会竞赛活动的开展等，公共关系人员都应认真研究，不断开发，以增强赞助活动的效果。

（二）组织赞助活动的步骤和管理

1. 调查研究

首先在明确和牢记赞助目的的情况下，从本组织的经营管理目标、公共关系政策入手，调查外部需要赞助的公益事业的情况，考察活动本身是否对公众有益，是否能对组织本身产生有利影响，从而制定本组织的赞助方向和政策，以指导赞助活动。

2. 制订计划

在做好调查研究的基础上，根据组织的赞助方向和政策制订赞助计划，具体包括：赞助的目标、对象、形式；赞助的财政预算；为达到最佳效果而选择的赞助主题和传播方式；赞助活动的具体方案等。

3. 审核评定

实施赞助计划前，应对每一个具体赞助项目进行详细的分析研究，结合年度赞助计划逐项审核评定，确定赞助项目的可行性和赞助的具体方式、款项、时机等，从而最终确定赞助活动的具体实施方案。

4. 具体实施

组织应派出专人负责各项具体赞助实施方案的具体落实。在实施过程中，充分运用各种公共关系手段、技巧，尽量扩大该项活动和组织的社会影响力，同时建立经常性的检查制度。

5. 测定效果

赞助活动结束后，组织应对赞助效果进行及时的调查和检测。对照计划检测指标完成情况，收集社会公众、新闻媒介和受赞助者的看法，找出差距，评定效果，写出报告，存档备查。

【案例 6—4】

我国企业近几年成功的赞助案例

在我国，随着公共关系事业的蓬勃发展，赞助活动已经引起社会各界的极大重视，不同组织向社会的赞助也越来越多。前些年，比较著名的赞助活动有健力宝饮料、李宁牌运动服赞助中国奥委会的成功案例；还有并购了 IBM 个人计算机部门后的联想国际成功赞助了 2008 年夏季的北京奥运会，使得联想计算机在接下来的几年里成为国际奥委会的顶级赞助商；以及“蒙牛”牌牛奶赞助湖南电视台的 2005 年超级女声总决赛，据统计，在总决赛期间，由于“超级女声总决赛”对全国观众的广泛影响，“蒙牛”牌各类产品的销售全面飘红，销量比平时提高了近一倍。

四、联谊活动

联谊活动是指组织为了达到内部管理人员与员工之间，组织与公众之间，或者组织与组织之间增进了解、加深感情、促进信息沟通、经济联系与合作而举行的公共关系专题活动。

联谊活动的形式很多，主要有联欢会、联谊会、文艺演出、交际舞会、电影招待会等。各种形式的联谊活动，既能给人以美的享受，又能加深组织与各类公众之间的感情。所以，联谊活动是组织重要的公共关系活动，是创造组织内外“人和”的好方法。

（一）联谊活动的基本要求

1. 遵循联谊活动的原则

首先，要遵循真诚的原则，即要求联谊活动的组织方应持真诚的态度，同公众建立或发展友谊，而不能以损人利己、坑害别人为出发点；其次，要遵循互利的原则，在符合社会道德和规范的基础上，使联谊双方共同受益；最后，要遵循效益的原则，争取在有限的时间空间范围内追求最大的效益。

2. 选择联谊活动的对象

在明确联谊活动原则的基础上，正确选择联谊对象的过程，是一个奠定联谊活动基础的过程。由于不同的组织需求，不同的公共关系目标，选择的联谊对象也就不同，但应遵循互助互利的原则，联谊的双方或多方都要有联谊的要求、内容和能力，这三者是缺一不可的。

3. 确定联谊活动的层次

一般说来，组织实施的联谊活动由低到高有以下三个层次：

（1）感情型。感情型联谊活动就是以联络相互之间情感为主要内容的联谊活动，如利用节假日、周年庆等机会，互致信函，出席对方庆祝活动，互赠纪念品，使双方相互建立对对方的良好印象，为今后进一步联系或合作奠定基础。

（2）信息型。信息型联谊活动就是以互通信息为主要内容的联谊活动，具体说就是利用各自所掌握的与双方有关的市场信息和其他信息进行沟通交流，努力使双方在市场变动中能够保持联系，共同获利。如许多同行业组织成俱乐部或联谊组织，定期聚会，互传信息。

（3）合作型。合作型联谊活动是高层次的联谊，是联谊活动成果的最终体现。它以经济合作为主要内容，通过一些生产项目或经营项目的合作，促进双方经济效益和社会效益的共同提高。

任何一次联谊活动的作用都是综合的，表现在加深情感、沟通信息、促进合作等方面，一旦决定要搞联谊活动，公共关系人员要精心策划，周密组织，追求以上三种层次内容的综合体现，提高联谊活动的有效性。

（二）联谊活动的策划和组织

1. 基本的组织工作

无论是哪一种形式的联谊活动，都需要做好以下基本的组织工作：

（1）明确联谊目的，围绕目的去策划活动；

（2）提出活动预算，筹措必需的经费；

（3）根据场地、交通、气象、设备等条件，确定活动的时间、地点和场所；

（4）确定应邀对象，发出请柬；

（5）安排活动程序，并印刷成节目单；

（6）布置活动场地，并安排专人负责接待。

2. 策划和组织联谊活动时的注意事项

策划和组织联谊活动时，应注意下列事项：

（1）选择合适的联谊形式。组织联谊活动可以采用一种形式，如组织一次座谈会，或举行文艺招待会等；也可以综合几种形式，如座谈会后参加舞会或者宴请后观看电影或文艺演出，还可以在进行其他专题活动时组织联谊，如新闻发布会后举行宴请，展览会期间组织舞会或观看电影等。

（2）进行独特的联谊创意。策划联谊活动也要注意按照参加联谊的公众的心理特点，经常出新，并应具有人情味、情感化，突出公众的参与性。如为小朋友举办的联谊活动，可以采用小朋友喜爱的各种卡通人物造型或动物造型；文艺演出时，可增加针对联谊公众的节目；设计制作独特、新颖而又经济的纪念品等。

（3）充分应用联谊技巧。在进行联谊活动的组织工作时，需要掌握一定的礼仪和组织技巧。如正式场合配以正式的服饰；及早发送请柬和通知；选择合适的时间，精心布置联谊场所；安排好接待和保安工作等。对于为外宾举行的联谊活动，特别要注意符合联谊对象的国家或民族的文化背景、民俗风情等。

公共关系活动，是公共关系传播活动的实务操作内容，是组织为了实现公共关系目标，围绕一定的主题，有计划、有步骤地组织目标公众参与的各种特殊的专门活动，它具有专业性强及操作方法具体、细致、实用等特点。本章着重展示了新闻传播、公共关系广告、展览活动、庆典活动、赞助活动、联谊活动等公共关系活动的实务操作方法和技巧。

新闻发布会又称记者招待会，是组织为发布重大新闻或解释重要方针政策而邀请新闻记者参加的一种公共关系专题活动。它是组织传播各类信息，吸引新闻界客观报道，搞好媒介关系的重要手段。公共关系广告是指以广告的形式开展公共关系活动。它具有广告的特征，但并不限于商业活动，不以推销产品或者盈利为目的，而是推销组织自身形象的一种特殊手段。展览活动是一种综合运用各种媒介、手段，通过实物、文字、图表或图像的展示和示范表演来传递组织信息，展示组织成果，推销组织形象的公共关系专题活动。庆典活动是组织围绕自身重大事件、活动或者重要节日所开展的典礼、庆祝和仪式等专题活动的总称。赞助活动是指组织无偿地提供资金或物资支持某一项社会事业或社会活动，以获得一定形象传播效益的公共关系专题活动。联谊活动是指组织为了达到内部管理人员与员工之间，组织与公众之间，或者组织与组织之间增进了解、加深感情、促进信息沟通、经济联系与合作而举行的公共关系专题活动。

模拟训练

1. 请以班级人物或班级事件为材料，撰写新闻稿件。

2. 以组为单位召开班级新闻发布会，向学生通报班级重大事件、发展进步情况、学生关心的热点问题等。

3. 策划对某项活动的赞助计划书。

复习题

1. 新闻策划和策划新闻的含义是否一样？如果不是，它们的区别是什么？

2. 召开新闻发布会应注意哪些事项？

3. 什么是公共关系广告？它与商业广告有什么区别？

4. 举办好展览活动必须做好哪几方面的工作?

5. 组织好赞助活动必须做好哪几方面的工作?

经典案例

香港——强力胶水销售

香港一家经营强力胶水的商店，坐落在一条鲜为人知的街道上，生意很不景气。一天，这家商店的店主在门口贴了一张布告:“明天上午九点，在此将用本店出售的强力胶水把一枚价值4 500美元的金币贴在墙上，若有哪位先生、小姐用手把它揭下来，这枚金币就奉送给他(她)，本店绝不食言!”这个消息不胫而走。第二天，人们将这家店铺围得水泄不通，电视台的录像车也开来了。店主拿出一瓶强力胶水，高声重复广告中的承诺，接着便在那块从金饰店定做的金币背面涂上一层薄薄的胶水，将它贴到墙上。人们一个接着一个上来试运气，结果金币纹丝不动，这一切都被摄入录像机。这家商店的强力胶水从此销量大增。

通过阅读分析下列问题:

1. 为什么说“制造新闻”是一种最有效、最主动、最经济的传播信息的方式?

2. 公共关系人员应注意哪些方面才能成功地“制造”出“新闻”?

趣味阅读

别开生面的庆典活动

一天，美国某连锁店的公司总部办公楼前，鲜艳的彩旗在微风中轻柔地飘拂，争奇斗艳的鲜花传递着温馨的情意。络绎不绝的人们纷纷涌向这里，里里外外挤得水泄不通，记者的镁光灯不停地闪烁，一场别开生面的庆典活动在一种情趣盎然的氛围中拉开了序幕。

那一天，是该公司开业三十周年的纪念日。为了使这次纪念日的庆典活动在公众心目中产生轰动效应，培养员工对本公司的认同感、归属感，进一步增强凝聚力和向心力，公司总裁和有关人员经过精心谋划，确定这次庆典活动以“内求团结、外求发展、提高知名度、管理上台阶”为基本宗旨。

这场庆典活动奇就奇在亮相的第一个节目：公司总裁将为一位在公司连锁店门口擦了二十五年皮鞋的老黑人举办了一项活动。在有色人种仍然比较遭歧视、受凌辱的美国，这无疑是一个颇具影响的事件，引起了新闻界和广大公众的好奇心，尤其是黑人们更普遍予以关注。

当时，华丽的大厅响起了一阵阵美妙的鼓乐声，总裁恭恭敬敬地端起酒杯说:“女士们、先生们，承蒙诸位莅临本公司开业三十周年庆典活动，敝公司不胜荣幸。请允许我代表本公司的全体员工及我们的‘上帝’，向这位在商店门口擦了二十五年皮鞋的老人表达我们最诚挚的敬意和衷心的感谢，愿老人家健康长寿。然而，今天仅仅为老人举杯祝福仍难以表达我们的心愿……”说着，总裁在众目睽睽之下蹲下身子，请老人坐下，亲自为他擦亮脚下的皮鞋。这突如其来的举动顿时令这位含辛茹苦、饱经风霜的老人老泪纵横，来宾们群情沸腾，掌声四起。

翌日，美国的各种大众传播媒介多角度、多层次地将这一庆典活动辐射到全国各地，轰动了整个国家。

这家公司颇具特色的开业三十周年庆典活动，不仅进一步提高了该公司的知名度，树立起良好的社会形象，还极大地调动了公司员工们的积极性，增强了凝聚力、向心力。此后，该公司的营业额扶摇直上，利润成倍增加。

第七章　组织形象

学习目的

1. 了解组织形象的含义、特征、类型和功能
2. 掌握组织形象定位的三要素
3. 掌握 CI 的含义、内容和结构
4. 了解 CI 设计途径以及导入过程

引例

滞销的牙膏

《美国周刊》的一篇文章这样写道："在一个富足的社会里，人们都不太斤斤计较价格，产品的相似之处又多于不同之处。因此，商标和公司的形象变得比产品和价格更为重要。"这段话，可以说是市场经济社会中的真实描绘。

企业塑造形象的重要性只有在市场经济中才能被人们认识。美国科尔盖特公司生产的牙膏是深受美国消费者喜爱的畅销商品，然而打入日本市场时，却出人意料地惨遭滞销的厄运，其市场占有率仅为1%，这是什么原因呢？美国科尔盖特牙膏的包装是以红色为主，红底白字。众所周知，美国是一个热情、充满活力的民族，红色在美国象征着活力、生命力。因而，在美国，无论男女老少都偏爱红色，对科尔盖特牙膏包装的红色设计也就热衷购买。而日本人认为红色是带有婴儿和女人气息的色彩，大块使用红色对于日本来说是忌讳的，所以导致科尔盖特牙膏在日本市场上败北。

无独有偶，我国也有类似的例子。若干年前，北京日化一厂研制出一种洗必太药物牙膏，质量不错，价格合理，在当年全国牙膏评比中，获得满分。然而，当时洗必太牙膏的名声和销量，却远远不如两面针和洁银牙膏，为什么呢？厂总工程师毫不隐讳地说，原因之一就是名字没起好。洗必太是一种高效无毒杀菌剂，可用于人体多方面，其中就有用于妇科病的栓剂——妇科良药洗必太栓剂。而在洗必太牙膏上市之前，洗必太栓剂已经通过广告为广大消费者所熟悉，现在消费者突然发现洗必太还可以用来刷牙，很显然，就产生一种抵触情绪。最后，这种药物牙膏不得不退出市场。

阅读本引例，回答下列问题：

以上一中一外两个实例说明了什么问题？试分析组织形象与市场经济的关系。

第一节 组织形象策划

一、组织形象概述

(一) 组织形象的定义

组织形象特指社会公众或消费者按照一定的标准和要求，在心目中对一个组织综合认识后形成的全部认识、看法和综合评价。组织形象一般可用知名度和美誉度两项指标来反映。对组织形象的定义可以从以下几个方面来认识：(1) 组织形象是社会公众对组织的一种总体评价。(2) 社会公众是组织形象的确定者。(3) 塑造组织形象是组织公共关系的核心内容和主要功能。

(二) 组织形象的特征

1. 主观性与客观性

组织形象具有客观性。组织形象的优劣源于组织的外在表现和内在素质，是组织的表现和特征在社会公众心目中形成的印象和评价，它不是凭空产生的，也不是社会公众强加给组织的。但从另一方面看，组织形象是公众对组织认识和评价的结果，因而又具有主观性。组织形象的两重性要求组织既要做得好，又要说得好。

2. 整体性与多维性

组织的总体形象的建立是受众多具体要素影响的，以企业为例，其构成组织总体形象的要素有实力形象、产品形象、服务形象、外观形象、人才形象、营销形象、社会形象、文化形象、品牌形象等。组织形象是一个有机体，它的每一个要素都会对组织形象产生效应。因此，要树立一个良好的组织形象，必须使这个形象系统中的每一个要素都发挥作用。如果忽视了其中一个或几个要素，则有可能使整个组织形象毁于一旦。

3. 稳定性与可变性

组织形象一旦形成，就不会轻易地改变或消失，具有相对稳定性。由于公众心理定势的作用，公众对组织的认识不会因为组织现状和行为的某些变化而马上发生变化，因此，组织形象在塑造过程中要重视公众心理上的首因效应。但从长期看，组织形象具有可变性。例如，当较大的失误发生而组织又不能很好地处理时，公众就会改变对组织的评价。

(三) 组织形象的种类

组织形象的分类按不同的角度有不同的划分。

1. 按组织形象的内容不同，可以分为组织的单项形象和整体形象

单项形象是针对组织形象的某一个方面所留给公众的印象。如某组织高质量的产品、良好的服务态度等。整体形象是组织总体呈现在公众面前的全面的形象。组织的单项形象是组织改善自我形象的突破口，可为构建组织整体形象打下基础。组织整体形象是由各个单项形象构成的。

2. 从组织形象确定者的角度，可以分为组织的实际形象和期望形象

实际形象是组织真实展现出来的为社会大众普遍认同的组织形象，一般可以通过调查的方法得到。期望形象是组织期望在公众心目中树立的形象，即组织的目标形象。了解组织的实际形象有利于组织有的放矢地开展形象策划工作，并以此为起点，塑造理想中的期望形象。期望形象是组织的奋斗目标，但必须符合组织的实际情况。

3. 按组织形象传播的结果不同，可以分为组织的真实形象和失真形象

真实形象是组织留给公众的符合组织实态的形象。失真形象是公众心目中的印象与组织真实形象产生误差甚至歪曲的形象。造成组织形象失真的因素很多，有传播中的操作因素，有组织本身性质的因素，也有公众认知水平的因素等。组织形象的真实性非常重要，因为它有助于组织赢得公众的理解和信任，有助于增强组织塑造良好形象的内聚力。不真实的组织形象则不利于组织良好形象的塑造。因此，努力使组织形象的失真程度降到最低是组织形象传播的重要任务，组织要重视公众对组织评价的反馈意见，防止失真形象的产生。

4. 按组织形象可感知的物质性，可以分为组织的有形形象和无形形象

通过人们的感觉器官直接能够感受到的组织实体的形象就是有形形象，它一般由品牌形象、人物形象和环境形象构成。组织的无形形象是通过人们的记忆、思维而抽象升华成的组织深层的形象，一般包括组织的信誉和风貌等。无形形象以有形形象为基础，一个完整的组织形象是有形形象和无形形象的综合，因此，组织要从这两方面塑造自己的形象。

二、组织形象功能

（一）良好的组织形象有助于组织的资产增值

组织形象是组织的无形资产，这是组织资产的重要经济资源。无形资产代表组织在公众心目中的良好形象，组织形象的好坏决定了无形资产价值的高低。组织形象的认知度越高，美誉度越好，和谐度越佳，定位越准确，无形资产的价值就越大，增值率就越高。

（二）良好的组织形象有助于增强组织的凝聚力和吸引力

组织的竞争归根结底是人才的竞争，因此，组织竞争力的根本源泉在于组织有高素质的员工。在现代社会，吸引人才、留住人才不仅仅靠丰富的物质报酬，更多的是靠组织的精神报酬。一方面，良好的组织形象能在组织内部形成尊重知识、尊重人才的氛围，有利于组织成员积极性和创造性的发挥；另一方面，良好的组织形象可满足成员的成就感，形成“荣辱与共”的归属感，从而使组织形成强大的向心力，同时也为吸引组织外部各类人才创造了条件。

（三）良好的组织形象有助于组织在竞争中赢得优势

公众对产品和服务的选择，不仅是对产品性能和价格的选择，同时也是对组织品牌、服务水准等的全面选择。良好的组织形象，可以引导公众在纷乱繁杂、眼花缭乱的商品世界中选择组织的产品和服务，使公众对组织的产品和服务产生“信得过”的购买心理，培养公众对组织、对产品的忠诚度，从而达到组织争夺更大的市场份额、获得较高的经济效益的目的。

（四）良好的组织形象有助于组织获得社会各界公众的支持

组织作为社会系统的一部分，不可避免要与环境进行密切的接触，与其他人、其他组织发生多方面的联系。例如，组织要从资金市场和金融机构筹集资金，要从上游组织采购原材料等。形象良好的组织，容易获得社会各界的好感、喜爱和谅解，因而能够优先获得社会各界的支持和帮助。一个值得信赖的企业，由于其信誉好，银行愿意提供优惠的贷款，公众愿意购买其股票和债券，企业就能获得充裕的资金，同样也能获得可靠的原材料、能源及零部件的供应。

【案例 7—1】

IBM意味着最佳服务

IBM公司有三大基本信念：尊重每一位顾客；提供最佳服务；追求卓越之作。这三大信念贯穿于IBM公司的一切工作规范和经营活动之中。靠最佳服务赢得顾客和占领市场，是IBM公司成功的秘诀。

IBM公司前总裁小托马斯·沃森曾对"服务"做了这样的说明：多年以前，我们登了一则广告，用一目了然的粗笔字体写着："IBM就是最佳服务的象征。"我始终认为，这是我们有史以来最好的广告。因为它清楚地表达出了IBM公司真正的经营理念——我们要提供世界上最好的服务。

一次，亚特兰大拉尼尔公司资料处理中心的计算出了故障，IBM公司请的8位专家几小时内就从各地赶到了，其中4位来自欧洲、1位来自加拿大、还有1位从拉丁美洲赶来。1位在菲尼斯工作的服务小姐，驾车前往某地为顾客送一个小零件。然而，通常应是短暂而愉快的驱车旅行，此次却因瓢泼大雨、交通堵塞，使25分钟的奔驰变成4个小时的路程。这位小姐决心不能这样失去整整一个下午的时间，她想到车里有一双旱冰鞋，于是抛下汽车，穿上旱冰鞋，一路滑行，为顾客雪中送炭。

迎接顾客各种具有挑战性的服务难题已经成了IBM公司活动的重要部分。视顾客为上帝，奠定了IBM公司繁荣兴旺的基础，从而塑造了IBM公司守信誉、重服务的组织形象，使其在2008年全球最具价值品牌排行榜中跃居第二位。

三、组织形象的定位三要素

【案例 7—2】

李宁公司的重新定位

在遭遇成长的上限之后，李宁公司开始激活业已老化的品牌，使自己的品牌成为一种被高度认知的价值承诺：它提供的不仅仅是体育用品，而是一种生活品质和生活境界。李宁公司的新广告在世界杯期间播放，画面中一个个普普通通的男孩女孩，出现在很平常的马路、天桥、空地、天台、胡同，没有专业的运动场地，没有观众，没有喝彩，他们正在跑步、踢足球、打篮球、打羽毛球……一切看似平常，但他们都身着李宁服装，眼神里流露出对运动无尽的专注与陶醉——他们好像已经忘记了周围的一切。小院里晾着衣服，他们站在两边打网球；胡同中的铁门上划上一个白圈，就成了投篮板；屋子里，一个孩子以一个标准的投篮动作干脆利索地按下了灯的开关……最后，画外音响起："只要你想，一切皆有可能"。与李宁公司以前推出的广告主题（"我运动我存在"，"出色源自本色"）相比，"一切皆有可能"给李宁品牌的定位精准得多。在年轻、充满活力的人面前，外界的限制都形同虚设，一切都刚刚开始，一切都可以从无到有，"一切皆有可能"。通过对品牌的重新定位，使得李宁公司踏上了一个新的台阶。

由案例7—2可见，在当今产品、宣传都很先进的时代，组织形象要得到公众的认可，必须进行准确的定位。组织形象本身是个复杂的多面体，塑造组织形象比较明智的办法是挑选最具生气的局部形象进行强化和放大，突出个性，以争取公众的指定选择，这就是组织形象定位。认识到这一点，我们就有必要系统研究一下哪些因素会影响组织形象的定位。

（一）组织个性

不同的组织都有些共性，如都要有良好的质量，都需要售前、售中、售后服务优良，都要生产适销对路的产品等。但更值得思考的是个性特点，像企业目标定位、企业精神定位、企业风格定位等。组织个性的确定是组织形象定位中最根本的环节。组织个性是考虑自身行业与企业特色、竞争对手、目标公众的综合平衡。

1. 自身行业与企业特色

组织确定自己的特色，首先要与行业特点基本吻合，例如，根据日本经济新闻社对各个行业的理想形象的调查，食品行业的理想形象包括安定性、依赖感、规模、技术；电气机器行业的理想形象包括安定性、可信度、技术等。其次才是突出自身的特点，这主要是以组织的实态为依据，即考虑"是什么"、"想做什么"和"能做什么"。具体有挖掘型策略、素描型策略和发展型策略等多种策略。

（1）挖掘型策略。挖掘型策略是指在企业的表面基本实态和现有形象缺乏优势和特色的情况下，通过挖掘企业的潜在优势和特色来塑造企业形象的策略。这一策略的难点就是要对企业进行深入细致的调查并具备高度的观察力和敏感性，公共关系人员要善于提炼与升华。

（2）素描型策略。素描型策略是指当企业现有表现较好，公众对其有较好评价但形象仍不太清晰时，通过对企业表现与公众评价的重新认识来勾勒更明确的企业形象的策略。企业形象不错但又难以言传，说明企业形象并不清晰，若再勾描一下，画龙点睛一下，一个栩栩如生的良好形象就会展现在众人面前。素描型策略适用于有大量良好表现的社会企业。

（3）发展型策略。发展型策略是指企业在缺乏优势、实际表现一般或不满足于现状时，通过对企业实力与发展轨迹的认真评估重新确立一个需要经过艰苦努力才能最终实现形象目标的定位策略。大部分企业在进行形象设计时总会发现现有形象与理想形象存在差距，很少能采用素描型策略。企业在要求不断发展的内在动力下，应该采取源于现实又高于现实的发展型策略。

2. 竞争对手

突出特色是通过比较竞争对手来确定的。相对于竞争对手的不可替代性，突出特色的企业就占据了强有力的竞争位置，对手不容易将其排挤出竞技场。相反，如果一个企业的形象定位与主要竞争者一样，该企业就没有鲜明独特性，也容易引起激烈的正面竞争。这时，如果组织的形象定位没有特色且比众多竞争者差，那么在形象竞争中就容易被对方击败。例如，美国汽车不断从事车型的改变，而德国汽车定位则为"不作外形的改变而注重内部的改良"，因为汽车与生命安全息息相关，德国汽车的这种定位使得消费者更放心。

竞争状态作为组织形象定位的一种依据，就是要求形象设计者充分了解主要竞争对手的形象特征和在公众心目中所处的位置，然后采取某种适当的定位策略。组织可以从多方面寻找与竞争者的差别，包括前述的利益差别（如原材料、工艺等）。例如，太阳神口服液针对其竞争对手产品含有性激素，对孩子不利，家长恐惧，强调自己的产品是天然保健品，不含激素。再比如后起的七喜饮料，突出自己的“非可乐”。但在竞争导向下，企业一般会更多地塑造出某种品牌地位形象，或在某些方面寻找企业或品牌的位次，主要是为了塑造出行业领导者地位形象、挑战者地位形象、新兴组织形象、利基地位形象等。

3. 目标公众

组织特色要与目标公众的需求相符，否则，不会引起公众的兴趣。例如，日本松下公司的目标就是在为生产像自来水一样廉价的家电用品而努力。由于企业面对包括顾客在内的多种公众，不同公众对企业有不同的利益要求和关注点，因此，他们都要求企业有某种特殊形象。具体的定位策略有：

（1）利益定位策略。根据目标顾客追求利益的侧重点不同，大致可把利益分为理性利益、感性利益以及由此派生出的平衡利益。如果目标顾客在购买某种品牌产品时更多的是追求理性利益，如功效、质量、价格、服务等，那么企业可着重塑造有某种理性利益的品牌形象。奔驰、丰田和沃尔沃轿车分别以高质量、经济可靠和耐用著称于世。当众多品牌之间在理性利益较为同质、难以进一步别具一格时，或当目标顾客在购买特定产品时对心理、精神需要有更高要求时，企业就要着重塑造品牌感性形象。例如，到麦当劳、肯德基快餐店就餐的中国青少年能感受到轻快感、现代感和文明感；马爹利酒则强调体现一种优雅的生活方式等。

（2）用途/场合定位策略。如果某种品牌强调它主要用于某一方面且比较独特，也能据此塑造出相应独特的形象，而且能启发和引导消费，那么可以采用用途/场合定位策略。就像脑白金、海狗油在广告宣传中一开始就强调它们是送礼佳品，产品功能反而不多宣传；宴会酱油的品名，就是在提示这种产品主要用于宴席场合。

（3）使用者定位策略。使用者定位策略的目的是让目标顾客产生一种归属感、协调感、信任感和尊重感。在房地产界，为“成功人士”、为“高级专家”、为“白领、金领阶层”、为“搜狐一族”专门设计开发的楼盘品牌塑造方式比比皆是，有的也的确取得了成功。在某城市有一家“司机餐馆”，因其明确的使用者定位策略，使餐馆拥有一大批稳定的司机顾客。其实，“司机餐馆”未必能为司机们提供什么独特的菜肴或服务，但却能让司机们获得一种归属感。

组织形象定位的依据必须是企业所具有的个性，不宜夸张，也不宜捏造，否则一定会被公众遗弃。像劳斯莱斯是以“不求廉价便利，只求高档豪华”作为形象定位，但这种定位必须以过硬的产品及服务作为基础。如果一家品质、服务平平的企业，也提出高档豪华的形象定位，其结果只能事与愿违。因此，组织形象定位不是空泛的，也不是随心所欲的，而是实实在在需要以自身品质、价值方式作为其保障和基础的。

（二）传达方式

传达方式指的是把主体个性信息有效准确地传递到公众方面的渠道和措施。因为信息时代，“酒香最怕巷子深”。信息传达要同时起到两个作用：传递自身位置信息；唤起目标公众的反应。这就需要把复杂的信息通过简明的符号传递出去，直接诉诸公众。

组织信息如果不能有效传达，公众就根本无法去了解和把握。一般组织信息不被公众感知主要有两大原因：

一是太陌生，如同密码，公众没有相同的密码来解码，传而不通，秋波枉送。人对事物的理解，总是以自身的经验为基础。公众对组织传播的信息，如果符合公众的经验范围，公众就容易了解掌握，传播就会取得良好的效果。鲁迅曾经调侃说，倘若越难懂的东西就越高雅，那么无人能懂的东西就是最高雅的东西，成功驳斥了“难懂即高雅”的谬论。真正精彩的东西应该是公众能懂、能欣赏的。

二是太熟悉，熟视无睹，根本引不起注意。国内有许多知名的企业，像太阳神、霞飞、孔府家酒等在20世纪90年代末纷纷受到冲击，难以高速发展，其重要原因是在传达方式上没有创新。孔府家酒曾是中国白酒行业中的新贵，其广告词“孔府家酒，让人想家”随着《北京人在纽约》的走红而火暴，使企业连创佳绩，但多年不改的广告词显得毫无生气和冲击力。而可口可乐公司每年利用广告对其内涵的形象宣传就高达几十款，让人倍感新鲜和活力，为其成为一流企业做了巨大贡献。好的传达方式如熟悉的陌生者，熟悉能被人接受，陌生而引人注目。

传达方式主要包括营销方式和广告与公关等宣传方式。有的组织形象不见得在主体个性上有过多的优势，但其在传达方式上很到位。

【案例7—3】

借船出海

20世纪50年代，美国影片《后窗》曾风靡我国香港地区。该片描写了一个脑部受伤的新闻记者，在家养伤时闲极无聊，便买来一架望远镜，每日坐在屋子里从后窗窥视对面楼层住户的家庭隐私，从而卷入了一场谋杀案。影片上映后，香港人竞相观看，形成了“后窗热”。这时，香港一家生产百叶窗的企业成功地抓住这一“议题”，在报纸上连续刊登：“请留心你家的后窗”的销售广告，其生意一下子兴隆起来。这家企业借“后窗热”这个与自己产品关联度极高的“议题”，轻而易举地掀起了一个“百叶窗热”，从而获得了良好的市场效益。

（三）公众认知

组织个性确定以后，有效的传达方式使用之后，真正达到形象定位完成的标志应是公众认知。人们注意某件事物，喜欢一件事物，总是受人的兴趣、动机、需要、价值等心理因素影响。俗话说：“渴时一滴胜甘露，醉时添杯聊胜无”，所以说，当每个人因缺乏某种东西而产生需要时，该东西对于他就具有较大的价值。而只有对个人具有价值的东西，人们才会喜欢它。

以烟草公司形象定位为例，从烟草质量的角度来说，烟草质量的差距远没有目前烟草业名牌公司与非名牌公司销售距离巨大，其口味、口感的差距更小，但公众认知差距却相当大。万宝路香烟，最初是一种女士香烟，由于市场销售不畅，公司决定以新的西部牛仔的粗犷形象定位，最终成功获得公众认知。公众在吸万宝路香烟时，油然而生的是一种冒险、创造、粗犷的感受，使公众获得心理上的满足，而这种公众接受、认可的形象，也使企业大获成功。

公众对组织形象的认知是在获得组织提供的物质、服务的同时，也要获得精神上、感受上的满足，才能使组织形象更容易、更深刻地被公众认识、接受。

上述三要素，分别从主体、通道、客体三个方面构成了完整的组织形象定位，使得组织形象的功能和效应得以发挥。

【案例 7—4】

“情衣炮弹”显神威

清华清茶广告第一次在《北京广播电视报》亮相后，创造了京城报纸广告单期反馈的新高，“老公，烟戒不了，洗洗肺吧！”像一枚“情衣炮弹”迅速传诵全国。清华清茶成为2002年中国保健品营销的独特亮点。大部分丈夫不愿意听妻子整天唠叨和抱怨：“你什么时候才能把烟戒了？”其实妻子也明白，这话等于白说。明明知道丈夫戒不了烟，又不忍看着丈夫一直抽下去，所以很想为丈夫做点什么，又不知该怎么做。所以，只要拨到最令妻子心动和共鸣的那根弦，问题便迎刃而解了。“老公，烟戒不了，洗洗肺吧！”短短一句话，亲情、关爱、规劝、恳求、理解、功效、特征全都包含了，真可谓字字珠玑。

第二节　CIS——组织形象识别系统

一、CIS 的含义

CIS 的英文全称是 Corporate Identity System，即企业识别系统，也称组织形象识别系统，是一套企业在精神、行为和视觉形象上系统地塑造企业形象的方法。CIS 的定义是将企业经营观念与精神文化，运用整体传达系统（特别是视觉传达设计）传达给企业周围的关系者或者团体，反映企业的自我认识和社会公众对企业的外部认识及产生一致的认同感与价值观，也就是结合现代设计观念与企业管理理论的整体性运用，刻画企业个性，突出企业精神，使消费者产生深刻的认同感。

CIS 可以用于一切类型的组织，因为现在企业中使用较多，故在本教材中也沿用“企业识别系统”这一通用称谓。

为进一步理解 CIS，可以从下述几个角度来认识 CI。

（一）CI 是组织形象的塑造过程

有人将 CI 与组织形象混为一谈，这是一种误解。CI 是塑造组织形象的一切努力，更准确地说是采取各种措施塑造组织形象的过程，而绝不是组织形象的本身。组织形象的塑造不是一两天内就可以完成的事情，这也反映了实施 CI 不同于搞一个活动，而是一个长期的过程。

（二）CI 是组织管理的一项系统工程

有的组织负责人认为，本公司已有名称、标志图案、商标了，没必要进行 CI 策划。这只是对 CI 的片面理解，CI 还涉及组织文化和组织实践的方方面面，是一个系统性很强的组织整体行为。由于不了解这一点，有些广告公司承接的 CI 只是停留在视觉形象设计的各项美工阶段，导致一些组织花了钱却看不到实效。

（三）CI 是组织的一项投资行为

由于组织往往缺乏通晓 CI 的行家，因此，他们的 CI 策划基本上都是由专门的顾问公司、公共关系公司、广告公司来承接的。根据目前国内的情况，进行CI策划一般需要花费30万～100万元，陕西彩虹集团、河南新飞集团、广东杉杉集团的CI投资都在200万元以上。有些组织觉得花这么多钱，又不一定能马上见实效，很不值得，这种看法是缺乏战略眼光的。因为从导入CI到实施完成，往往需要一两年甚至三五年或更长时间，其效果的显现具有滞后性，如果不能认识到CI是组织的一项有价值的投资，是很难理解这一点的。

（四）CI是组织经营战略的组成部分

CI在塑造组织形象的过程中，最重要的就是把组织的理念、行为和视觉要素等信息传播出去。我们知道，面对日益激烈的市场竞争，以全局为对象、面向未来的战略管理是组织的必然选择。而组织形象的塑造正是商务组织发展战略必然涉及的问题，要对此做出正确的回答，导入和实施CI是有远见的企业家的明智选择。因此，我们强调，CI不是孤立的组织行为，而是影响组织未来发展道路的信息传播战略行为。

企业识别系统组成的企业形象，由下列三个部分组成：组织理念识别（Mind Identity，MI)、组织行为识别（Behavior Identity，BI）和组织视觉识别（Visual Identity，VI)，统称为CIS战略。MI、BI、VI三者相互作用、相互促进，共同构成完整的CIS。这个系统结构可用图7—1表示。其中，MI处于最高层次，它是组织的基本精神所在，是整个CI设计的根本依据和核心，行为识别和视觉识别的设计必须充分体现组织理念的实质和内涵，否则组织的信息传递力和形象诉求力会大为降低；BI是体现和实践MI的动态的识别形式；VI是最外在、最直接的体现MI和BI的识别可视化的传达形式。三者之间的关系可以比喻为：VI是CIS的“脸面”，MI是CIS的“心脏”，BI是CIS的“手段”。有人把VI、MI和BI分别比喻为CIS的“叶”、“根”、“枝”。不管怎样，企业识别系统的三个要素只有相互联系、互为支持，才能充分展示组织的形象和风采，这也是公共关系策划的真正魅力所在。

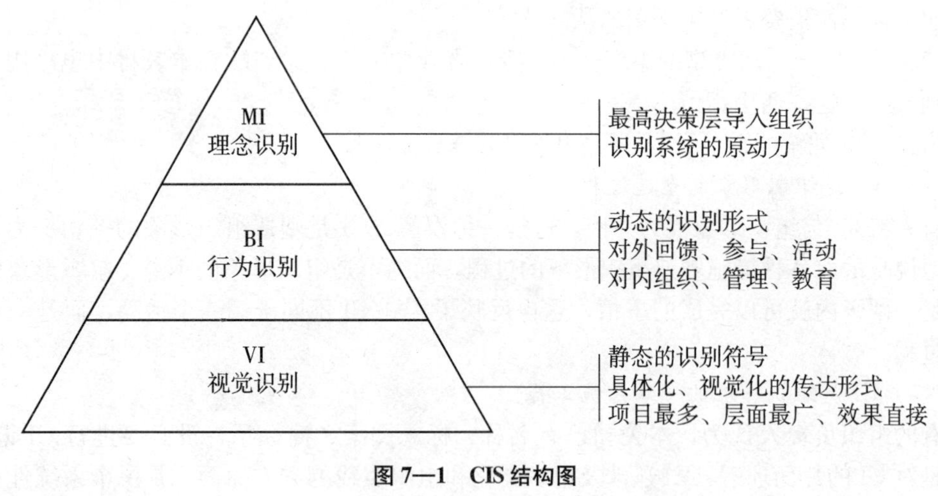

图7—1　CIS结构图

二、CIS的设计

（一）理念识别（MI）

理念识别（MI）也称企业理念，或称策略识别系统，是指经营管理的观念，是企业的精神和灵魂，也是CIS战略的核心。理念识别是一个企业在经营过程中形成的区别于其他企业的独特的经营理念、经营信条、企业使命、目标、企业精神、企业哲学、企业文化、企业性格、座右铭和经营战略的统一化，包括价值观念、企业精神、企业使命、经营宗旨、行为准则、企业风格等。如麦当劳快餐店的企业理念只有简单的四个字母：QSCV（Quality，Service，Cleanness，Value），意思是高品质的产品、快捷微笑的服务、优雅整洁的环境和物有所值。

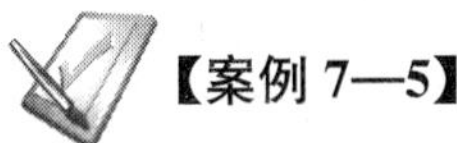
【案例7—5】

海尔是怎样创造出奇迹的

海尔集团总裁张瑞敏把海尔的成功归结为海尔人的奇迹，而集团长期有意识地培育和凝聚形成的独特的海尔企业文化正是激发全体海尔人创造奇迹的强大动力。

人是决定一切的因素，海尔的成功首先在于他们实施了“以人为中心”的管理。集团从总经理到一般管理人员都把人看做是企业第一位的财富，认识到“海尔的发展需要各种各样的人才来支撑和保证”。为了吸引人才、留住人才，海尔制定了一系列强有力的措施，在企业内部形成了调动和发挥每个员工积极性、创造性的良好氛围。为了人才，总裁张瑞敏不但专程赴清华大学为研究生举行专题讲座，而且专门派人为青岛大学的困难学生送去千元资助金。逢年过节，张瑞敏等企业领导还分别到单身集体宿舍和青年员工座谈，到宿舍看望残疾员工。正因为海尔坚持“同心干，不分你我；比贡献，不唯文凭”的人才观，企业才能大胆启用年轻骨干挑重担，才能每年吸引大量的毕业大学生、研究生加盟，把许多旁人看来的不可思议和不可能变为现实和可能。

理念识别的要素主要有企业愿景、经营理念和行为准则三个方面。

1. 企业愿景

企业愿景是指企业可以预见并且可以用语言加以描述的对未来的憧憬，是一种意思的表达，概括了企业的未来目标、使命及核心价值。企业愿景说明了企业存在的目的和理由，为企业指明前进的方向。企业愿景是企业理念识别的出发点，它能指引企业的经营策略、产品技术、薪酬体系甚至商品的摆放等所有细节，是企业的行动纲领，更是企业的灵魂。企业愿景不仅是一种有个性的精神，还是一种团体精神，反映了组织的凝聚力和活力的强度，它一旦植根于员工心中，就会形成默契、共识和觉悟，从而产生极大的作用。摩托罗拉公司早在第二次世界大战时就提出了让每一个人都拥有一部手机的构想，作为摩托罗拉公司的整体愿景，这其中也包含了对未来经营活动的设想。在之后的几十年时间里，摩托罗拉公司正是在这一愿景的指引下，开展了大量的技术创新活动，生产出体积更小、成本更低、性能更卓越、造型更美观的手机。摩托罗拉公司为手机在世界范围内的普及做出重要贡献的同时，也将企业推向世界著名企业的位置，获得了经营上的巨大成功。

2. 经营理念

经营理念（经营战略），是企业对外界的宣言，表明企业觉悟到应该如何去做，让外界真正了解经营者的价值观。同时，经营理念也是对内的宣言，重点在于使全体员工全力实行企业既定的经营方针。

经营理念是组织经营价值观强化为一种信念的结果，它是企业愿景的具体体现，是组织形象的指南。经营价值观就是组织员工普遍认可的、从组织文化中衍生出来的信仰和理想，它决定组织全体员工共同的行为取向，是一种永久性的追求和信念，不会随外界环境的变化而改变；它赋予员工责任感和使命感，鼓舞他们为了崇高的信念而奋斗；它使组织形成巨大的群体力量，具有强大的向心力和凝聚力；它是组织承担风险、克服困难的有利保证。

经营理念是基于员工对组织价值观的认同和强化为信念而形成的，这种共同的信念让员工有了自觉行动的方向，使组织的生产、经营和管理活动达到高效率。美国IBM公司的前总裁小托马斯·沃森说："我坚定地认为：任何组织要生存和取得成功，必须确定一套健全的信念，作为该组织的一切政策和行动的出发点；公司成功的唯一重要的因素是严守这一信念；一个商务组织在其生命过程中，为了适应不断变化的世界，必须改变自己的一切，但不能改变自己的信念。"

经营理念的内容主要包括经营宗旨、经营方针、社会责任感和组织价值观（目的观、质量观、服务观、责任观、人才观、政策观、法律观、财税观，以及效益观、系统观、竞争观和发展观）等。其中，组织价值观是人们据以衡量事物的标准，是经营理念中最重要的部分。

CI的先行者们独具特色的商务组织理念，使他们走上了成功之路。下面列举部分企业的经营理念：

健力宝：运动、健康、活力。

金利来：勤、俭、诚、信。

美的：团结拼搏，创造完美。

东大：挑战无限，成就未来。

科龙：创造市场饱和后仍然畅销的名牌产品。

3. 行为准则

行为准则是组织价值观的表现，它是员工在日常的工作中遵循的基本行为规范，是为组织的宗旨和目标服务的。例如，闻名世界的美国麦当劳，以"与其背靠着墙休息，不如起身打扫"为员工行为规范。在一段时间里，麦当劳餐厅内几乎没有什么事可做，员工只好靠墙休息。这一行为规范就是要求服务员利用这段无事可做的时间，迅速清扫内部卫生，维持整洁、优雅的环境，使顾客看得欢心，吃得开心。麦当劳之所以能在美国迅速发展，原因之一是员工们都能按照行为规范的要求，保持干净、整洁、优雅的环境。

企业的行为准则应体现企业对员工的要求。具体地讲，行为准则是指在正确的经营理念的指导下，对员工的言行所提出的具体要求。例如服务公约、劳动纪律、工作守则、行为规范、操作要求等。

4. MI的应用实例

"世界通用语言：麦当劳。"这是麦当劳快餐店的一句识别口号，这句口号凝结着麦当劳的一种独特的经营理念：QSCV模式。Q代表质量，麦当劳的品质管理很严格，坚持产品标准化，无论在世界上哪一家的麦当劳店，汉堡包的风味、质量都不会两样；S代表服务，微笑服务是麦当劳的特色，让顾客感到亲切自然；C代表整齐清洁；V代表物有所值。正是在这一致的经营理念基础上产生了麦当劳独特的企业文化，这种企业文化又塑造和涵养了麦当劳良好的企业形象。

美国柯达公司的企业理念“摄影的方便与普及”也是一个很好的例证。柯达公司不是把市场目标放在利润丰厚的高精尖产品上，而是把自己定位于“摄影的方便与普及”。“请你按一下按钮，其余的事由我来负责。”柯达公司就是以一切对顾客负责的理念赢得了千千万万的顾客，“摄影的方便与普及”成为鲜明的企业形象。

企业口号通常浓缩和体现着一个企业的经营理念。联想集团以其企业口号：“人类失去联想，世界将会怎样”进一步突出了企业积极进取的精神和不断拓展的雄心；IBM 公司的一则口号是“IBM 就是最佳服务象征”，多年来，公司坚持提供世界第一流的服务，这种最佳服务精神，成为该公司成功的信念；日本一家公司倡导的口号是“和、诚、积极进取”，这一口号不仅蕴涵了企业的经营理念和目标，也体现了经营者的一种人生信念与追求。

企业或产品的取名也是传达企业理念的一种方式。“四通”就有丰富的理念信息：“四通”是英语 Stone 的谐音，译文是“石块”，象征“四通”的一种愿为中国信息产业的发展甘当铺路石的精神；“石”的主要成分是硅，而硅片是计算机的主要硬件，这又传达了一个理念，即“四通”就是中国的“硅谷”；这个取名表明“四通”文化是“石文化”，是“硅文化”，是一种高技术文化，同时，“石”又暗示着“四通”的坚如磐石的凝聚力。

（二）行为识别（BI）

CI 是将组织理念转化为组织行为的“物化”过程。组织理念需要通过组织的行为传播，才能使组织的形象得以树立。人们将组织理念的行为转化方式称作 BI。BI 也称企业活动识别，是 CIS 的动态识别，可称为 CIS 的“做法”，即将 MI 的本质物化在组织的行为方式上，通过组织的各种制度、行为规范、管理方式、教育训练、公益文化、公共关系、营销活动等体现出来，从而获得组织员工、广大消费者和社会公众的识别与认同。由于员工及其群体的行为本身就是一种传播媒介，受众可以不借助其他传播媒介而直接产生对组织的认知，从而形成对组织的认识，而员工的言行无不是在组织价值观等理念要素的作用下表现出来的，因而行为识别实际上是理念识别的最重要载体。

企业的行为识别基本上由两大部分构成：一是企业内部识别，二是企业外部识别。

1. 企业内部识别

企业内部识别就是对全体员工的组织管理、教育培训，以及创造良好的工作环境，使员工对企业理念认同，达成共识，增强企业凝聚力，从根本上改善企业的经营机制，保证向客户提供优质的服务。企业内部识别包括企业工作环境的营造、员工的组织管理和教育培训、员工行为规范化和编唱企业之歌（厂歌、行歌）。

（1）工作环境的营造。工作环境的构成因素很多，主要包括两部分内容：一是物理环境，包括视觉环境、温湿环境、嗅觉环境、营销装饰环境等；二是人文环境，主要内容有领导作用、精神风貌、合作氛围、竞争环境等。

创造一个良好的企业工作环境不仅能保证员工身心健康，而且是树立良好企业形象的重要方面，企业应尽心营造一个干净、整洁、独特、积极向上、团结互助的工作环境，因为这是企业展示给社会大众消费的第一印象。

（2）员工的组织管理和教育培训。实施 CIS 战略，需要企业全体员工的协作，员工是将企业形象传递给外界的重要媒体，如果员工的素质不高，将损害企业形象。所以，CIS战略的推行，必须加强对企业员工的组织管理和教育培训，提高每位员工的素质。只有通过长期的培训和严格的管理，才能为组织成功的CIS战略提供取之不尽、用之不竭的人才资源，才能使企业在提供优质服务和优质产品上形成一种风气、形成一种习惯，并且得到广大消费者的认可。对员工教育培训的主要内容有：忠诚于组织的思想和科学的世界观；职业道德及工作责任心；适应组织发展的新的经营理念、工作目标和方针、组织新的政策和战略；对外交往的技巧、礼貌礼节；工作作风、技术水平和管理能力；优质服务技巧等。

企业教育培训的方式包括：制定CIS战略实施方案，包括企业导入CIS战略背景、发展目标定位、MI和BI手册；编印说明企业标志、企业理念及员工行为规范的手册，让员工可以随身携带；举办培训班，促进自我启发；制作对员工教育使用的电教说明。

(3) 员工行为规范化。行为规范是企业员工共同遵守的行为准则。行为规范化，既表示员工行为从不规范向规范的过程，又表示员工行为最终要达到规范的结果。它包括的内容主要有四大类：

第一类是各种业务操作规程或规范，如岗位操作规范、业务训练规范、质量管理规范、日常交往行为规范等。

第二类是基本制度，如商务组织领导制度、民主管理制度、监督制度、选举制度、培训制度等。

第三类是工作制度，如计划审批、生产管理、技术改造与创新、劳动人事、物资领用、销售、财务管理等制度。

第四类是岗位责任制度，即商务组织根据生产或者分工协作的要求制定的，规定每个岗位的成员应承担的任务、责任及其享受权利的制度。

(4) 编唱企业之歌（厂歌、行歌）。在CIS战略中，可以借助厂歌来增强企业的凝聚力。因为厂歌的编唱可以宣传企业的理念，又可以振奋员工的精神，缓解员工工作紧张的压力。这种形式喜闻乐见，易于接受，因此，有愈来愈多的企业将企业理念谱写成企业之歌，取得了良好的效果。

此外，行为识别的内部识别还包括福利制度、公害对策、作业合理化、发展策略等内容。

2. 企业外部识别

企业外部识别是通过开展各种活动向社会公众不断地输入强烈的企业形象信息，从而提高企业的知名度、信誉度，从整体上塑造企业的形象。企业外部识别包括市场调查、对外行为、广告活动、公关活动等。

(1) 市场调查。企业要推销出适销对路的产品，就必须进行市场调查，特别是要通过市场调查搞好市场定位，为产品创造一定的特色，赋予一定的形象，以适应顾客的需要和爱好，确立本企业的产品和服务在目标市场上的竞争地位。

(2) 对外行为。注重对外行为的整体优化，是指组织的各方面工作，如产品质量、工作态度、服务水平、关心社会发展、与公众的情感沟通、良好的协作关系等方面，都要注重高质量、高效益，并通过有效的传播，将上述信息展示给社会公众，让公众了解组织的行为特征，进而对组织及组织形象形成正确的评价。任何一个部门行为的失误或者与其他部门配合不当，都可能影响到组织对外行为的整体优化从而导致BI的失败。因此，BI不仅要求各部门完成自己的工作任务，而且要求各部门都从塑造组织形象的整体利益出发，团结协作，共同完成组织行为的整体优化。

（3）广告活动。广告可分为产品广告和企业形象广告。对于 CI 系统，应更加重视企业形象广告的创造。企业形象广告的主要目的是树立商品信誉，扩大企业知名度，增强企业内聚力。它不同于产品广告，不是产品本身简单化的再现，而是创造一种符合顾客的追求和向往的形象，通过商标、标志本身的表现及其代表产品的形象介绍，唤起社会公众对企业的注意、好感、依赖与合作。

（4）公关活动。在市场调查的基础上进行必要的公关活动，这是企业行为识别的重要内容。公关活动可以提升企业的信誉度、荣誉度，能消除公众的误解，取得社会的理解和支持。公关活动的内容很多，有专题活动、公益活动、文化性活动、展示活动、新闻发布会等。

3. BI 的应用实例

日本日立制作所的员工很多，每到上班时，通往公司的路上轿车如蚁，汽车排放的大量废气加重了当地的空气污染。在实施 BI 时，公司认真研究了这一情况，并做出规定：居住地距公司三公里以内的人，经批准才可以开车上班。公司的规定得到广大员工的支持，不久后，三公里以内的员工便不再开车上班，连四公里远的员工也自觉地骑自行车上班。日立公司全体员工的环保诚意深深地感动了周围的住户，这一举措不仅得到普遍理解，而且使公司的形象在群众中得到了提升。加上口碑的传播，日立品牌产品获得了广泛的免费宣传，这给日立公司带来了很好的社会效益和经济效益。BI 使企业以实际行动向顾客表达尊重、体贴、关怀之情。

（三）视觉识别（VI）

VI 是指将组织标识符号化、视觉化的传播过程。VI 是企业的静态识别形式，是企业视觉信息传递的各种形式的统一，是一个企业区别于其他企业的独特的名称、标志、标准字、标准色等视觉要素。VI 的表达必须借助某种物质载体，如办公用品、公司大楼、办公环境、办公前台、广告牌等。根据人体工程学的研究，人获取信息最主要的途径是视觉，视觉接受的信息占全部信息的 83%，因此，VI 是整个企业识别系统中最形象直观、最具有冲击力的部分。人们对 CI 的认识是从 VI 开始的，早期 CI 策划也主要是 VI 策划。VI 虽然比 BI、MI 容易实施、效果显示度高，但它对组织形象的影响并不持久和深入，而且有时也难以完全反映 MI，因此，脱离了理念识别和行为识别的视觉识别本身是缺乏生命力的。

【案例 7—6】

麦当劳的 M 形黄金拱门

麦当劳公司选“McDonald’s”的“M”为企业标志，设计为金黄色双拱门，象征着欢乐和美味，象征着麦当劳像磁石一样把顾客吸进这座欢乐友好之门，使人们无论走到哪里，见此标志就知道附近有麦当劳分店。麦当劳以红色为主色调，配以黄色的“M”形设计，显得醒目，同时，这两种较为鲜明的颜色给人的感觉较为温暖、清新，容易引起食欲。正是这种独特的、统一的、规范化了的色、形和字的统一，构成了麦当劳的视觉识别系统。

企业视觉识别分为基本要素和应用要素两大类。

1. 视觉识别的基本要素

视觉识别的基本要素包括：组织名称；组织标志（商标）；组织标准字（中文、外文）；组织标准色；组织象征图案；组织专用印刷书本；组织宣传标语、口号等。

（1）组织名称。组织名称是借用文字来表现的识别要素，是组织的第一人称。组织名称对组织非常重要，一个美好而独特的名称，可以提升组织的形象。关于组织名称的确定，应视具体情况而定，对于一个老组织来说，组织、品牌名称早已确定，而且已具有一定的形象效用，无须调整。对于一个新组织、新产品来说，确定一个好名称，是极其重要的。

确定组织、产品的名称，既是一门学问，又是一门艺术，在操作上应注意以下要求：用意准确；体现组织理念，使名称成为组织经营哲学意境的生动展示和形象化的表达；巧妙利用典故传说等文化形象；单纯、简短，以便公众记忆和传达；易认读，易记易写，名称语感要好，语音要响亮，便于公众识别和记忆；独特而有个性，力戒名字雷同或相似，以免公众混淆；注意名称的诗意美感，使公众看到名称就能产生美好的体验和联想；注意名称的气势感，冲击力要强，给人以震撼，使公众产生高级、高档、高品质、高技术方面的联想；名称要考虑民族风俗、法律文化和涉外文化，以免造成名称上的纠纷；名称要力求吉利、吉祥，防止出现负面影响。

另外，当我国企业进军海外市场及企业名称译为外文时，也必须充分考虑所在地的民族性，尊重该民族的文化传统和风俗习惯。同样，当一家企业参与国际竞争时，也需要考虑名称的国际性，因此，企业一般要确定一个英文的名字。例如日本的 Sony（索尼）、Panasonic（松下）、韩国的 Sangsung（三星）、中国青岛的 Haier（海尔）、中国台湾的 Acer（宏基）、BenQ（明基）等。

（2）组织标志。组织标志是组织用特定而明确的造型、图案、文字、色彩来表示组织理念、经营内容、产品性质等的识别要素，使公众从中体验到组织的整体优秀性和鲜明个性。

组织标志设计除遵循组织名称设计时提到的个性、民族性、简易性等原则外，还应同时坚持艺术性、持久性、适应性等原则。

（3）组织标准字。VI 设计中，组织所用的标准字包括中文、英文或其他语种。组织标准字种类繁多，运用广泛，几乎涵盖了视觉识别符号系统中各种应用设计要素，出现的频率也几乎与图形符号相当，其重要性并不亚于图形标志符号。由于文字具有明确的说明性，可直接传达组织名称，补充说明图形标志内涵，因而组织标准字具有强化组织形象和品牌诉求力的作用。

标准字设计，主要是确定其形式。“写字”看似简单，但从组织形象设计的角度来讲，要“写”出反映组织特色的标准字却不容易。为此，各家各派都提出了一定的设计原则，这些原则在概括和表达上可能有许多不同，但基本内容却是差不多的。

第一，易辨性原则。易辨性原则体现在三方面：一是要选用公众普遍看得懂的字体，如果把长虹、联想的标准字换成甲骨文或某种奇形怪状的字体，恐怕不会有几个人认识；二是要避免与其他组织，特别是同行业、同地区的组织具有似曾相识的标准字；三是字体的结构清楚、线条明晰，要适应不同材料、不同工艺、不同技术处理方法和放大、缩小、反白、线框等多种表现形式。

第二，艺术性原则。只有比例适当、结构合理、线条美观的文字，才能让人看起来舒服。

第三，协调性原则。标准字的字体要与常常出现在其上的产品、包装等相适应，与组织产品或服务本身的特点相一致，也要与经常伴随出现的组织标志等相协调，即可与其他视觉要素进行和谐的组织、搭配，形成视觉优势。例如，柯达的标准字与其标志配合得就比较和谐。

第四，传达性原则。组织的标准字是承载组织理念的载体，也是组织理念的外化，这就要求标准字的设计能够在一定程度上传达组织理念，而不能把设计工作作为一项孤立的内容，单纯追求某种形式上的东西。无论如何，熟悉和吃透组织理念，对于标准字的设计都是有益的。

(4) 组织标准色。标准色是组织经过设计选定的代表组织形象的特殊颜色。标准色可以是某一特定的色彩或一组色彩系统，一般不超过三种颜色。标准色的选用是以国际标准色为标准，标准色可广泛应用于标志、广告、包装、展品陈列、运输车辆以及营业用信封、信纸、名片等应用设计项目上，是组织视觉识别重要的基本设计要素。标准色的设计应当特别注意以下问题。

第一，组织标准色应充分反映组织理念。组织视觉识别的各个要素都必须围绕组织理念这个核心，充分反映组织理念的内涵，组织标准色也不例外。而且由于色彩引起的视觉效果最为敏感，容易给人留下印象，因此，充分反映组织理念的标准色对于传达组织理念、展示组织形象具有更加突出的作用。

第二，组织标准色应具有显著的个性特点。无论色彩怎样变化，人眼可视范围无非赤橙黄绿青蓝紫和黑白等几种，而成千上万的组织都要有自己的标准色，因而标准色的重复率或相似率是极高的，在这样的实际情况下，标准色的设计就必须考虑如何体现组织的个性特点，既反映组织理念内涵、产品和服务特色，又必须尽量避免与同行业的重复或混淆。组织可以考虑采用多种颜色作标准色，如新奥集团就是采用红、蓝二色；当然，如果超过两种，就不宜都定为标准色了，可以采用辅助色。此外，进行标准色设计时，还应考虑色彩的心理效应。不同色彩，其感情倾向也不同，如表 7—1 所示。

表 7—1　　色彩的感情倾向

色彩	感情倾向
红色	生命、热烈、喜悦、兴奋、忠诚、斗争、危险、烦恼、残暴
橙色	温馨、活泼、渴望、华美、成熟、自由、疑惑、妒忌、不安
黄色	新生、单纯、庄严、高贵、惊讶、和平、俗气、放荡、嫉妒
绿色	生长、活力、和平、青春、新鲜、安全、冷漠、苦涩、悲伤
蓝色	希望、高远、安详、寂静、清高、空灵、孤独、神秘、和谐
青色	神圣、理智、信仰、积极、深远、寂寞、怜惜
紫色	高贵、典雅、圣洁、温厚、诚恳、嫉妒
金色	华美、富丽、高级、气派、庸俗
银色	冷静、优雅、高贵
白色	纯洁、清白、干净、和平、神圣、廉洁、朴素、光明、积极
黑色	庄重、深沉、坚毅、神秘、消极、伤感、过失、死亡、悔恨
灰色	谦逊、冷静、寂寞、失落、凄凉、烦恼

第三，组织标准色应符合社会公众心理。组织标准色的设计应考虑色彩的感觉、心理效应、民族特性以及公众的习惯偏好等因素。首先，要避免采用禁忌色，使得公众普遍能够接受；其次，应尽量选择公众比较喜爱的色彩。

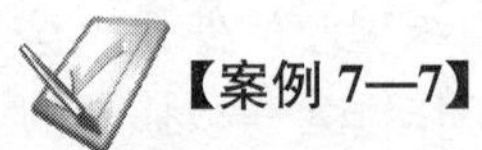
【案例 7—7】

“雪碧”的标准色

雪碧、可口可乐、雀巢咖啡等都是使用组织标准色的成功典范。

雪碧那充满生命力的绿色，无论在产品的外包装上、容器上、广告牌上、企业标志里，还是企业建筑物、员工服饰等任何有雪碧标志的地方，都可以看到。人们从这种色彩中，不难感觉到其广告词“亮晶晶、透心凉”或者“我就是我，晶晶亮——雪碧!”之类的感觉。它的色彩使人们很容易识别，极易区别于其他饮料，还能产生不可抵挡的诱惑和联想，使人们见色如见物，从视觉刺激立即联想到味觉感受。

第四，组织标准色还应注意色彩的民族特性。世界上不同的国家和地区，由于受各自不同历史文化传统的影响，对色彩的象征意义有不同的理解，因而喜好、禁忌也各不一样(如表 7—2 所示)。了解、研究色彩的这种民族特性，选择有利于本企业的色彩，对于树立良好企业形象、参与国际竞争有很大好处。

表 7—2　　色彩的民族特性

国家（地区）	喜爱色彩	禁忌色彩
德国	南部喜欢鲜艳的色彩	茶色、深蓝色、黑色的衬衫和红色的领带
爱尔兰	绿色及鲜明的色彩	红色、白色、蓝色
西班牙	黑色	
意大利	绿色和黄色、红砖色	
瑞士	彩色相间、浓淡相间色组	黑色
荷兰	橙色、蓝色	
法国	东部男孩爱蓝色服装、少女爱穿粉红色服装	墨绿色
土耳其	绯红、白色、绿色等鲜明色彩	
中国港澳地区	红色、绿色	青色、蓝色、白色
日本	红色、绿色	
墨西哥	红、白、绿色组	

为使在信息传播中达到对内、对外视觉上的一致，从而塑造明确而统一的企业整体形象的效果，对企业视觉识别基本要素中的组织标志、组织标准字、组织标准色的应用有着极其严格的使用规定。比如，标准字的设计选用了某种字体与组织标志采用某种组合方式后，在应用要素中的使用就不能随意改变。

2. 视觉识别的应用要素

视觉识别的应用要素包括以下几种：

（1）事务用品。事务用品是指企业经营过程中的业务用品，使用企业专有的事务用品，如信封、信笺、名片、邀请函、贺卡、有价赠券、票券、会员卡、贵宾卡、文具用品、公文封、公文纸、笔记本、资料夹、各类财务单据、企业公章、员工徽章、茶具、烟缸等。它们具有方便信息传递，增进企业信誉之功效。

（2）办公设备。如办公桌椅、计算机、传真机、电话、空调、自动电梯等，以显示企业实力及办公设备的现代化、高效率。

（3）室内装潢。室内装潢反映了企业的品位，给予企业优良的“包装”。诸如灯光、音响化、环境绿化、室内装修、办公室整体布置、装饰物等。

（4）建筑外观。如建筑形状、外部装修（材料、色彩）、风景设置、橱窗设计等，以展示企业整体形象。

（5）标牌旗帜。如指示牌、线路标志、标志牌、部门牌等，以利于识别。

（6）产品。产品包括产品造型、商标、包装纸、包装盒、包装袋等，以利于品牌形象的树立。

（7）广告媒体。如报纸、杂志、电视、交通车辆、户外招牌招贴画等，它们是强化视觉效果的有效手段。

（8）服装服饰。如男女四季服装、服饰、公文包、领带、胸卡、厂徽等，它们是反映企业精神风范和展示员工风采的不可缺少的组成部分。

（9）交通工具。如大客车、大货车、小巴士、小轿车、飞机、火车、自行车、手推车等，它们起到广告宣传的作用。

（10）其他。不属于上述各项的对外标志物。

由上述视觉识别的基本要素和应用要素形成了一套企业视觉识别传播系统。其中，组织标志、组织标准字、组织标准色是核心要素，也是发动所有视觉要素的主导力量。

3. VI 的应用实例

1994 年世界名牌商标排行榜显示，可口可乐名列第一品牌，价值 359.5 亿美元。可口可乐，缘何具有风靡世界的魅力？为什么能在同类产品中独占鳌头？是因为它特有的包装设计——方形红色中有一条白色波浪，可口可乐设计绝妙的识别系统扮演了重要角色。美国可口可乐公司在可口可乐饮料首次调试成功的亚特兰大商业区建了一幢面积达 42 000 平方米的“可口可乐博物馆”，展出了 1886 年以来收集的有关可口可乐的 1 000多件纪念品，其中有“可口可乐”饮料创始人彭伯顿的处方集。博物馆自 1990 年开放以来，每年参观者达 200 万人以上，游客边品尝可口可乐，边体味可口可乐源远流长的文化。

世界十大驰名品牌的 CI 特征，基本采用文字商标特征，使品牌名字在商标中处于最醒目的位置，并将名字突出在企业的整体“包装”上（制服、办公用品、建筑、促销礼品）。品牌的色彩定位，色彩与企业的形象和产品的竞争力密切相关，不同的色彩使大多数人产生不同的联想。以蓝色为例，在心理方面，它往往使人联想到晴空、清洁与理智，而在生理方面的感觉则是冷的东西。国外著名企业早已开展色彩竞争战略。如菲利浦公司以蓝色为商标；可口可乐的包装用红色为其代表色，给人以一种蓬勃向上、充满活力的感觉；而百事可乐则用红蓝相间的水波流线作为产品标志，以此代表企业的经营思想：在运动变化中不断求新、向上、发展。

（四）听觉识别和环境识别

除了上述三大要素外，还有学者认为应把听觉识别和环境识别纳入CIS的要素之中。

1. 听觉识别（AI）

听觉识别（AI）亦称听觉形象统一化，是组织形象的声音、语言、音乐识别符号。它是将组织形象要素，如组织经营理念、组织精神等写成歌曲，编成广告词、形象语言等，通过各种音响、音乐等媒介进行传播的特殊识别系统，主要作用于公众的听觉。

听觉识别的内容主要有：

(1) 音乐听觉识别，主要通过各种歌曲、音乐听觉识别系统传播组织形象，主要表现为组织歌曲、主题音乐、广告歌曲等。如芝华士（Chivas）的广告歌曲，其慵懒而随性的旋律在瞬间打动了无数受众的心，当“This is Chivas life”的广告语响起时，人们仍然沉醉在美妙的音乐中，沉醉在芝华士所创造的优雅人生憧憬中。

(2) 声音听觉识别，通过组织在生产经营过程中形成的特殊声音来传播组织形象，主要是企业注册的特殊声音等。如本田公司将自己生产的摩托车发动机的特殊音响加以注册保护。

(3) 语音听觉识别，主要是通过各种广告词、形象语言、语音听觉识别系统传播组织形象，主要表现为广播广告词、广播口号或标语、组织名称、特殊的发言人的声音等。这些声音往往与固定的形象代表统一起来，如小鸭圣吉奥的“唐老鸭”的声音，再比如柯达（Kodak）念起来让人仿佛听到按动相机快门的声音。

2. 环境识别（EI）

环境识别（EI）又称企业环境识别，是对人所能感受到的组织的环境系统实行规范化的管理。

环境识别的内容包括：

(1) 内部环境，包括门面是否标明单位名称、标志展示；通道是否美观、实用，是否有宣传设施；楼道、室内的指示系统管理；配套家具及设施的风格、质量、价格；智能化通讯设施；空气清新度；安全设施。

(2) 外部环境，包括环境艺术设计；生态植物、绿地；雕塑、吉祥物；建筑外饰，如广告、路牌、灯箱；组织环境风格与社区风格的融合程度。

第三节　CIS的导入

CIS战略是一项复杂、系统的工程。企业必须制定出理想的CIS导入程序，才能达到预期的目标。企业积极导入CIS，通过理念识别，在观念上革故鼎新；通过行为识别，展示企业风采；通过视觉识别，突现企业形象，进而将企业的形象永远立于公众心中，使企业立于不败之地。

一、CIS导入的时机

组织选择CIS导入的合适时机是CI成功的关键因素之一。CIS战略是配合组织的经营战略，通过形象传播的功能和区别化战略实施，达到争取公众的目的，绝非组织即兴的偶发行动。任何组织在导入 CIS 时均有其动机，并须选择最佳时机。以下几种情况均是导入 CIS 的最佳时机：

(1) 新组织成立、合并、性质变化（国有经济成分转变为中外合资或股份制经营）。

(2) 组织新建、扩建、改建工程结束，重大技术改造项目投产，主体产品转产，重大服务项目的推出。

(3) 组织重大机构变化、体制改变、组织集团的组建、组织规模的扩展、员工数量大量增加、销售网点的扩展。

(4) 组织创业周年纪念。

(5) 组织形象危机处理后期，CIS 成为消除负面形象、防止危机再发生的重要手段。

(6) 新产品上市，老产品获奖，此时导入 CIS 有扩大宣传产品形象和提高组织知名度、增强员工信心和成就感的功用。

(7) 组织转向多元化经营，一业为主兼营其他业。进军海外市场，实现跨国营销。

(8) 商标变动，多种品牌回归统一品牌名。

总之，根据需要和可能，组织应选择恰当时机导入 CIS，形成独特的体系，以富有吸引力的视觉识别符号，传播组织形象，展示组织身份，密切组织与公众感情，提高组织的竞争力。

【案例 7—8】

海尔集团 CIS 的导入

面对众多的领域，复杂、庞大的产品家族，没有完整、系统的品牌定位战略，无疑会导致品牌及企业形象上的混乱。海尔的做法是首先将集团品牌划分为企业牌（产品总商标）、产品牌（产品类别名称）、行销牌（产品销售识别名）三个层次。从家电的长线产品考虑，将各类家电产品统一到“Haier 海尔”总商标，最大限度地发挥了“Haier 海尔”名牌的连带影响力，大大降低了广告宣传中的传播成本。

海尔将英文“Haier”作为主识别文字标志，集商标标志、企业简称于一身，信息更加简洁直接，在设计上追求简洁、稳重、大气、信赖感和国际化。为推广“Haier”，以中文“海尔”及两个儿童与“Haier”组合设计辅助推广，力求建立长期稳固的视觉符号形象。这种抛开抽象、具象图形符号标志，追求高度简洁的超前做法，顺应了世界设计趋势，为企业走向国际化奠定了形象基础。通过导入 CIS，海尔集团获得了迅速发展。

二、导入 CIS 的程序

CIS 导入是一个复杂的过程，根据国外企业 CIS 导入的经验，综合分析我国企业所处的环境和企业自身的特点，CIS 的导入一般分为提案准备阶段、调查阶段、设计开发阶段、实施管理阶段、评估反馈阶段。

（一）提案准备阶段

提案准备阶段包括导入动机的确认、组织导入计划的领导机构、安排日程、编制预算、完成CIS提案报告书。一次认真的CIS设计工作，要花费大量的时间和精力，因设计完成以后要使用一段较长的时间，所以必须慎重对待。这一阶段的工作内容有下述几个方面。

1. 建立导入计划的组织机构

组织导入CIS应该有专门的机构加以领导和实施。CIS导入的机构通常有两种：一是CIS委员会，这是企业导入CIS的最高领导机构。为了使领导机构有权威性，CIS委员会一般由以下成员构成：组织最高决策层、组织的高层主管、与组织有关的社会知名人士和权威等。CIS委员会的主要任务是确定CIS导入方针和政策、组织员工参与等。二是CIS执行委员会。这是CIS委员会的下属机构，是具体的操作部门。CIS执行委员会一般由专业策划公司的创意人员、设计人员和有关CIS专家等专业技术人员组成。CIS执行委员会的主要任务是进行创意策划、咨询参谋、设计论证等。

2. CIS导入的日程安排

CIS导入是一项长期、复杂的系统工程，大型组织的CIS导入一般需要1～2年的时间，中小组织可以酌情减少。为了使CIS导入工作高效有序地进行，在导入工作开始之前应制定一份详细的作业时间表，规定在哪一段时间完成哪一项任务。

3. 编制预算

CIS设计的费用包括：调研与计划费用、视觉形象的设计开发费用、实施与宣传费用及其他各项费用。

4. 编写CIS提案报告书

提案准备阶段的最后一项工作就是草拟CIS提案报告书，CIS提案报告书的主要内容应包括目地、导入CIS的理由和背景、CIS计划方针、具体实施细则、计划表、组织者、投资预算表等。

（二）调查阶段

CIS调查是CIS导入作业的一个重要步骤，通过对企业内、外部环境所做的调查，掌握组织的经营状况、公众对组织的认识情况等，以此作为组织CIS导入创意、策划的参考依据。调查阶段的主要工作包括下述内容。

1. 企业实态调查

企业实态调查是调查的第一步作业，调查最主要的内容大致有以下几个要点：

（1）社会公众对组织的印象。

（2）和其他企业活动比较，组织的企业形象中最重要的项目。

（3）社会公众对组织的企业形象的评估，是否与组织的市场占有率相符合。

（4）组织目前的市场竞争力。

（5）和组织保持往来的相关企业，最希望组织提供何种服务。

（6）哪些地区对组织的评价好，哪些地区的评价较不好及其原因。

（7）组织的企业形象有何缺点，未来应塑造出何种形象。

（8）社会公众对组织的活动有何意见。

（9）组织对外界发送的情报项目中，在信息传递方面最有利的部分。

（10）组织的高级主管对组织未来发展的计划及目的。

除了以上调查的几个要点之外，实态调查工作可从企业内部与外部两方面着手。

第一，企业内部调查主要是和高层主管人员及内部员工的沟通。调查的内容包括：组织经营理念、组织运营状况的分析与评估、员工对组织形象的意见等。这些资料都是概括、提炼组织理念的基本素材。调查方法主要有访谈和问卷调查。CIS 导入是一项关系到组织全体员工利益的重大事件，需要全员参与，因此，组织内部的调查活动也就是一个宣传动员的过程。吸引全体员工参加，人人献计献策，这样既可以集中全体员工的智慧，又可为以后的实施管理阶段做好铺垫。

第二，对外方面，调查的目的主要是了解组织以外的社会公众对组织的意见和看法。社会公众对组织形象的基本看法可以通过四项基本要素表现出来，即认知、信赖、好感和一流评价。认知是对组织最基本的了解，是组织形象进入公众头脑的第一步。信赖是对组织的一种肯定的评价，它与组织的实际业绩成正比。好感是对组织一种偏于感性的评价，如友好、和善、气派、大度等。一流评价则是对组织最高的评价，是在同行业中的最高信任。在进行外部调查时，可以通过不同格式的调查表将其揭示出来。

2. 企业形象调查

在实施 CIS 前，必须了解对本组织而言，什么样的企业形象才是“良好”的？而形成信赖和好感的具体因素又是什么？目前市场的活动情况及特色是怎样的？完备而客观的事前调查，将有助于了解未来 CIS 作业的方向，不但能增加工作效率，也是 CIS 产生成效的有力保证。

企业形象的调查，可以运用“关键语”法，即让取样的消费者参考以下 24 个形象项目，选择适合该企业的关键语。表现企业形象的关键语如表 7—3 所示。

表 7—3　　企业形象的关键语

1	技术优良	13	信赖感
2	对新产品的开发很积极	14	认真考虑消费者的问题
3	新鲜感	15	稳定性高
4	善于宣传、广告、促销	16	销售网相当完善
5	未来性	17	合乎时代潮流
6	具有健康的形象	18	希望子女在此公司任职
7	积极性	19	公司风气良好
8	研究开发能力很强	20	想购买此公司的股票
9	企业规模大	21	具有现代感
10	国际竞争力很强	22	对社会有贡献，善尽社会责任
11	传统性	23	经营者很优秀
12	对顾客的服务很重视与周到	24	对防治公害工作很热心

根据这些关键语，我们可以将构成企业形象的因素归纳为下列七种：

（1）市场形象。认真考虑消费者的问题，对顾客的服务很周到，善于宣传，销售网相当完善，国际竞争力强。

（2）外观形象。富信赖感，稳定性高，有优良传统，企业规模大。

（3）技术形象。研究开发能力很强，技术优良，对新产品的开发很热心。

(4) 未来性形象。合乎时代潮流，具备积极性、未来性。

(5) 经营者形象。经营者很优秀，有魅力。

(6) 公司风气形象。具有健康整洁的形象，具有现代感，公司风气良好，员工和蔼可亲，有礼貌。

(7) 综合形象。一流的企业，希望子女在此公司任职，想购买此公司的股票。

3. CIS调研报告书的

当以上所做的调查工作全部完成后，就可以归纳整理出两种调研报告：一种是资料明细报告，这是调查小组所做的第一次报告，内容是说明各个调查的明细资料；另外一种是以明确报告为基准的调研报告，内容是概要列出调查种类并提出简单结论的资料。

(三) 设计开发阶段

设计开发阶段是以前一阶段调查的内容为依据，所进行的实战性创意、策划、设计、推广工作。进入CIS的设计开发阶段后，前面各项作业所设定的识别概念、经营理念，都将在这个阶段中转换成系统化的视觉传达形式，以具体形式表现企业精神。

CIS的作业程序所涉及具体的设计项目必须从基本要素的设计开发做起，再运用于应用项目中，最后进入实施管理阶段。

1. 基本要素的设计开发

在CIS开发计划上，首先必须从基本要素的设计开发着手。基本要素各自的定义和考虑的重点如下：

(1) 企业标志。应选择可代表企业全体的企业标志。对生产、销售商品的企业而言，企业标志是指商品上的商标图样。企业标志可分为抽象性的标志、具体性的标志和字体标志。

(2) 企业名称标准字。企业名称标准字通常是指企业的正式名称，以全名表示，或是省略"股份有限公司"、"有限公司"。依企业的使用场合，可选择使用简称和通称的命名方式。

(3) 品牌标准字。原则上，品牌标准字应以企业所在地的官方语言来设定，并足以代表企业产品的品牌。

(4) 企业标准色。企业标准色用来象征企业的指定色彩（如富士软片的绿色、柯达的黄色等），通常采用1到3种色彩为主，也有采用多种颜色的色彩体系。可以考虑让这种传达企业气氛的色彩常常出现，或利用辅助色彩制造更佳的色彩。

(5) 企业标语。企业标语是指对外宣传企业的特长、业务、思想等要点的短句。与企业名称标准字、企业品牌标准字等附带组合活用的情形也很多。

(6) 专用字体。专用字体是指企业主要使用的文字、数字等专用字体，选择主要广告和促销等对外印刷所使用的字体，并规定为宣传用的文体。专用字体包括商品群、品牌、企业名称，对内对外宣传、广告的文字。

2. 应用要素的设计开发

CIS的应用要素设计包括企业证章类（如名片、旗帜、徽章等），文具类（如文件、信封、信纸、便条纸等），车辆运输工具类，服装制服、企业广告、宣传、招聘广告等宣传媒体类。

(四) 实施管理阶段

CIS实施管理阶段主要是进行CIS的内外传播，将组织的统一行为、统一形象展示给社会公众，以期在社会公众心目中产生良好的印象。CIS的实施是组织的一项长期性任务，导入后的大型公关、广告等传播活动固然非常重要，但是没有长期的传播力度支撑，很难保证组织收益周期的持久。

CIS 的实施要重点放在下述几个方面。

1. 编制 CIS 手册

CIS 手册是记录 CIS 企划的设计成果，是 CIS 实施的技术保障，是组织未来整体形象的指南。完整的 CIS 手册，应该包括引进介绍、组织理念的定义和解说、组织行为规范总汇、基本要素设计和应用要素设计五个方面的内容。例如，可口可乐公司的 CIS 手册共有 6 册，主要包括基本设计系统、包装系统、饮具系统、陈列展示系统、赠品系统、招牌系统、广告系统、服装系统、车辆系统等，是世界上规模最大的 CIS 手册之一。

CIS 手册应作为组织的规章和条例，由 CIS 委员会根据手册的项目和组织相关的管理部门，发放给管理部门的负责人。CIS 手册的内容是组织重要的商业机密，不能随意泄露，一定要注意保密。

CIS 手册也非一成不变，在相对稳定的同时，随着时间的推移，组织经营或服务的内容可能不断增加或变化，手册内容也会不断变更，或增加或删除，在制作时必须考虑内容变动时的处理方法。因此，CIS 手册做成活页或分册为好。

2. CIS 内部传播与员工教育

CIS 内部传播与员工教育的目的是强化组织全员的公共关系意识、组织整体意识及竞争意识，使全体员工人人了解 CIS 的内容和 CIS 的意义，并能按照新的规范与标准统一自己的行为和各项活动。因此，把教育贯穿于 CIS 工程的始终是 CIS 的关键。

CIS 内部传播的具体方式有 CIS 工程教育、全员公共关系活动，组织内部刊物、统一服装及标识物、提示物。同时，还应制定行为规范及规章制度，树立具有组织自己特色的组织文化，把塑造与传播组织良好形象，维护组织整体利益变为组织全员的自觉行动。

CIS 对内培训的主要内容包括：何谓 CIS；导入 CIS 的理由和意义；导入 CIS 的目标；CIS 和日常工作的衔接；CIS 计划的内容；如何开展 CIS；CIS 开发过程中各员工应扮演的角色。内部培训的过程，实际上就是内部沟通的过程，内部沟通可采取自上而下的宣传、自下而上的反馈以及横向沟通等方式。

3. 组织 CIS 对外发布

组织的外部传播，主要是传播组织形象、产品形象，积极开展与社会公众的双向沟通。通过对组织理念、组织政策宣传并运用视觉标识系统，重点传播组织标志、商标、环境、产品质量、服务特色，使社会公众了解组织特性，树立对组织的信任感。

在对外发布 CIS 成果时，必须针对企业不同的关系对象（如消费者、同业、政府部门、就职者、供销商、新闻界、社会团体等），选择与之相适应的传播媒体和手段。例如，对消费者一般采取新闻广告和杂志广告来发表 CIS；对中间商、批发商和公司股东则采取邮件广告和直接访问的方法；对传播界相关人士以新闻发布会、记者发表和提供资料给传播界等方法为最好。

利用新闻发布会发布 CIS 成果，是对外发表的中心课题，必须准备和提供充分的资料，以供新闻记者参阅。CIS 的成果资料包括：有关导入 CIS 的新闻报道、通讯；有关导入 CIS 的说明传单；新设计的宣传广告或样本；新设计应用于商品和宣传品上的照片；有关企业概况的材料。

（五）评估反馈阶段

CIS战略是一项非常复杂、庞大的系统工程，一个完整的CIS周期很长，仅CIS的导入部分就需要至少一两年。在CIS实施运作了一个阶段以后，还必须建立CIS推行的监测系统，进行定期观测和调整，对CIS设计系统进行管理和维护。以便从中发现问题，改进不足，为进一步实施CIS战略奠定良好的基础。

效果评估的项目主要包括：重温CIS战略目标，观察实际的成果是否达到了预定的目标；CIS的实施是否按照预定的进度，时间上是否一致；预算执行情况是否正常；各环节工作部门是否协调一致；企业理念是否被公众认可、接受；公众对企业视觉识别各要素是否印象深刻；企业实际形象的评价是否良好等。

CIS战略是一个系统工程，周期很长。在实践中，很难将CIS效果量化。一般情况下，主要通过主观分析法来判断和感知CIS战略的成效；有关CIS广告效果的测定，可以利用统计方法考察企业销售额和利润的增长率与广告宣传费的增长率来获得。如果销售额和利润的增长率超过广告宣传费的增长率，就可判断出CIS广告的效果较好；反之，则说明CIS施行效果不佳。

要点回放

组织形象特指社会公众或消费者按照一定的标准和要求，在心目中对一个组织综合认识后形成的全部认识、看法和综合评价，具有主观性与客观性、稳定性与可变性、整体性与多维性等特点。组织形象在组织经营过程中起着非常重要的作用，组织形象定位准确与否直接关系着组织经营的成败。组织形象本身是个复杂的多面体，组织个性、传达方式、公众认知等因素都会影响组织形象的定位。

CIS是组织形象策划的重要方法。CIS是将企业经营观念与精神文化，运用整体传达系统（特别是视觉传达设计）传达给企业周围的关系者或者团体，反映企业的自我认识和社会公众对企业的外部认识及产生一致的认同感与价值观，也就是结合现代设计观念与企业管理理论的整体性运用，刻画企业个性，突出企业精神，使消费者产生深刻的认同感。

企业识别系统组成的企业形象，由组织理念识别（Mind Identity，简称MI）、组织行为识别（Behavior Identity，简称BI）和组织视觉识别（Visual Identity，简称VI）三个部分组成，统称为CIS战略。MI、BI、VI三者相互作用、相互促进，共同构成完整的CIS。

CIS战略是一项复杂、系统的工程，必须要选择合适的导入时机，制定出理想的导入程序。CIS的导入一般分为提案准备阶段、调查阶段、设计开发阶段、实施管理阶段、评估反馈阶段。

模拟训练

训练要求：

1. 每班分成6～7人为一个小组的若干小组，由小组成员合作完成。

2. 小组自行选择设计对象，比如班级、寝室、学员、社团等。
3. 实训步骤：
(1) 分析选择 CIS 导入的时机；
(2) 设计导入提案；
(3) 进行 CIS 设计流程。

复习题

1. 说明组织形象的功能。
2. 如何进行组织形象的定位？
3. 为什么说 MI 是 CI 的最高决策层？
4. 组织选择导入 CIS 的最佳时机应考虑哪些方面的问题？
5. CIS 的导入包括哪几个阶段？

经典案例

“娃哈哈”的商标战略

当杭州娃哈哈食品集团公司还是一个规模不大的普通食品厂时，厂长宗庆后产生了开发当时市场上的冷门产品儿童营养液的想法。

工厂一边和有关院校进行产品开发研究，一边为产品名称费尽苦心。他们通过新闻媒体向全社会进行有奖征集名称的活动，但如雪片一般飞来的应征信中没有发现一个让人完全满意的答案。最后还是宗庆后独具慧眼，一下子看中那首广为流传的新疆民歌中的三个字“娃哈哈”。这三个字是孩子学说话时最先掌握的音，发音响亮，音韵和谐，朗朗上口，而且哈哈二字又有很高兴的意思，同时又因为它的出处而具有浓郁的民族特色，娃哈哈不正好可以借这首传唱多年的歌一炮打响吗？从此，一个广为人知的商品名称诞生了。厂里又精心设计了两个活泼可爱的小娃娃形象作为商标图案。

在我国，假冒伪劣产品不断，任何名牌都可以成为不法商贩的仿造对象，为保护自己的利益，宗庆后先走一着，他在商品还没有走入市场时就为娃哈哈进行了商标注册。他还考虑到，商标面积小，如果有人将其他商标的产品采用相同的包装，仍然可能对消费者构成误导。于是，便将包装上的主要图案也进行了注册，使他人难于仿制。

后来产品上市后一炮打响，但是，宗庆后发现百密之中仍有一疏，一些企业打出了与娃哈哈相近的牌子，如“娃娃哈”、“娃娃笑”、“娃娃乐”等，造成娃哈哈出系列产品的假象，以此来吸引消费者。宗庆后一不做二不休，索性将娃哈哈的“近亲”们全都进行注册，如“娃娃哈”、“哈娃娃”、“哈哈娃”、“哇哈”等都成了公司的注册商标，有 200 多个“近亲商标”作为防御注册，并在相关产品上提醒消费者注意。

娃哈哈的商标一经注册，宗庆后便开始了大规模的广告攻势，以达到先声夺人，抢占市场的目的。这一招果然有用，有许多地方，一些类似产品很难打开市场，就是因为消费者早已认准“娃哈哈”品牌，宗庆后的广告费没有白花。到 1991 年底，宗庆后在娃哈哈上投入的广告费用达 3 000 万元，那句奶声奶气的“娃哈哈果奶”广为传唱，成了孩子们的新儿歌。以后每年，广告费用都相应增加。

为巩固娃哈哈品牌的地位，宗庆后不断推出新产品，1991 年投放市场的娃哈哈果奶在江浙沪等地成为紧俏商品，第二年，在成都召开的全国糖烟酒交易会上，宗庆后又推出娃哈哈清凉饮和娃哈哈酸梅饮，又成为市场上的热门产品。

宗庆后认为：没有娃哈哈的商标策略就没有今天的娃哈哈集团公司。要创造一个名牌，至少要抓好打出名牌、宣传名牌、保护名牌、发展名牌四个环节，而宗庆后正是由于很好地兼顾了四个环节，才使娃哈哈取得了如此巨大的成功。

通过阅读分析下列问题：

1. 娃哈哈的商标战略是怎样实施的？
2. 商标战略当中运用到哪些 CIS 设计内容？

趣味阅读

北美防空司令部的“笑话”

北美防空司令部是美国极为重要的军事部门，该部门竟然有一则不是笑话的笑话：他们每年圣诞节都给孩子们播报圣诞老人的行踪。

此事说来话长。根据北美防空司令部的记载，1955 年圣诞前夕，一个名叫西尔斯·罗巴克的人，可能是出于对北美防空司令部的反感，在当地一个报纸上刊登了一则幽默广告，跟北美防空司令部开了一个小小的玩笑，他在广告上告诉小孩子们，如果他们想知道圣诞老人的位置可以拨打电话询问，而这个电话正是北美防空司令部的电话。

就这样，天真无邪的儿童们纷纷给北美防空司令部打电话，向他们询问圣诞老人的行踪，无数的电话搅得北美防空司令部手忙脚乱、不得安宁。北美防空司令部的职责是负责应对各种朝向美国和加拿大的威胁，现在一到圣诞节，就为应付天真无邪儿童的电话忙得不亦乐乎，极大地影响了正常的军事工作，为此，有人主张以破坏军事工作为由，逮捕、起诉、法办乃至严惩罗巴克。

但是，具有公关意识的北美防空司令部领导人意识到：诞生于第二次世界大战后、活跃于冷战时期的北美防空司令部，曾经因为各种各样的原因，口碑不好、形象甚差，如果能因此项“额外”的工作做得好而取得儿童们乃至家长们的好感，一定能大大地改善北美防空司令部的形象。

为此，每逢圣诞，他们抽调专人、设置专线，坚持接好儿童询问圣诞老人行踪的电话。50 多年来，他们一直坚持成就这个美好的童话，为全世界发出询问的孩子们做出解答。现在，在多个社会团体的帮助下，北美防空司令部已经在互联网上用英语、法语、德语、意大利语、日语、西班牙语等多国语言向世界上好奇的小孩子们播报圣诞老人的位置，他们甚至用电话和电子邮件来回答小孩提出的询问。在半个多世纪里，这一做法已经成为北美防空司令部在圣诞节前夕的一个传统。

有一年，在北美防空司令部播报的圣诞老人行踪中，他们预报圣诞老人最初出现在北极。北美防空司令部的工作人员还对小孩子们说："圣诞老人出现在了北美上空，他正乘着雪橇驶往加拿大的东海岸，之后他会陆续经过新西兰、澳大利亚、日本、中国、尼泊尔和印度。"北美防空司令部甚至还在一个网站上提供了圣诞老人的位置，这个网站当时吸引了来自181个国家的孩子浏览，点击次数超过了9亿多。他们还接听了将近5.5万个询问电话。

与此同时，北美防空司令部的知名度、美誉度、和谐度也因此得到了极大的提升！

第八章　危机型公共关系

学习目的

1. 了解危机型公共关系的特征及类型
2. 掌握危机型公共关系的处理原则和过程
3. 能策划危机事件的处理方案，及时化解组织公共关系危机
4. 了解公共关系危机的预防策略

引例

家乐福“抵制门”

2008年4月7日，北京奥运会圣火在巴黎的传递遭到“藏独”分子的破坏，于是网友发起了抵制法国企业的号召。之后有消息称，由于路易威登·莫特轩尼诗集团涉嫌曾予以“藏独”分子资金支持，而该集团刚刚成为家乐福的最大股东。家乐福一时间成为千夫所指的目标，遭到网友的广泛抵制。抵制家乐福的帖子在网上流传了好几天，家乐福对此却茫然不知。直到4月16日，家乐福第一份声明才在网站上登出。声明中否认家乐福支持“藏独”的说法，称这些传闻“完全是无中生有和没有任何依据的，家乐福将保留对恶意制造和传播上述谣言的组织和个人采取法律行动的权利。”并表示“家乐福集团始终积极支持北京2008年奥运会”，但声明中并没有提及其最大股东路易威登·莫特轩尼诗集团。声明发出后，很长一段时间内，未见风波有平息的迹象。

随后，法国家乐福集团总裁迪朗在4月22日接受中国媒体联合采访时表示，家乐福不愿在政治中扮演任何角色，也坚决否认了家乐福是记者无国界组织合作伙伴的传闻，但是他的声明并没有得到广大中国网民的认可。同时，还有消息传出，家乐福要在“五一”期间展开降价促销活动。事态被进一步扩大，最终演变为中法政府的对话。在“五一”前后五天，家乐福共有五个不同版本的广告投放在上海《新民晚报》、《南华早报》和《东方早报》上，主题是“祝福北京，支持奥运”。之后，四川汶川暴发了“5·12”大地震，家乐福国际基金会当晚宣布，向中国受灾地区捐赠人民币200万元。当然，他们也在新闻稿中注明了曾在2008年1月份中国南方遭受灾害时捐赠人民币200万元。5月23日，家乐福全球总裁杜哲睿直面网友，宣布追加2 000万元，成为捐款最多的法国企业。在与网友的对话中，杜哲睿表示理解民众的抵制情绪，重申支持奥运，特别提出成都投资计划未受影响，“家乐福计划三年内通过增加新的门店，加大在当地的采购，把在成都的投资规模扩大一倍”。最终，家乐福平复了大众的情绪。

阅读本引例，回答下列问题：

在处理这次公共关系危机中，家乐福有何得失？

任何企业或组织，在同社会公众打交道过程中，由于受种种主客观条件的影响，都难免会出现这样或那样的失误，也难免会遇上一些不测之事，这些都会使自身的形象受到不同程度的损害，影响组织的生存和发展。面对危机，有的组织束手无策，有的则化险为夷，这主要是由于组织解决危机的方法和手段不同所致，这就决定了带给组织的到底是“危”还是“机”。因此，任何组织在面对危机时，必须以真诚的态度，把社会公众的利益放在第一位，并且要积极采取措施解决危机。正如危机管理专家奥古斯丁所说：“每一次危机的本身既包含导致失败的根源，也孕育着成功的种子。发现、培育以便收获这个潜在的成功机会就是危机公关的精髓。”

第一节　危机型公共关系概述

一、危机型公共关系的定义

危机指的是突然发生的、严重危害组织正常运作的、对组织的公众形象造成重大损害的、具有比较大的公众影响的偶然事件。组织发生的危机主要有三类：一是由主观因素引发的危机，如管理不善而使新建大楼倒塌、食物中毒等；二是由客观因素引发的危机，如火灾、水灾等；三是由公众误解引发的危机，如严重的舆论危机、新闻批评、行为冲突等。无论何种因素引发的危机都有突发性、严重性、迅猛性、敏感性等特点，常常会使组织陷入被动。因此，加强危机预防、危机处理工作是现代组织管理中的一个重要组成部分。

所谓危机型公共关系，指的就是发生危机事件时的公共关系管理活动，即用公共关系手段减少危机给组织与社会公众带来的影响，进而寻求社会公众对组织的谅解，以重新树立和维持组织形象。英国公共关系危机处理专家迈克尔·里杰斯特指出，“若一个组织不能就其发生的危机与公众进行合适的沟通，不能告诉社会它对灾难局面正在采取什么补救措施，不能很好地表现它对所发生事故的态度，这无疑将会给组织的信誉带来致命的损害，甚至有可能导致组织的消亡”。所以，在公共关系工作中，处理危机型公共关系活动是最为迫切、最为关键，又颇有处理技巧的公共关系实务。

二、危机型公共关系的特征

【案例 8—1】

“埃克森”原油泄漏事件

1989 年 3 月 24 日，美国埃克森公司的一艘名为“瓦尔代兹号”的巨型油轮在阿拉斯加州威廉太子湾附近触礁，800 多万加仑原油泄出，形成一条宽 1 公里、长 8 公里的漂油带。这里是美国和加拿大的交界处，曾是个风景如画的地方，原油的泄漏使附近海域的水产业遭受很大损失，生态环境遭到了严重的破坏。事故发生后，埃克森公司方面却无动于衷，它既不调查事故的原因，也不采取及时有效的清理泄漏原油的措施，更不向加拿大和美国当地政府致歉，致使事态进一步恶化，污染区越来越大。加拿大和美国地方政府、环保组织及新闻界对埃克森公司这种不负责任、企图蒙混过关的恶劣态度极为不满，发起了一场“反埃克森运动”，甚至惊动了美国总统，总统于3月28日派出特别工作组前往阿拉斯加进行调查。经调查，这起恶性事故的原因是船长饮酒过量，擅离职守，让缺乏经验的三副代为指挥造成的。消息一经传出，舆论为之哗然。埃克森公司一下子陷入极其被动的境地，公司业务大受损失。仅清理泄油一项工作就花费了几百万美元，加上其他索赔、罚款，损失达几亿美元。另外，由于公司形象受到破坏，西欧和美国的一些老客户都纷纷抵制该公司的产品。埃克森公司曾为社会公益事业做过许多贡献，但此时都被公众抛在脑后，人们对“埃克森”的新印象是“破坏环境，傲慢无理”。

“埃克森”原油泄漏事件充分体现了公共关系危机的主要特点。危机型公共关系实务相对其他公共关系实务而言，有下述几个典型特征。

（一）突发性和渐进性

危机总是在意想不到、没有准备的情况下突然爆发，它具有突发性的特征。从本质上说，公共关系危机的爆发是一个从量变到质变的过程。也就是说，酿成组织公共关系危机的因素经过一个累积渐进的过程，通过一定的潜伏期后，如果未能得到有效控制，它就会继续膨胀，到一定程度后，就会造成组织公共关系危机的总爆发，并迅速蔓延，产生连锁反应，使公众与组织关系突然恶化。

（二）必然性和偶然性

危机事件的必然性是指危机的不可避免性，只要有公共关系，就有危机事件。众所周知，信息传播是公共关系不可或缺的因素，任何公共关系策划和决策都是以信息为基础的；同时，决策执行过程也是一个信息传递过程，信息的失真现象成为无法避免的隐患。由于多层次、多渠道、多阶段的信息传递，信息的失真现象必然趋于严重，结果使危机事件成为必然。危机事件的偶然性是指危机事件往往由偶然因素促成。公共关系活动的任何一个薄弱环节都可能因某种偶然因素而失衡、崩溃，造成危害。

（三）破坏性和建设性

危机事件对事实起到破坏作用，组织必须尽力防范和阻止。俗话说，好事不出门，坏事传千里。危机的爆发表明组织存在着不可忽视的问题，这就为组织检查审视自身状况做出提示，恰当地处理危机也会给组织带来新的收获。面对危机的破坏性，组织不能掉以轻心、麻痹大意。认识危机的建设性，要求组织采取主动姿态，沉着冷静、满怀信心地面对危机事件，只有勇于面对、善于面对，才能正确认识危机事件的破坏性，同时也为组织建立有竞争力的声誉，为树立组织良好形象创造机会。

（四）急迫性和关注性

组织的危机事件总是在短时间内爆发，具有很强的急迫性，并且危机事件内容往往与公众有直接关系，特别是当危机涉及人身安全时，更能引起公众关注，一经媒体报道，瞬间就会在大街小巷广泛传播，公众也由潜在状态变为行动状态，使组织措手不及。

三、危机型公共关系的基本类型

（一）组织行为不当引起的危机型公共关系

组织行为不当引起的危机是指由于组织在指导思想、工作方式、运行机制等方面的原因引起的公共关系危机。如企业过度追求经济利益而不顾公众利益和社会利益造成的毒气泄漏、废水污染；酒店食物中毒；产品质量不合格引起企业信誉下降；决策失误引发社会舆论的谴责等。具体包括：

（1）严重的内部事件。如劳资纠纷、罢工、股东丧失信心、内部人员贪污腐败等。

（2）工作失误。如重大工伤事故、浪费、质量缺陷、废气泄漏等。例如，1984 年美国联合碳化合物公司的印度博帕尔邦毒气渗漏事件，同年的苏联切尔诺贝利核反应堆泄漏事件，近年我国一些地方化工厂、造纸厂违规排污，造成周边区域水污染等事件。

（3）决策失误。如组织有意制造假冒伪劣产品、商业企业的坑蒙拐骗等。例如，南京老字号“冠生园”的月饼事件就是典型的组织行为不当引起的公共关系危机。“冠生园”将往年没有销售出去的月饼回收后，用陈馅重新制作新的月饼，这一行为被中央电视台记者曝光后，在社会上引起了轩然大波，南京“冠生园”在各方面的压力下被迫停产整顿。

（4）纠纷事件。如消费纠纷、经济合同纠纷等。

处理由组织行为不当所造成的公共关系危机的首要任务是尽快赔礼道歉，以防止敌意的产生和蔓延，宣传已采取的（或将采取的）回收和其他补救措施，以消除消费者的不信任感，尽快挽回商誉，减少业务上的损失。例如，美国的可口可乐公司曾由于消费者在可乐瓶中发现玻璃碎片而遭投诉。可口可乐公司公共关系部门面对这一事实，及时采取措施回收该批饮料，并刊登广告，及时向公众公开承认了错误，同时也宣布了今后的预防措施。由于处理得及时得体，成功地控制了事态的发展，避免了一场危机。

**【案例 8—2】**

索尼“特丽珑”电视机的召回

索尼（中国）公司曾发布的一则《致索尼彩电用户的通知》函称，由于索尼有 10 款“特丽珑”电视机的零件有瑕疵，它们将在日本召回 34 万台“特丽珑”电视机。这是继索尼早些时候宣布在全球召回 1.8 万台 Vaio 笔记本电脑后，又一因质量问题而大批量提供产品免费维修的事件。在中国市场，索尼公司并没有销售以上 10 个型号的彩电，但是在 1998 年 1 月至 1999 年 6 月间，索尼在中国生产的少量 21 英寸彩电有 6 个型号也使用了该类电容器件。如有中国用户发现以上型号的索尼彩电出现类似情况，索尼在华顾客服务机构将会负责提供“恰当的检查及维修服务”，“如因此为您带来任何不便，我们表示真诚的歉意”。

（二）突发事件导致的危机型公共关系

突发事件引起的危机是指由于非预见性的因素突然发生，导致组织形象受损的公共关系危机。如自然灾害、火灾、交通事故等。具体包括：

（1）不可抗拒的力量导致的重大伤亡事故。如自然灾难、传染病流行、飞机失事、火车出轨等。一般来讲，这类事故属于天灾人祸，组织主体的直接责任不大，关键在于处理是否及时、得当。如 2008 年我国四川汶川大地震、1990 年厦航飞机在广州白云机场发生的撞机事故、杭州著名购物中心天工艺苑火灾事故等。

（2）外在因素引起的事故。如由于环境的污染而无法正常工作、劣质设备导致工伤等。

（3）外来的故意行为。如假冒本组织的名义行骗、造假、盗窃等不利行为。

突发事件引起的危机的处理包括两个方面：一是采取公共关系补救手段，尽可能做好善后处理工作，使受损害的公众及社会有关方面感到满意，让人们对组织留下高度认真、负责的印象。突发事件处理好会使组织在公众心中留下美好的形象，会大大提升组织的美誉度；二是做好舆论宣传工作，制止各种谣言流传，确保危机处理有一个较公正、有利的舆论环境。

【案例8—3】

墨西哥大地震

有一年，由于墨西哥一旅游胜地附近的火山爆发，引发了地震。新闻报道之后，当晚该旅游地的饭店就接到很多游客的电话，要求取消旅游计划，退掉已经订好的房间，当地旅游业面临重大损失。当地人马上请美国著名公共关系公司为其策划。公共关系专家来此考察，在飞机上就发现旅游区与该地同名的火山实际距离较远，并未受到影响。专家们马上拍了一部电视片：一边是完好无损的旅游区，一边是正喷流熔岩的火山。他们还组织了探险旅游团专程来观看火山爆发。电视片播出后，打消了游客的恐惧心理，该地不仅保留了已有游客，而且还吸引了更多前来观看火山喷发的游客。

（三）舆论的负面报道引起的危机型公共关系

舆论的负面报道有两种情况：一种是对组织损害社会利益行为的真实报道，如违章排污、生产的产品有质量问题或不符合卫生标准、内部员工有伤害消费者的言行等；另一种则是对组织情况的失实报道，导致公众对组织产生误解，使组织形象受损。导致报道失实的原因主要有：（1）新闻媒体失实和不全面的报道，导致以偏概全、引起公众误解；（2）由于组织新科技、新思想、新方法未被广泛知晓，新闻媒体按照原有观念看待和分析事件，曲解事实，引发危机；（3）个别组织或个人有意诬陷或编造事实，使新闻媒体被蒙蔽，误发报道，引发危机。

传媒的舆论导向作用是非常显著的，从某种程度上讲，传媒宣传还起到树立某种社会评价标准的作用，往往直接影响着民众对某种社会现象的评价态度与关注程度。在美国，人们将舆论视为司法、立法、行政三权之外的“第四权力”，因此，对任何一种负面报道，组织都必须引起足够的重视。

对前一种负面报道，组织应首先以负责的态度向公众表明对此类事件的改正决心，并主动采取行动，解决引起负面报道的有关问题，并对因此类事件而受到伤害的目标公众给予某种补偿，再进一步告诉公众，组织本身将以此为鉴。对后一种负面报道，组织应以严正的态度，用最有说服力的证据，如专家鉴定、权威部门评议、各类证明等，通过舆论告诉公众，进行公开驳斥，并利用包括新闻发布会、公开声明等手段进行正当的商誉防卫，抑制谣言误导，还组织及相关产品以清白。

【案例 8—4】

特富龙事件

2004 年 7 月 8 日，据当日《华尔街日报》报道，美国环境保护署对杜邦公司提起行政指控，称其位于西弗吉尼亚州的一家工厂使用的一种名为全氟辛酸铵（特富龙的主要原料）的化工品，违反了有关潜在健康风险的联邦报告要求。若指控成立，杜邦公司将被处以最高每日 27 500 美元的罚金。杜邦公司否认了环境保护署的指控，并表示将在 30 天内针对这一指控提出正式否认。

7 月 15 日，杜邦（中国）公司常务副总经理任亚芬、杜邦（中国）氟应用产品部技术经理王文莉作客新浪嘉宾聊天室，就“特富龙事件”进行了大量的事实举证以及与消费者进行感情沟通。

7 月 20 日下午，杜邦（中国）公司在北京召开了媒体见面会。杜邦（中国）公司总裁查布朗在新闻发布会上与记者见面。当天下午，杜邦（中国）公司还拜访了国家质量监督检验检疫总局，向质检总局提交了有关技术资料，并回答了质检总局的提问。

8 月 13 日，杜邦公司在正式回应美国环保署质疑时称，杜邦已将特富龙主要原料——全氟辛酸铵的排放减少了 99%，并正广泛地向其他厂商分享减少排放的技术。

8 月 18 日，杜邦（中国）公司在北京再次举行媒体说明会。杜邦（中国）公司的高层官员称，中国媒体的误解导致了“特富龙”在中国目前的困难局面。

9 月 15 日，杜邦公司同意对西弗吉尼亚和俄亥俄两个发生特富龙有害物质污染饮用水的州，提出最高 3.43 亿美元的赔偿。但杜邦公司同时表示，这并不意味着杜邦公司认为特富龙制品对人体及环境有害。

10 月 13 日，国家质检总局在对“特富龙”的检测结果中证明了“特富龙”无毒。在经过了几个月的“委屈”后，杜邦公司终于“重见天日”。轰动一时的特富龙有毒事件，终于尘埃落定，权威机构国家质检总局的检测结果表明：在市场销售的含有特富龙涂料的不粘锅产品中，均未检出 PFOA（全氟辛酸及其盐类）残留物。

10 月 13 日，中央电视台经济频道在第一时间播出了特富龙检测结果无毒的专题新闻，“杜邦无毒，可以放心使用不粘锅”的权威消息，瞬间传了出去。

10 月 14 日，全国各大报纸、网站刊登了铺天盖地的有关特富龙无毒的报道，人民网、新京报、北京日报、北京青年报、上海新闻晨报、广州日报、羊城晚报等各大城市的主要媒体都在同一天报道，角度各异，主题却是同一个：杜邦特富龙没毒，并且以前也都一直没有存在过。

危机是指突然发生的危及生命财产或严重损害组织形象，使组织陷入困境的重大事件。当危机发生后，若不慎重决策，妥善处理，将会对企业经营产生严重的负面影响，对企业的信誉和品牌就会有强烈和深远的破坏性，甚至会危及企业自身的生存。企业要挽回损失，重新树立形象，势必要采取危机型公共关系的处理。百年杜邦以迅雷不及掩耳之势，进行了一系列公共关系活动。在危机面前，杜邦公司积极与媒体沟通，与消费者进行情感沟通，用智慧抵制谣言，全力以赴。其危机管理有序而到位，公共关系活动及时而主动，危机处理态度坚决而到位，公共关系方法有效而有力，通过充分整合新闻媒介，从而澄清了事实真相。

（四）竞争对手或个别敌对公众的故意破坏引起的危机型公共关系

由于社会的复杂和人们的道德水平差异，一些组织可能会遭遇由于人为的恶意破坏所造成的公共关系危机事件。例如，在竞争对手的产品中，投放有害物质，散布竞争对手不良财务信息，散播不利于竞争对手的社会谣言等，都可能对某些组织造成重大伤害，形成公共关系危机事件。作为当事者的组织，第一反应不是如何为自己辩护，而应迅速采取举措，抢救受害公众，最大限度地降低危害程度，同时完善、强化组织内部管理和相关产品的安全保护措施，争取以真诚的态度求得公众的谅解与支持。

（五）洋品牌广告伤害国内用户民族尊严引起的危机型公共关系

洋品牌在做广告宣传时不慎伤害到国内用户民族尊严，若此类危机处理不当，后果将很严重。不管这种伤害是有意还是无意的，组织都应该正确认真对待，不能掉以轻心。

【案例8—5】

丰田的“问题广告”事件

“问题广告”事件起源于丰田所做的两则广告，其一是“丰田霸道”广告：一辆丰田霸道汽车停在两只石狮子之前，一只石狮子抬起右爪做敬礼状，另一只石狮子向下俯首，背景为高楼大厦，配图广告语为“霸道，你不得不尊敬”；其二为“丰田陆地巡洋舰”广告：该汽车在雪山高原上以钢索拖拉一辆绿色国产大卡车，拍摄地点在可可西里。网友在新浪汽车频道、tom以及xcar等网站发表言论，指出狮子是中国的图腾，有代表中国之意，而绿色卡车则代表中国的军车，因此认为丰田公司的两则广告侮辱中国人的感情，伤害了国人的自尊，并产生不少过激言论。在随后的危机处理过程中，刊登“丰田霸道”广告的《汽车之友》杂志率先在网上公开刊登了一封致读者的致歉信，广告主丰田汽车公司也承认了错误。危机爆发后，日本丰田汽车公司和一汽丰田汽车销售公司联合约见了十余家媒体，称“这两则广告均属纯粹的商品广告，毫无他意”，并正式通过新闻界向中国消费者道歉。丰田表示，将停止广告刊发并通过媒体向公众道歉，并已就此事向工商部门递交了书面解释。

四、公共关系危机的成因

组织公共关系危机的形成，概括起来是由自然环境因素、社会环境因素、组织自身因素引起的，前两者因素有时防不胜防。下面仅从组织自身因素，即内部管理体制不健全和员工危机管理意识不强等方面进行分析。

（一）企业缺乏危机管理意识

目前，很多企业缺乏“忧患意识”，缺乏应对危机的一整套管理体系和方法。一方面，企业平安无事时，我们的企业一般不会有“未雨绸缪”的防范意识和战略考虑，不会注重媒体公共关系；即便出现了影响企业发展的突发负面事件，也往往是“病急乱投医”，进行无序的危机公共关系处理，远远谈不上“有序管理危机和果断采取行动”。另一方面，还有相当一部分的组织管理者没有正确的公共关系理念，对责任的认识仍停留在口头上，在组织发生危机时，不是想尽办法解决危机，而是想方设法“置身事外”，使问题演变成一场危机。

【案例8—6】

三大食用油公司的危机型公共关系

2004年12月27日，国家卫生部发布“2004年度食用植物油监督抽检情况通报”，判定部分食用油品牌抽检产品不合格，令人吃惊的是，食用油行业三大知名品牌金龙鱼、福临门、金象赫然在榜。此消息一经媒体披露，即引起众多消费者关注。在这种情况下，三大食用油公司是如何公关的？

12月27日，媒体披露卫生部食用油检查结果，三大品牌于28日对检查结果发表声明，中间只经历了一天时间，过程之短，可谓“反应迅速”，三大品牌企业公共关系危机意识之强，由此可见一斑。但是，如果我们把三大企业声明的内容进行系统比较的话，却发现其境界、策略、效果有天壤之别。

首先看金龙鱼的声明，该声明分为三大部分。第一部分：简单回顾了一下事件基本情况。第二部分：陈述企业采取的行动及措施——对所有八家生产企业的产品全面复查；对于被卫生部判定有问题的产品实施追查并招回。第三部分：公布检查结果影印件及国家标准，意在让消费者自己看实际检查结果是否符合国家标准。整个声明层次清晰，表述完整，心平气和。

再看福临门的声明，福临门的声明与金龙鱼基本相似，首先就卫生部抽检情况简单回顾，然后表述企业对此事件高度重视，并招回被认为有问题的产品等。但是，福临门声明的一个显著特点是，特别强调此前关于媒体所谓“福临门要与卫生部对簿公堂”做出澄清，并强调：“福临门从没有说过这样的话。”显然，福临门的意思是不想因此和卫生部关系闹僵。

金象前后发表了两个声明，第一个针对卫生部。声明要点如下：第一，抽查检测程序不合法，依据是：抽查前没有通知金象，因此，无法确认是否被抽查、在何时何地抽查、抽查油样是真是假、检测结果是否准确等。金象由此认定，国家质量监督和新闻发布程序有问题。第二，鉴于自行检测结果与国家抽查结果差别较大，作为ISO9000质量认证通过单位，金象对国家抽查结果感到莫名其妙。第三，金象是国家免检产品，其他部门没有随便抽查的权力。第四，金象认为，国家部门不应该只关心大型超市和大型企业，而应该多检查和管理地沟油、掺假油、劣质油。第五，金象要求有关部门采取行动消除影响，给金象一个合理、公正的生存环境。第六，金象特别强调，对于不负责任的报道，金象保留使用法律手段的权利。紧随这一声明，金象又发表了一封致消费者的公开信。公开信内容和金龙鱼、福临门声明大致相似，所不同的是，金象再次强调卫生部检测程序不合法，作为国家免检产品，金象保证自己的产品是安全合格的。

针对三家企业危机公共关系的声明，专业研究人士认为金龙鱼表现最好，福临门次之，金象最差。为什么这样说呢？

先看看金龙鱼的声明。首先，企业在第一时间做出反应，表明对该事件高度重视，这个很能赢得消费者的认同。其次，通篇声明逻辑严谨，说理清楚，用语平和，给人自信、沉稳的感觉，是实实在在面对问题、解决问题的态度。最后，也是最重要的，就是声明的核心内容清晰。报道出来之后，企业迅速对所有产品进行全面复查，对可能发生问题的产品全部收回，表现出对消费者生命和安全高度负责的精神。

而金象的声明给人的完全是另外一种感觉。该声明通篇都在否认问题：产品没有任何质量问题；抽查程序不合法；新闻发布程序不合法；作为免检品牌，金象应该享受免受抽查的特权；国家部门不应该对金象这样的大企业进行监管；国家有关部门应该采取行动消除负面影响；金象保留对有关媒体提起法律诉讼的权利等。在该声明中，金象是一个彻头彻尾的受害者形象。显然，这种诉求方式与消费者期待金象正视问题、解决问题的希望背道而驰，因此公众是不可能接受的。在消费者的观念里，卫生部是维持公道的机构，不可能和一个企业过不去，也没有必要把一个合格的产品非要说成不合格。金象的全盘否认，只能留给消费者“金象不愿意解决问题”的印象。也许金象的产品真的没有任何问题，但是，它这样简单而草率的态度本身就是一个问题。本来，卫生部抽查的结果，金象问题是最轻的，现在反而成了问题最严重的企业，失败的声明一下子把自己置于非常不利的位置。而且，金象矛头直指卫生部，这样与最高监督管理机构为敌，无异于为自己设置了一个障碍，是相当不明智的做法。而金象声明里打击地沟油、掺假油、劣质油的呼吁，给人以转移视线的感觉。所谓的国家免检产品不应该被抽查的说法，则有寻求市场特权的嫌疑。

福临门的声明相对来说比较中性，不温不火。福临门在声明中特别强调自己没有说过“和卫生部对簿公堂”的话，生怕因此与卫生部闹僵，其态度与金象矛头直指卫生部形成鲜明对比。

当今的时代是一个残酷竞争的时代，也是一个输不起的时代，这个时代不允许企业出现任何闪失，否则这个企业就有可能从此一蹶不振。为什么有些昨天还经营得好好的企业，今天突然就不见了？这背后往往就有一个公共关系危机的故事。因此，组织应珍视自己的品牌，规范自己的行为，反对为眼前利益不择手段，从根本上杜绝公共关系危机事件的发生。

（二）组织自身决策违背了公共关系基本原则要求

很多营利性组织的决策与行为更多地考虑了自身的利益而忽略了社会的利益，违背了“与公众共同发展”的公共关系原则，这就有可能使组织利益目标与社会利益目标相对立，从而引发公众对组织的抵触、排斥和对抗，使企业陷入危机之中。

【案例8—7】

罗氏——“达菲”风波

2003年2月8日，一条令人惊惧的消息在广东以各种形式迅速蔓延——广州出现流行疾病，几家医院有数位患者死亡，而且受感染者多是医生。“死亡”让不明真相的人们大为恐慌，谣言四起。2月9日，罗氏制药公司召开媒体见面会，声称广东发生的流行疾病可能是禽流感，并告之其产品“达菲”治疗该病疗效明显。罗氏公司的医药代表也以“达菲”能治疗该病而敦促各大医院和分销商进货。媒体见面会的直接后果是为谣言推波助澜，广东、福建、海南等周边省份的食醋、板蓝根及其他抗毒药品脱销，价格上涨几倍至十几倍，投机商大发“国难财”，“达菲”在广东省内的销量伴随谣言的传播也扶摇直上。2月8日前，广东省内“达菲”的销量仅为1 000盒，9日后飙升到10万盒。曾有顾客以5 900元买下100盒“达菲”！2月15日，《南方都市报》发表《质疑“达菲”：“禽流感”恐慌与销量剧增有何关系?》的署名文章，指责罗氏制药蓄意制造谣言以促进其药品的销售，并向广东省公安厅举报。罗氏公司的商业诚信和社会良知受到公众质疑，其形象一落千丈，直接的后果是“达菲”销量的直线下跌。《南方都市报》的消息发出后第二天，广州某医院“达菲”的销量就下降到每天不到10粒（以前每天要售出100多粒），更有消费者提出退货和索赔要求。

（三）组织全员公共关系意识淡薄，组织人员言行不当

组织人员包括管理人员和员工两类，组织不仅要加强管理层的公共关系意识，更重要的是要在员工当中形成“全员公关”的理念。员工是对外宣传的窗口，是组织形象的直接代言人，尤其是某些服务型组织的一线员工，他们直接与公众接触，因此，个别员工素质的好坏会对组织的整体形象产生影响，他们对公众的不良态度会引发公共关系危机。

【案例8—8】

武汉“麦当劳”事件

1999年7月的一个晚上，武汉汉阳家乐福超市二楼麦当劳餐厅，某顾客一家来此就餐，因3岁独生子特别爱吃番茄酱，便在购买了36元食品后，向服务员提出多给一包番茄酱的要求，服务员竟然在扔下一包番茄酱之后，轻蔑地说：“你们中国人就是爱占便宜”，并掉头离开。闻听此言，举座皆惊，众顾客纷纷谴责该服务员的恶劣言行，要求其当众道歉。未曾想，该餐厅值班经理竟站在餐厅中央大声宣布：“麦当劳”没有员工向顾客道歉的规定，甚至有服务员大声嚷道：你们爱国就别来“麦当劳”。新闻媒体披露此事件后，“麦当劳”的形象受到了极其沉重的打击。

（四）没有建立正常有序的传播沟通渠道

信息的有效传播对于组织的生存发展非常重要，在危机出现时更是如此，信息的有效传播如同血液在人体中流动一样重要。律师会告诉当事人让他保持沉默，但对待公共关系危机时若保持沉默，后果将不堪设想。许多企业在传播沟通中存在两大误区：一是无限制扩大组织机密范围，追求事事保密、层层设卡，唯恐公众知晓组织的决策内容。更有一些组织，甚至不让员工知晓内部有关信息，试想这样的组织怎么能获得公众的理解与员工的支持？二是只知道单向发布信息，不知道信息的及时反馈，使得危机不能得以有效控制。

第二节 危机型公共关系处理

一、危机型公共关系处理的原则

公共关系危机的类型多种多样，导致公共关系危机的原因也是错综复杂的，但是处理

公共关系危机的原则却是通用的。

（一）及时主动处理原则

危机事件一旦发生，极易出现人心散乱的局面。如何引导舆论、稳定人心，便成为处理危机事件的一项重要任务。加拿大企业危机管理专家唐纳德·斯蒂芬森曾说过："危机发生的第一个 24 小时至关重要。如果你未能很快地行动起来并已准备好把事态告知公众，你就可能被认为有罪，直到你能证明自己是清白的为止。"特别是在信息时代，网络的力量不容忽视，因此，第一时间做出迅速恰当的反应是防止危机事件继续恶变的"第一法宝"。

在危机管理理论中，著名的"危机曲线"包括突发期、扩散期、爆发期、衰退期四个时期，如图 8—1 所示。如果组织在危机开始的突发期和扩散期给予积极反应，遏制危机，往往处理危机的成本较低，效果也较理想。一旦到了爆发期，处理和平息危机的成本将呈几何级数增长，情形就难以收拾了。

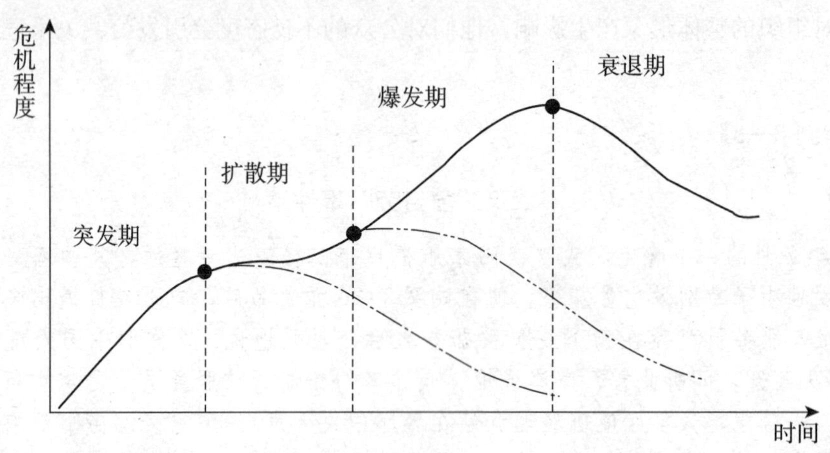

图 8—1　危机曲线

（二）实事求是原则

人无完人，孰能无过，组织同样如此。在现代高度信息化的社会空间中，一个组织很难隐瞒信息，公共关系危机一旦爆发，立即会引起政府部门、社会大众和相关媒体的关注与报道，此时作为事件当事人的组织，要把事实真相告知公众、新闻媒体，告知主管政府部门，以诚恳的态度，配合新闻媒体和上级主管部门的调查，及时向社会与组织的对象公众通报相关信息，把信息传播的主动权掌握在自己的手里。勇于承认错误，及时补救，及时改正，就可以最终得到大众的谅解与支持。相反，一味的隐瞒和掩盖只会引起更多的误解和不良猜测，更会激怒公众，同时也有可能被竞争对手恶意炒作，最终自食苦果。

【案例 8—9】

被污染的自来水

1985 年，美国纽约市的自来水水库被人放入了几克放射性物质，导致自来水被污染了。城市自来水公司发现后，马上采取清除措施，使城市用水又可以正常使用。但市政府还是担心这个消息将造成该城市市民的恐慌，如市民们在恐慌中撤离城市，其后果可能是非常严重的。美国联邦紧急状态管理局决定在播放这条消息时，不给媒体留下污染的余地。于是，在当晚电视的黄金时段，电视上出现了这样的画面：市长从自来水龙头上接了一杯水喝下去，之后他才告诉观众发生的事情。接着，他又喝了一杯，并抱怨水虽然像往常一样可以饮用，但味道不是很好。第二天早上，市民又像往常一样忙碌地上班去了，并未受到自来水被污染的影响。

（三）勇于承担责任、消费者利益至上原则

组织与利益公众之间的关系一旦发生危机，最有成效的方法就是协调好各方利益关系，尤其是要将消费者的利益放在第一位，保护消费者的利益。企业必须要有强烈的社会责任感，要勇于承担责任，以消费者的利益为重，赢得公众的理解与支持。消费者就是上帝，失去了消费者，企业的存在就没有任何意义。

危机发生后，公众一般会关心两个问题：一个是物质层面的问题，即物质利益永远是公众关注的焦点。因此，企业应首先主动承担损失和责任，及时向受害者及所有消费者道歉，并切实采取措施补偿损失，待真相澄清后，企业可能更会得到消费者的喜爱。所以，企业应首先表达解决问题的诚意，创造妥善处理危机的良好氛围，以真诚和负责任的态度面对公众。这样既表现了对消费者负责的一面，又最大限度地减少了企业的不必要损失。否则会各执己见，加深矛盾，引起公众的反感，更不利于问题的解决。另一个是精神层面的问题，即企业是否在意公众的心理情感。企业应该站在受害者及所有消费者的立场上表示同情和安慰，必要时还得通过媒体向公众发表谢罪公告以解决深层次的心理情感问题，从而赢得公众的谅解和信任。如果可能的话，做出超过有关各方所期望的努力，显示企业对消费者的真诚，以赢得受害者和所有消费者以及公众和媒体的广泛理解及同情，万万不可只关心自身形象的损害，拘泥于眼前的名利得失。若在危机面前百般推诿，强词夺理进行“狡辩”，则会产生非常不好的影响。

【案例 8—10】

麦当劳“消毒水”事件

2003 年 7 月，广州两位消费者到麦当劳用餐，发现所点的红茶有极浓的消毒水味道。现场副经理解释，原因可能是由于店员前一天对店里烧开水的大壶进行消毒清洗后，未把残余的消毒水排清所致。两位消费者与麦当劳相关人员就赔偿等问题理论和争执长达两个多小时之后，店长和督导才到达现场。在工商局工作人员赶到现场调停近一个小时后，最终仍以破裂收场，消费者愤然报警。一周后，麦当劳发表简短声明，用主要文字描述事件过程并一再强调两位消费者是媒体记者，同时声明，麦当劳一向严格遵守政府有关部门对食品安全的所有规定和要求，并保证麦当劳提供的每一项产品都是高质量的、安全的、有益健康的。整个声明没有提及自己的任何过失、该如何加强管理或向消费者表示歉意，更没有具体的解决问题的办法。经媒体多方报道，历经半个月，麦当劳和消费者终达成和解，但双方对和解内容保密。此前的5月，麦当劳某北京分店已发生过把消毒水当饮料提供给消费者的事情。当时受害者得到的回复是“没想到他们的态度特别不好，连最起码的医药费他们都不愿意出。店长还跟我说什么，现在是特殊时期，他们的压力特别大，希望我能体谅她。”麦当劳的此次事件使它的公众形象大大受损。

（四）统一原则

当公共关系危机来临时，组织的反危机行动必须遵守统一原则。统一原则包括信息发布口径的统一、行动的统一、目标的统一和整个组织反应协调活动的统一。组织的人力、物力、财力和组织各机构部门都应该统一在最高危机处理小组的领导下，以组织的全部力量尽快平息公共关系危机所带来的不良影响。

（五）真诚沟通原则

在危机事件中，公众除了利益抗争外，还存在强烈的心理怨怒。因此，在危机处理过程中，组织不仅要解决直接的、表面的利益问题，而且要根据人的心理活动特点，采取恰当的心理沟通策略，解决深层次的心理、情感关系问题。不论是面对媒体，还是面对受害者或内部公众，都要以真诚的态度进行沟通，消除公众疑虑，取得公众的谅解和支持，使危机的消极影响降到最低。

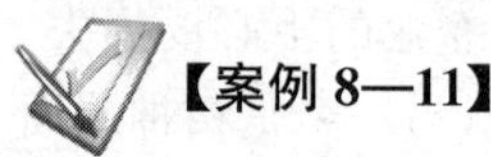

【案例8—11】

万科“捐款门”事件

一直以来，有“好公民”之称的万科董事长王石在中国地产界享有很高声誉，然而，因为给地震灾区捐款事件，王石和万科站在了舆论的风口浪尖上，几乎成为众矢之的。2008年5月12日四川汶川地震当天，万科宣布捐款200万元。与2007年超过48亿元的净利润相比，200万元的善款不足其净利润的万分之四。万科因此被网友批为“捐款数额与收入不符”。震后第三天，王石在博客中予以理性回应：“200万元是个适当的数额……企业的捐款活动应该可持续，而不应成为负担……普通员工的捐款以10元为限。”其意就是不要把慈善变为负担，此回应立即遭到网民一致批评与指责，不少人甚至自发组织“抵制购买万科住宅、抵制持有万科股票”的活动。从万科公开披露的股东大会决议上看，2008年度授权董事会用于慈善公益捐款的预算是1 000万元。据称，雪灾已经用掉800万元，这次捐出的200万元是万科本年度慈善额度的最后部分。王石如果将来龙去脉解释清楚，相信网友会理解，而王石选择的是一种情绪性的回应方式，难以起到实质性的交流作用。

（六）配合媒体原则

现今国际上，舆论被誉为与立法、司法和行政三权并列的“第四种权力”，这足以证明新闻媒体的力量不可忽视。“成也媒体，败也媒体”似乎已经成为被广泛认可的公理。媒体既是企业公众之一，又是企业与公众沟通交流的窗口和桥梁，两种性质决定了企业与媒体合作的必然性。对于企业来说，媒体是一把双刃剑，运用得好，可以披荆斩棘，为企业开辟出一片新天地；运用得不好，不但会伤及自身，而且可能面临灭门之祸。标王秦池的倒下，巨人大厦的倾覆，其中若不是新闻媒体从中“作梗”，或许今天，我们看到的就不会是一蹶不振的秦池和以脑白金东山再起的史玉柱。他们的失败，有其相似的原因，就是在媒体曝光后，没有采取积极主动的态度去补救，而是坐以待毙，才导致了自己的灭亡。积极配合媒体可以抓住事态发展的主动权，可以将损失控制在最小范围内，使形象免受更大的损害，可以通过开诚布公，与公众坦诚相见，维护良好形象，还可以借助媒体在公众中公正的形象，说服公众，便于以后开展工作。

【案例 8—12】

富士“走私”丑闻

2003 年，关于“富士走私”的传闻流传，而后更被传媒曝光，问题的焦点又更多地集中在珠海真科身上。富士一直以沉默作答，仅有的一份“与自己无关”的声明更显示出其大有逃避中国媒体和舆论的监督，企图蒙混过关之意。而在媒体公共关系上，富士更多的是“义正词严”，试图使媒体屈服。

“富士走私”丑闻被竞争者加以宣传利用。柯达全球副总裁对外宣称：柯达对珠海真科的“灰色行为”早就有所耳闻，珠海真科以前的“不规范运作”伤害了柯达。乐凯也表达了“极为不满”的情绪，并早就收集了有关珠海真科的“违规资料”，并上报国家经贸委。“在我们看来，富士与中港照相本来就是一家。”“中港照相参与走私，富士难脱关系!”富士成了众矢之的。

对于富士涉嫌走私事件，富士（中国）副总经理小泉雅士称，无论是富士总部还是富士（中国），都从来没有给珠海真科投过一分钱。实际上，珠海真科只与富士总社的代理商有关，有关“走私”的传闻与富士公司无任何瓜葛。

可调查表明，在中港照相的旗下，竟有十几家“富士”名号的公司。富士，本该紧急采取危机公共关系策略，力争平息危机，以保住自己苦心经营多年的中国市场。可是令人遗憾的是，在其涉嫌走私已是公开秘密的前提下，富士居然未采取任何危机公共关系策略，而是在珠海真科东窗事发后，干脆把自己的责任推了个一干二净。

富士一纸声明函发给北京某著名财经媒体，表示要诉诸法律来解决被曝光事宜。事与愿违的是，就在富士发出声明的两个星期后，北京这家报纸仍然利用较大的篇幅对富士以及“胶片”走私事件作了追踪报道，并配有社评性的评论，大有将曝光“富士走私”事件进行到底的决心。富士作为一家国际性的公司，在与媒体的沟通上却没有显示与跨国公司身份相匹配的风范。各大媒体开始了大规模追踪报道，富士与媒体不和谐关系表露无遗。与柯达相比，富士缺乏了一种与媒体互动性的双向沟通，这种双向沟通不仅仅是一种物质利益上的关系，更重要的是精神层面上的东西。

二、危机型公共关系处理的程序

公共关系危机的处理是指危机爆发后，为减少损失与危害，按照一定的程序和策略所采取的直接、妥当、必要的处理措施。只有采取正确而恰当的举措，组织才能避免工作的随意性、盲目性，使危机在有效地监控下得到缓解，将组织的损失与危害降到最低。为此，组织必须制定出一个反应迅速、正确有效的危机处理程序，具体的处理程序包括下述几个方面。

（一）迅速反应，隔离危机

危机一旦发生，万不可乱。要冷静地启动危机应变程序，采取紧急措施，防止事态的蔓延。这个阶段速度是关键，因为现代社会信息传播高度发达，任何组织的公共关系危机事件都有可能被迅速传播，如不加以控制，就可能使组织遭受重创。而采取紧急措施，一方面可以使组织的形象与声誉损失降到最低；另一方面则赢得了宝贵的时间。这个阶段的具体任务包括：

(1) 根据危机影响程度，迅速建立危机管理小组，组成人员包括决策层负责人、公共关系部经理、人事部经理、保卫部经理等。一般选择与危机影响相适应的管理层出面是比较合理的，往往越是高层人物出面对于危机的消除益处越明显。建立危机管理小组的作用包括：一是负责危机的调查与调解；二是进行组织内外的联络，加强与外界公众的传播沟通；三是为媒介准备材料。

(2) 在危机降临时，迅速将其隔离，以免蔓延、扩大。例如，2001年，美国在“9·11”恐怖事件发生后，果断采取措施，迅速关闭了所有的机场，封锁通往纽约机场的各条道路、桥梁、隧道等，就是为了控制危险局势的恶化。再如，1999年6月初，比利时和法国的一些中小学生饮用可口可乐发生中毒，可口可乐公司就赶紧通知停止销售一切可口可乐的产品，以防止中毒事件继续发生，为下一步危机调查和解决打下了基础。

（二）全面调查，收集信息

在危机得到初步控制之后，接下来要做的就是立即展开对危机的范围、原因、后果的全面调查。危机调查是采取适宜公关措施的基础，也是成功处理危机的关键所在。

组织首先要安排调查组深入现场了解事实，详尽、全面、细致地收集与危机相关的各种综合信息，迅速掌握问题是在何时、何地、如何发生的；目前的状况怎么样、损失如何；其发展趋势如何；解决危机问题的关键所在；从公共关系角度出发，组织有何考虑；应争取何种目标；有哪些公众卷入危机事件；卷入程度如何；目前他们与组织间的信息联系如何；应如何与他们进行更有效的沟通联系；何时能予解决；解决时需要哪些附加条件等，并尽快做出初步报告。安排联络小组马上投入各方面的联络工作，如外部来人接待，要约见什么人，需要哪些方面的力量协助等。

在全面调查的基础上，组织要透过各种方法挖掘出危机爆发的缘由。在这里，尽量邀请技术权威机构介入对危机事件真相的调查与论证，这可以提高信息的可信度，对于减少谣传、寻求传媒与公众的理解尤其有好处。

（三）针对危机，确定对策

在对危机事件进行调查分析的基础上，针对危机类型不同、对象不同，组织要有针对性地采取相应的危机处理方案及其方针和工作程序，并安排调配组织现有的人力、财力和物力，明确责任，落实任务。这些对策大致包括下述几个方面。

1. 对组织内部的对策

首先，要动员全体员工齐心协力、共渡难关。其次，通告组织内部全体人员，以统一口径共同行动。最后，可以奖励有功者，处罚主要责任者，并通告有关各方。

2. 对受害者的对策

首先，立即认真调查受害者真实情况，冷静耐心听取受害者及其家属的意见和要求，实事求是地承担责任，并诚恳道歉。其次，尽量避免在事故现场与受害者及其家属发生纠纷与争执，组织应避免发出为自己辩护的言辞。最后，应由专人负责与受害者及其家属谨慎地接触，给予安慰，并尽可能为他们提供相应赔偿及所需服务。另外要注意，在处理危机过程中，如无特殊情况，不要随意更换负责处理工作的人员。

3. 对上级主管部门的对策

首先，在事件发生后要及时向上级主管部门实事求是地汇报，争取其帮助与关注。其次，在事件处理过程中，应定期汇报事态发展概况，求得上级部门的指导。最后，在事件处理后，应详细汇报处理经过、解决措施及今后的预防举措等。

4. 对新闻界的对策

对新闻界的对策包括：及时与新闻界联络、沟通；统一宣传口径，如怎样公布危机和怎样措辞等；征求记者的意见，尊重记者工作；提供准确消息，避免报道失实；提供组织领导人与记者充分交流的机会。

5. 对业务往来单位的对策

对业务往来单位的对策包括：尽快如实传达危机信息；以书面形式通报正在采取的措施；确有必要的话，派人当面进行协调；危及对方利益时应及早予以补偿；事故处理后，应用书面形式表达影响业务的歉意或登报致歉。

6. 对其他公众的对策

对其他公众的对策包括：通过各种渠道向其他公众说明事件真相，介绍事情经过、处理办法和今后预防措施；要热情、耐心、坦诚地接待可能的来访者；根据事件的性质和造成损害的程度，以组织或个人名义向公众表示歉意，必要时应赔偿经济损失。

（四）传播信息，主导舆论

危机发生后，各种传闻、猜测都会发生，媒体也会纷纷报导。组织一定要充分利用舆论，巧妙运用现代传播媒体，把组织驾驭危机的信心和胆略、危机的真相和处理危机的办法、进展等相关信息，及时、准确地传达给公众，正确引导公众舆论，防止公众因误导而诱发不利于组织的联想。因此，组织在公共关系危机处理中要开展有计划的信息传达、交流工作。具体要点包括下述几个方面。

1. 确定发言人

组织要统一信息发布口径，指定新闻发言人，用同一个声音对外。在组织危机发生之后，如果针对媒体的沟通渠道超过一个，那么随时有可能因为主渠道之外的一个细微的错误而使组织陷入被动。要知道，媒体有窥探的嗜好，危机发生后会挖空心思地寻找漏洞，捕捉和挖掘负面的新闻，越离奇就越轰动，越有争议就越能吸引读者的眼球。因此，组织面对媒体时，只能由新闻发言人出面，其他任何员工不得随便发表观点，但态度要认真，不得敷衍或不耐烦。这样，就可以有效避免组织对外口径不统一，也避免触怒记者造成事件恶化。组织内部也要统一口径，不能董事长表一个态，总经理又表一个态。例如面对媒体，某药业一个领导说“三废没有处理好”，另外一个领导却说“没有对周围的环境造成污染”，这样自相矛盾，容易被媒介抓住把柄。

2. 主动与新闻界沟通

一方面，组织应主动告诉媒体事件详细背景材料和最新进展，尽量给予采访上的便利，以免媒体通过一些非正规渠道去寻找新闻线索，而且这样做也能取得媒体对组织的理解与支持；另一方面，通过媒体掌握的组织自身尚不清楚的信息，如社会公众的反响、某些权威人士的观点等，组织应采取针对性措施阻止各种错误信息的进一步传播。在与新闻界沟通的过程中，还要注意两方面的情况，即有利的情况和不利的情况。因为，如果竭力掩盖于己不利的真相，一旦被发现，可能被怀疑组织是危机的罪魁祸首，反而得不偿失。

3. 不向外发布不准确的信息

组织只有确切了解危机真相及原因后才能对外传播，尤其不能凭主观推测向外交流，否则会节外生枝。当外界传播的信息失真时，应通过媒体提供真实情况，纠正不正确信息。对于那些涉及面广、事态严重的危机，组织需召开新闻发布会，并通过大众传媒广泛传播给社会公众，以免小道消息、传言泛滥。为保证信息传播的及时、准确，组织有必要保证信息渠道畅通，在条件允许的情况下组建一个与外界联络的中心，包括准备资料、接受媒体与外部公众询问等，并实行 24 小时工作制。

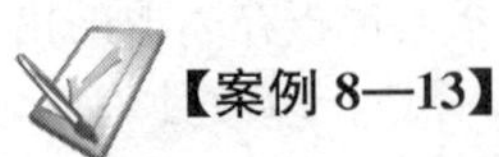

【案例 8—13】

玉环牌热水器的遭遇

南京热水器厂的玉环牌热水器自投放市场后，销售势头一直很旺，还多次荣获省部级奖。但就在其畅销之时，祸从天降。有一年，出现了三起使用玉环牌热水器而致人死亡的恶性事故，一时引起轩然大波，国家经贸委要求紧急停产整顿，17 家新闻单位点名批评，厂家声誉一落千丈。怎么办呢？厂领导深知查清真相的重要意义，因为自事故发生以后，各种流言飞语就沸沸扬扬，使该厂陷入一片猜疑、不满之中，唯有以事实为依据，以查清真相为突破口，才能找到转机。因此，厂领导首先决定查清事实，将事故真相准确、及时地公之于众。经与有关部门共同进行调查，事情的真相终于查清了：事故不是因产品质量引起的，而是使用者违反使用规程导致的。为了消除影响，南京热水器厂进一步让事实“说话”：一方面，把玉环牌热水器分发给全厂职工，职工的使用在一定范围内成了无声的广告；另一方面，该厂通过新闻媒介广泛宣传使用热水器的注意事项，并开展了各种公共关系活动。南京热水器厂的努力没有白费，玉环牌热水器又得到了消费者的喜爱。

（五）做好善后处理，重塑组织形象

危机对组织造成的损害会在以后显露出来，因此，公共关系危机得到处置之后，还要进入重建组织良好形象的阶段。只有当组织的良好形象得到重新建立时，才谈得上真正转危为安。

在这个阶段，组织要借助组织面临的内部或外部危机，发现并改进企业的不足之处，使原来不利于组织的事件朝着有利于组织的方向发展，从而使组织能够保持健康的持续发展态势。美国前总统肯尼迪对危机的解释与中国人对危机的想法非常地接近：危机由两层含义组成，“危”意味着“危险”，“机”意味着“机遇”，两者处于极度的对立之中，因此，危机的发展变化常常极富戏剧性效果。又如美国危机管理专家诺曼·奥古斯丁所说："一次危机既包含了导致失败的根源，又蕴藏着成功的种子。发现、培育，进而收获潜在的成功机会，就是危机处理的精髓；而错误地估计形势，并令事态进一步恶化，则是危机不良处理的典型特征。"因此，企业要尽力挖掘危机事件中可利用的因素，争取把"危险"化作"机遇"，这是危机管理的至高境界。

重塑组织形象的目标，具体来说分为四个方面：第一，使组织公共关系危机事件的受害者及其家属得到最大的安慰；第二，使利益受损者重新获得作为支持者的信息；第三，使观望怀疑者重新成为真诚的合作伙伴；第四，更多地获得事业上新的关心者和支持者。

在确立了重塑组织形象的目标后，关键是如何采取有效措施重塑组织形象。这些措施包括对内和对外两个方面。

针对组织内部公众，一是要以诚实、坦率的态度进行双向交流，增强管理的透明度和员工的信任感；二是以积极、主动的态度动员内部公众参与决策；三是进一步完善组织管理制度、措施，有效规范组织行为。

针对组织外部公众，一是要保持联络，继续充分运用传媒工具进行连续性、全方位报道，将组织在危机后所采取的措施及服务方针告诉公众，使公众能真正了解组织及其行为，并能逐步对组织恢复信心；二是针对形象受损的内容与程度，重点开展有益于弥补形象缺损、恢复形象的公共关系活动，如通过倡议发起某种社会道德大讨论、积极支持社区建设、热心社会公益事业、关心社会热点问题等；三是设法提高组织的美誉度，提高其产品或服务的质量，从本质上改变公众对组织的不良印象。

【案例 8—14】

肯德基的"苏丹红（Ⅰ号）"事件

苏丹红（Ⅰ号）事件后，肯德基承认了其食物中含有苏丹红成分。与其被动被查，不如主动承认并改过，这可能对肯德基的经营有短期影响，但从长远看，是非常明智的一个举动。无论如何，肯德基都必须承担苏丹红（Ⅰ号）事件中的品牌信任度降低而带来的巨大风险。为了重新恢复消费者购买的欲望，肯德基不久开展了主题为"重新认识老朋友"降价促销活动。同时还决定投资 200 多万元成立中国餐饮业第一个食品安全检测研究中心，对所有产品及使用原料进行安全抽检，并针对食品供应安全问题进行研究等，这些"亡羊补牢"的做法或许能使喜欢吃肯德基食品的消费者心里感到一丝欣慰。不过，由苏丹红（Ⅰ号）引发的诚信危机目前正考验着秉承"回报社会"企业宗旨的肯德基。

危机本身是一件令人头疼的事，但同时也是一个机会，就公共关系而言，危机是一次让组织决策者理解公共关系、重视公共关系的机会；就组织而言，危机是一次让组织形象提升一个层次的机会，这也就是危机管理的目的所在。

第三节 公共关系危机的预防

组织危机的形式是多种多样的，每一种危机都会对组织构成威胁。虽然危机的发生有偶然性和突发性，但这不意味着我们可以不做准备，听天由命。事后控制不如事中控制，事中控制不如事前控制，可惜大多数组织经营者未能认识到这一点，等到错误的决策造成了重大的损失后才寻求弥补，有时是亡羊补牢，为时已晚。可以说，在危机来临之前积极预防，这才是解决公共关系危机的最好办法。

公共关系危机预防是指对组织潜在的隐患进行监测、预控的危机管理活动，并对组织管理者提出警告，以利于组织及时脱离危机，减少组织的损失。每个组织的相关公众是有明确范围的，组织与公众的联系内容也是基本明确的，因此，组织完全有可能对危机进行预防与监控，而且积极的计划在管理危机时能更省时、有效。在对世界500强企业董事长和总经理的调查中发现，这些企业被危机困扰的时间平均为8周半，没有应变计划的公司，要比有应变计划的公司被困时间长2.5倍。

一、提高组织成员的危机意识

《左传》中有“思则有备，有备无患”，孔子主张“安而不忘危”，孟子也说“生于忧患，死于安乐”，这些话都提醒人们，只有居安思危、未雨绸缪，随时警惕危难的征兆，并预先备好应对的方案，才是预防危机发生的有效之道。

科学家曾经做过一个试验，一组老鼠只给八成饱的食物，另外一组老鼠可以随便吃到十二成饱，结果第一组的老鼠身体非常健康且长寿，而另外一组的老鼠多病早夭。过量的食物导致老鼠早亡，而没有吃饱的老鼠会有一种危机感，这种危机感让它特别爱惜粮食，每一粒粮食都得到充分的消化，正是这种危机感，挽救了老鼠，让它们更加健康长寿。同样，组织也必须要时刻保持危机感，在顺境中感觉将来可能出现的危机，更应随时了解危机可能发生的范围、时间以及如何在危机来临时加以妥善处理，正如萨姆·布莱克所讲，危机管理“最基本的要求是能够预见到将要发生的事，而不至于在问题突然出现时措手不及”。

美国波音公司在20世纪80年代曾摄制了一段模拟企业倒闭的电视新闻：一个天气阴沉的日子，员工们一个个低着头，脚步沉重地离开自己的岗位，离开工厂，高高的厂房上悬挂着“厂房出售”牌，一个画外音在回荡：“今天是波音公司时代的终结，波音公司关闭了最后一个车间。”这使得员工危机感进一步增强，对工作更加珍惜，对产品质量也更加重视。

公共关系危机形成的情况有两类：已知道未知事件与不知道未知事件。第一种情况是指有风险的产品或产业。知道问题的存在，但是不知道会发生什么故障，直到它实际发生为止。例如，飞机有可能坠毁，但预先不知道怎样、在什么时候或在什么地点坠毁。第二种情况即未知事件是根本无法预测的。人们可以预测旅馆可能发生火灾，客人可能死于食物中毒，但是人们不能从大量的国际新闻中预测一个总统遭人暗杀的行动。因此，组织必须重视和认识这种客观存在，牢记任何事情都有可能发生。

二、建立危机预警系统

组织除了提高组织成员的危机意识，更重要的是要建立起危机预警系统。危机预警系统是通过对有关公众对象和组织环境的监察，及时发现危机隐患，帮助决策层迅速采取针对性措施，减少危机可能对组织造成的损害。预警首先是寻找危机环境，一种是要找出组织在历史上曾发生过的危机；另一种是要找出国内外同行或类似组织已发生过的危机。其次是分析上述两类危机发生时的条件、成因，并结合近期社会环境因素的变化进行相关分析，从中判断危机发生前的环境“预兆”（如地震前动物骚动、水质变化），进而通过监测，确保随时能做出第一反应。

（一）设置危机管理机构

大中型组织应设立危机管理委员会，这是顺利处理危机的组织保证。危机管理委员会的人员应包括组织领导、人事经理、工程管理人员、保安人员、公关经理、后勤部门领导等。如果组织有分支机构，每个分支机构、子公司、分厂都应向委员会派一位代表，以便发生问题时能迅速在各地协调行动。特别是当分支机构也生产同样的产品，采用同样的质量标准、同样的购销渠道、具有同一组织形象时更有必要。

1. 危机管理委员会的作用

危机管理委员会的作用包括：全面、清晰地对危机发展趋势做出准确预测；确定有关处理策略和步骤；安排调配组织现有的人力、财力和物力，明确责任，落实任务；启动信息沟通网络，与传媒及目标公众保持顺畅联络；对危机处理过程中各项工作做指导和咨询。

在公共关系危机预防阶段，危机管理委员会最主要的任务就是对可能发生的危机做出准确的预测。预测包括：可能发生哪些危机，危机可能具备的性质及规模，以及给各方面可能带来的影响。在公共关系领域，虽无法准确预见危机在何时何地发生，但其中也存在一些规律性的东西。因此，我们可以从四个方面进行分析预测：首先，从组织自身的类型做预测，列出组织可能发生的公共关系危机事件；其次，从组织发生过的事件中做预测，查看组织曾发生过什么样的危机，并进行归类总结，作为日后的参考依据；再次，从同行业组织的经验或教训中做预测，查看本组织所属的同行业或类似的行业发生过什么样的危机事件，在此基础上尽可能多地列举出与本组织相关的危机问题，做好防御准备；最后，从逆向思维中寻找危机源，也就是从好事中找到坏的隐患，如用直升机造势确实声势浩大，但它的另一面是可能失事并造成恶性危机。

2. 危机管理委员会应配置的设备与材料

危机管理委员会应配置的材料与设备包括：足够的通信设备（包括内线、外线电话和无线电通信工具）、各类图纸（平面图、建筑施工图、水电线路图、社区方位图等）、员工名册、重要人物的地址、联系电话及应急车辆、应急人员及各类专用设备等，以保证危机处理能有条不紊地进行。

此外，组织还可以根据危机内容和可能的发展趋势，确定是否聘请外部专家介入对危机的处理，有些危机只有靠专业的、经验丰富的公共关系专家，才能帮助组织控制灾难。

（二）完善危机管理计划

“凡事预则立，不预则废”。组织必须建立健全的危机管理计划，规定在对危机事件处理中各个部门及人员的职责分工，才能保证危机发生时能有效而有序地处理危机事件，维护组织形象。公共关系危机管理计划包括预防计划、应急计划和传播计划。

1. 危机预防计划

制订危机预防计划的目的是在了解组织可能出现的危机事件基础上，在危机可能发生之前就采取措施，从根本上杜绝危机发生的可能。预防计划应该详尽说明某潜在危机成立的理由及其灾难性的后果，并提出消除的对策、详尽的解决方案。例如，企业通过在日常业务中制定完善的生产管理制度并严格执行，从而保证产品和服务的质量，从根本上消除顾客投诉的隐患。

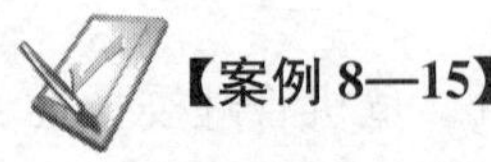

【案例 8—15】

肯德基严格的纪律

为防止与顾客发生矛盾纠纷，肯德基餐厅严格执行如下纪律：第一，餐厅制作的炸鸡要严格按“七、十、七操作法”进行，即将一袋鸡块放到鸡蛋中浸七下，再放到干粉里滚十下，最后再按七下。第二，肯德基制定了一项铁的规定，即鸡块炸出超过 1.5 小时就不能再卖了，不管剩多少都要扔掉。第三，运用科学手段，保证炸鸡的分量。在制作过程中，餐厅运用电脑控制选用肉鸡，体重均在 1.13 千克～1.23 千克之间，每只鸡分 9 块，保证分量。肯德基的这种严格控制产品质量的规定使其在日常业务中就开始预防危机的产生。

2. 危机应急计划

危机应急计划是指在危机发生之前就制定出应对各类不同危机的程序、方法，以便一旦出现危机即刻能做出反应，将危机的危害减少到最低程度。应急计划的侧重点在危机事件发生时的处理过程，主要内容包括：(1) 对组织潜在的危机形态进行分类，并制定各类危机预防的方针政策。(2) 为其中一类危机预防做出具体的战略和战术。(3) 确定与危机相关公众的范围及沟通方法。(4) 建立有效的传播沟通网络，并明确具体联系对象。(5) 确认危机处理过程中各环节的具体人选，明确分工与各自职责。(6) 明确各类危机处理的“总指挥”人选。

此外，危机应急计划的制订还应注意：其一，计划应以组织现有的人力、财力和物力为基础；其二，计划的要点不应放在琐碎的目标和任务上，而要为需要管理之处和风险严重波及之处提供指导原则；其三，掌握“80—20 法则”，即 80%的设备和人员在任何时候都是可以使用的，但 20%的人员和设备由于公出、休假或者无法操作有可能不能投入使用，其中，80%中的 80%将会依据来自指挥中心的指示进行正常的危机反应，而余下的 20%可能不能反应或拒绝反应。此外，计划应随着环境的变化而随时修正，不能一劳永逸。

3. 危机传播计划

危机传播计划重点是危机事件发生后的媒介沟通和信息传播。危机事件发生后，组织要向外界公众及时解释，公布组织的处理方案，加强与外界的信息沟通，这样可以拉近组织与公众的距离，获取公众的理解和支持。因此，在危机传播计划中，应当包括与新闻媒介的联系方式、与外界的信息沟通与处理、确定组织的新闻发言人，必要时还需成立专门的新闻传播中心，派专人与记者联系，除此之外，还有一些文件的准备工作，如新闻稿等。

（三）危机管理的条件准备

危机管理的条件准备包括下述几个方面。

1. 危机管理专项经费

在危机预防阶段，针对危机管理的各项经费开支可通过组织内部预算预留出来，以便在危机发生时各项工作不会因为经费而耽误。

2. 危机信息资料的准备

危机信息资料包括危机事件处理小组的联系方式与预警方案、突发事件的处理程序、善后工作的材料，这些资料应能够随时取用。

3. 建立处理危机关系网

根据预测的组织可能发生的危机，与处理危机的有关单位联系，如消防、公安、社区、保险公司、银行、媒体等，以便在危机到来时能很好合作。

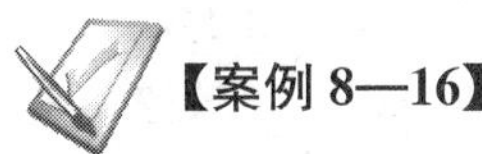

【案例 8—16】

中美史克"康泰克事件"

成功的公共关系危机处理绝不是临阵磨枪，而是事前就有所准备。中美史克"康泰克事件"便属于非常经典的"有准备之仗"。

2000 年 11 月 16 日，中美史克公司接到《关于暂停使用和销售含苯丙醇胺的药品制剂的通知》后，立即成立危机管理小组。与此同时，危机管理小组发布了危机处理纲领：坚决执行政府暂停令，暂停生产和销售；通知经销商和客户立即停止"康泰克"和"康得"的销售，取消相关合同；停止广告宣传和市场推广活动。

11 月 17 日中午，中美史克全体员工大会召开。中美史克总经理杨伟强向员工通报了事情的来龙去脉，宣布公司不会裁员，此举赢得了员工空前一致的团结。同日，全国各地的 50 多位销售经理被召回总部，危机管理小组深入其中做思想工作，以保障各项危机应对措施的有效执行。

11 月 18 日，被迅速召回天津总部的全国各地 50 多名销售经理，将中美史克《给医院的信》、《给客户的信》发往全国，应急行动也在全国各地按部就班地展开。在中美史克总部，公司专门培训了数十名专职接线员，专门负责接听来自客户、消费者的询问电话，做出准确统一的回答以消除疑虑。11 月 21 日，15 条消费者热线全面开通。

11 月 20 日，中美史克公司在北京召开了新闻媒介恳谈会，会议邀请了多家中央级及地方级媒体。会上宣布中美史克全力配合国家药政部门的有关工作；"康泰克"和"康得"这两种药品制剂目前已进入停产程序；新产品开发将按既定计划进行，"康泰克事件"会加快这一进程；消费者无须恐慌，最终，中美史克会提供令用户和政府都满意的解决方案。

中美史克在稳定了消费者、经销商、企业员工这三大块后，仍然面临着一个重大问题：如何重树股东们的信心。为了说服公司的大股东恢复对公司的信心，继续向公司投资，中美史克高层把股东请到了生产地点，让他们看到企业的员工都保持着高昂的士气；同时，还从英国和美国的研究总部调来专家论证新的抗感冒药的可行性。另外，中美史克还做出一套完整的解决方案，让总部知道公司将如何处理这些棘手的问题，需要总部提供什么资源，而这一切都有科学数据做支持。总部在这一番科学论证中，看到了重新获得的商机，同意继续追加投资。

苯丙醇胺禁令 9 个月后，不含苯丙醇胺的"新康泰克"重现市场，并很快引起热销。

三、加强内部培训

处理危机是公共关系工作中的一项重要内容，但由于危机并非经常发生，所以大多数工作人员对处理危机都缺乏经验。企业可组织短训班专门对公共关系人员进行培训，内容包括：模拟危机，让受训学员做出迅速的反应，以锻炼他们面对危机、处理问题的能力；向他们提供各种处理危机的案例，让他们从各类事件中吸取经验和教训，帮助他们在心理上做好处理各种危机的准备。危机的发生是很难预测的，因而危机管理应常备不懈，各种方案、计划、培训都不能一劳永逸，应常备常新，万万不可心存侥幸。

（一）印制危机管理手册

组织可以将危机预测、危机情况和相应的措施以通俗易懂的语言编印成小册子，可以配一些示意图，然后将这些小册子发给全体员工。组织还可以通过多种形式，如录像、卡通片、幻灯片等向员工全面介绍应付危机的方法，让全体员工对出现危机的可能性及应付办法有足够的了解。

目前，仍有很多组织不注意这方面的工作，员工长时期不了解本组织可能出现的危机，也不了解一旦出现危机应该采取什么样的措施来自救和保护，这是非常危险的。

（二）录像观摩与案例学习

用录像（包括对同类危机的记录和场景模拟）形象地展示危机的内容与处置措施，通过典型案例的分析评议，使员工进一步明确位置感与责任区。

（三）实战性小组演习与整体性学习

考虑到整体性演习时间、费用与精力耗费较大，不可能经常进行，可以以责任区为单位进行小组演习，如新闻小组、专家技术小组等在各自对危机处置心中有数后，再组合实践性的整体演习。

对企业而言，实战性小组演习还应包括信息传播沟通渠道与组织的反应性行动两方面，另外，对应急方案的宣传也可运用图表、卡通等形式，简便、易懂，实用性更强。

要点回放

对于组织来说，机遇与危机同在。危机型公共关系指的就是发生危机事件时的公共关系管理活动，即用公共关系手段减少危机给组织与社会公众带来的影响，进而寻求社会公众对组织的谅解，以重新树立和维持组织形象。危机型公共关系与其他公共关系实务相比，具有突发性和渐进性、急迫性和关注性、破坏性和建设性、必然性和偶然性的特点。

危机型公共关系的类型多种多样，产生的原因也是错综复杂的，危机型公共关系包括组织行为不当引起的危机型公共关系、突发事件导致的危机型公共关系、舆论的负面报道引起的危机型公共关系、竞争对手或个别敌对公众的故意破坏引起的危机型公共关系、洋品牌广告伤害国内用户民族尊严引起的危机型公共关系等。在危机发生后，组织要遵循及时主动处理原则、配合媒体原则、真诚沟通原则、统一原则、勇于承担责任、消费者利益至上的原则、实事求是原则，按照迅速反应、隔离危机，全面调查、收集信息，针对危机、确定对策，传播信息、主导舆论，做好善后处理、重塑组织形象五个步骤处理危机。

虽然危机的发生有偶然性和突发性，但这不意味着我们可以不做准备，听天由命。在危机来临之前积极预防，这才是解决公共关系危机的最好办法。公共关系危机预防是指对组织潜在的隐患进行监测、预控的危机管理活动，并对组织管理者提出警告，以利于组织及时脱离危机，减少组织的损失。具体措施包括：提高组织成员的危机意识、建立危机预警系统和加强内部培训。

模拟训练

公共关系危机处理

背景材料：

在西藏“打、砸、抢”事件后不久，有网民在互联网上贴出图片表明，可口可乐公司新的广告海报在德国一个火车站上出现，一群僧侣乘坐一辆过山车，配以“梦想成真”（Make It Real）的标语。这名网友形容广告中的3名僧侣便是代表西藏喇嘛，而过山车代表自由，“Make It Real”则代表“实现西藏自由”。大批网民支持该网友的说法，发誓从此不碰可口可乐。

1. 全班同学每6人为一组，形成若干公共关系危机处理小组。
2. 根据背景资料提供的信息，以组为单位，策划公共关系危机处理方案。

复习题

1. 危机处理小组的任务有哪些？
2. 处于危机型公共关系中的组织应如何与媒体合作？
3. 公共关系危机的成因有哪些？
4. 公共关系危机有哪些主要的特点和类型？
5. 请联系实际阐述危机型公共关系的处理原则有哪些？

经典案例

强生公司：妥善处理“泰诺”中毒事件

在企业发展史上，还没有一家企业在危机处理问题上像美国强生制药公司那样获得社会公众和舆论的广泛同情，该公司因成功处理泰诺药片中毒事件赢得了公众和舆论的广泛同情，在危机管理历史中被传为佳话。

1982年9月，美国芝加哥地区发生有人服用含氰化物的泰诺药片中毒死亡的严重事故，一开始死亡人数只有3人，后来却传说全美各地死亡人数高达250人。其影响迅速扩散到全国各地，调查显示有94%的消费者知道泰诺中毒事件。

事件发生后，在首席执行官吉姆·博克的领导下，强生公司迅速采取了一系列有效措施。首先，强生公司立即抽调大批人马对所有药片进行检验。经过公司各部门的联合调查，在全部800万片药剂的检验中，发现所有受污染的药片只源于一批药，总计不超过75片，并且全部在芝加哥地区，不会对全美其他地区有丝毫影响，而最终的死亡人数也确定为7人，但强生公司仍然按照公司最高危机方案原则，即“在遇到危机时，公司应首先考虑公众和消费者利益”，不惜花巨资在最短时间内向各大药店收回了所有的数百万瓶这种药，并花50万美元向有关的医生、医院和经销商发出警报。

对此，《华尔街日报》报道说：“强生公司选择了一种自己承担巨大损失而使他人免受伤害的做法。如果昧着良心干，强生将会遇到很大的麻烦。”泰诺案例成功的关键是因为强生公司有一个“做最坏打算的危机管理方案”，该方案的重点是首先考虑公众和消费者利益，这一信条最终拯救了强生公司的信誉。

事故发生前，泰诺在美国成人止痛药市场中占有35%的份额，年销售额高达4.5亿美元，占强生公司总利润的15%。事故发生后，泰诺的市场份额曾一度下降。当强生公司得知事态已稳定，并且向药片投毒的疯子已被拘留时，并没有将产品马上投入市场。当时美国政府和芝加哥等地的地方政府正在制定新的药品安全法，要求药品生产企业采用“无污染包装”。强生公司看准了这一机会，立即率先响应新规定，结果在价值12亿美元的止痛片市场上挤走了它的竞争对手，仅用5个月的时间就夺回了原市场份额的70%。

强生公司处理这一危机的做法成功地向公众传达了企业的社会责任感，受到了消费者的欢迎和认可。强生公司还因此获得了美国公关协会颁发的银钻奖。原本一场“灭顶之灾”竟然奇迹般地为强生公司迎来了更高的声誉，这归功于强生公司在危机管理中高超的技巧。

通过阅读分析下列问题：

1. 决定强生公司成功处理“泰诺”事件的因素有哪些？
2. 强生公司在处理“泰诺”事件中，是如何化被动为主动、化不利为有利的？
3. 你如何理解强生公司最高危机方案原则？在危机处理过程中什么是关键要素？

趣味阅读

35次紧急电话

有一天，一位名叫基泰斯的美国记者在日本东京奥达克余百货公司买了一台“索尼”牌电唱机，准备作为送给住在东京的婆婆的见面礼。当时，日本售货员彬彬有礼，特地为她挑选了一台未拆封的机子，基泰斯满意而归。

但是，当她回到住所开机试用时，却发现电唱机没有装内件，根本无法使用。基泰斯不禁火冒三丈，准备第二天一早去奥达克余百货公司交涉，并迅速写成一份新闻稿，题目是“笑脸背后的真面目”，准备第二天送报社。

第二天一早，当基泰斯正准备动身前往奥达克余百货公司交涉时，忽然收到奥达克余百货公司打来的道歉电话。50分钟后，一辆汽车赶到她的住处，从车上跳下的是奥达克余百货公司的副总经理和拎着皮箱的职员。他们一进基泰斯的客厅便俯首鞠躬，表示歉意。接着，副总经理亲手将一台完好的电唱机，外加唱片一张、蛋糕一盒和毛巾一套奉上。基泰斯颇感意外，他们是怎么找到这里的？然后，经理又打开记事簿，宣读了一份备忘录。上面记载着公司通宵达旦地纠正这一失误的全部经过。

原来，昨天下午4时30分清点商品时，售货员发现错将一个空心的货样卖给了一位顾客。她立即报告公司警卫迅速寻找，但为时已晚。因为此事非同小可，经理接到报告后马上召集公关部有关人员商议。当时只有两条线索可循，即顾客的名字和她留下的一张标有“美国快递公司”的名片。据此，奥达克余百货公司连夜展开了一连串无异于大海捞针的行动：打了 32 次紧急电话向东京各大饭店查询，但没有结果。于是又打电话给纽约的“美国快递公司”总部，深夜接到回电，得知顾客在东京婆家的电话号码。接着打电话给顾客的父母，从那里得知了顾客东京的住所和电话。这期间的紧急电话合计 35 次。

这一切使基泰斯深受感动，她把题为“笑脸背后的真面目”的新闻稿扔进垃圾桶，立即重写了新闻稿，题目叫“35 次紧急电话”，在美国报刊上发表，奥达克余百货公司在美国的名声大振。

第九章　公共关系语言艺术

学习目的

1. 掌握公共关系语言的概念、特点、表达原则和语言禁忌，学会运用公共关系语言的技巧

2. 掌握公共关系语言中口头语言、书面语言、体态语言、服饰语言、跨文化的公共关系语言等主要语言形式的特点及在公共关系实务中的运用

3. 掌握公共关系语言艺术主要方法中的委婉法、幽默法、模糊法和暗示法

4. 了解公共关系活动中语言艺术的发展方向和趋势

引例

希尔顿舌战地产商

被誉为“世界饭店大王”的希尔顿，在创业过程中曾遇到一件大麻烦事：希尔顿为发展自己的事业，打算建造一座全美最豪华的饭店——希尔顿饭店。希尔顿饭店开工不久，由于缺乏资金，使希尔顿一时无法支付材料费和工钱，于是他便求助于卖地皮给他的地产商杜德。

一见到杜德，希尔顿直截了当地相告：“杜德，我的房子没钱盖了。”

“那就停工吧，”杜德漠不关心地说，“等有钱的时候再盖。”

“这个我知道，但有几句话我不得不跟你交代一下。”希尔顿严肃地说。

“什么事这么重要?”

“我的房子半途而废，受损失的将不是我一个人。”停顿了一会儿，希尔顿接着说，“事实上，你的损失可能比我还大。”

“什么?”杜德惊奇地问，“我不懂你这话是什么意思。”

“道理很简单，如果我的房子停工不盖，那么这房子附近的那些属于你的地皮的价格一定会下跌，如果我再宣扬一下，希尔顿饭店停工不盖，是考虑另迁新址，你的地皮就更卖不上价钱了。”

“怎么，你是来要挟我的吗?”

“没有人要挟你，我只不过说明一下事实。况且，没有人知道我是没有钱才停工的。”

“我不会去告诉他们吗?”

“没有人会相信。因为我现在拥有好几家饭店，名声很好。我买下你的这块地皮，使你周围的地皮都涨了价，这你自己心中有数。我不是说大话，相信我的人一定比相信你的人多。”

这番揶揄果然击中了杜德，见他缄默不语，希尔顿接着说："我倒是有个两全其美的办法，不知道你肯不肯合作。"

"什么办法?"

"你出钱把饭店盖好，我再花钱买你的。"杜德急于反驳，希尔顿用手势止住他，说："你别急，等我把话说完。当然，最主要的是，饭店的房子不停工，你附近的那些地皮的价格就会上涨，如果我想办法宣传一下，说不定你的地皮价格还会暴涨呢!"

结果怎么样? 当然是地产商杜德掏了腰包，有意思的是，明明是希尔顿求助于杜德，可是最后却变成了希尔顿在帮杜德天大的忙，而且没有任何有求于人的样子。希尔顿的魄力由此可见一斑，而他思路之清晰、口才之凌厉更给人留下了深刻的印象。

阅读本引例，回答下列问题：

1. 希尔顿在整个舌战的过程中，运用了哪些具体的语言技巧或手段说服了杜德?

2. 希尔顿要求他所有的饭店职员"在任何情况下都要保持微笑"这一经营观念体现出了哪方面的公共关系语言艺术?

第一节　公共关系语言概述

一、公共关系语言的概念和特点

（一）公共关系语言的概念

苏联著名教育家苏霍姆林斯基曾经说过："语言是率领人们冲锋陷阵的统帅，是拨动人们心灵琴弦的乐师……语言是争取人们灵魂的战士。有的话语像枯草一样没有力量和感情，有的话语则像永恒的星辰那样光辉灿烂，为人类指引着道路。"田小琳女士在《谈谈修辞教学》一文中说道："语言修养是运用语言不仅正确，而且有一定的艺术性。'艺术'并不是指花哨，而是指在不同的语言环境（不同场合、不同对象）语言运用得恰当、得体、自然，有吸引人、感染人、说服人的力量。"

早在春秋战国时期，激烈的学术之争、权利之争，造就出了中国最早、最精湛的公关外交语言艺术。后人从心理学、逻辑学、语言修辞学及辩证法等方面，高度透视分析了其本质特征，归纳出了颇具时代特色的"知言养气法"、"引人入彀法"、"离间法"、"寓言法"、"绵中藏针法"和"肆意夸说煽动法"等。两千年岁月如白驹过隙，沧海桑田，社会已经跨入了电子时代，而公共关系，仍然是人类社会生活中不可缺少的一大部分，作为公共关系中不可缺少的一环——公共关系语言，更是在人们的工作、学习和生活中起着越来越重要的作用。

什么是公共关系语言呢? 公共关系语言，是指组织的公共关系人员为了塑造组织形象，在传播沟通中向公众传播信息的符号。其主要的功能和作用是能畅通信息传播、协调人际关系、影响公众态度、激发公众行为等，是用来实现人与社会沟通的重要工具。

（二）公共关系语言的特点

公共关系是由三大要素构成的：公共关系的主体——组织，客体——公众，包括内部公众和外部公众，外部公众又包括顾客、社区、政府、新闻界、社会名流、国际公众等，第三个要素便是主体和客体的联系——传播。所谓公共关系传播，就是指组织利用各种媒介，向其内部及外部公众传递有关组织各方面信息的活动过程。

说到传播，当然离不开语言。我们可以看到，公共关系的传播具有强烈的目的性和选择性，所以必须采用合适的、艺术的语言和形式。公共关系活动中的语言除具有普通的人际交流语言的特点外，由于主体的性质、交流的目的性等不同，与非公共关系语言有着明显的区别。

1. 功利性

公共关系因为具有明确的目的性，所以公共关系语言具有明确的功利性。公共关系工作的最终目的是树立起组织的美好形象，建立组织与公众之间的良好关系。因此，一切公共关系语言的运用都应为实现这一目的而服务，为特定的功效和利益服务，如企业提出的经营理念、经营口号等。公共关系语言艺术技巧和策略的讲究、语言体式的选择、话语风格的创造等都必须以解决实际问题、讲究实效、有利于实现特定的公共关系目的为准则。功利性这一特征也决定了公共关系语言在运用时要简洁、明确，以保证高效、准确地传递信息。

2. 文明礼貌性

在公共关系活动中，公共关系人员与公众开展交际活动时，言行举止要显示出文明礼貌性。公共关系意识中的首要意识是尊重公众意识。一个组织的任何言行都必须考虑公众的愿望和利益，都必须考虑社会影响。为此，公共关系主体首先应从自身做起，依照法律、道德、习俗等社会通行的准则来行事。另外，公共关系语言的文明礼貌性也与公众的自我需要有关。公众有社交需要、尊重需要和自我实现的需要，为了争取公众的支持、理解和信任，与公众进行积极有效的合作，公共关系人员必须尊重公众、善待公众，与公众交往时，在言语行为、言语内容和言语形式三个方面做到举止文雅、谈吐谦和得体。

3. 情感性

融情动心、以情取胜是公共关系活动的重要语言策略。公众是理智和富有情感的，公共关系主体在与公众协调关系时，要看到情感影响公众行为的重要性，用良好的自身行为、诚信的形象和情深意笃的言语向公众晓之以理、动之以情，引发公众的理解和支持。公共关系语言的情感性体现在各类组织的各种公共关系活动的话语中，通过自然语言和非自然体态语言的种种表情手段，运用具有感情色彩的词汇、亲切热情的语气等，打动公众的心灵。

二、公共关系语言的表达原则和语言禁忌

（一）公共关系语言的表达原则

1. 诚信原则

公共关系用语的诚信原则是实现公共关系目标的要求。公共关系人员在公共关系活动中的言行举止一定要态度真诚、情感真挚，传达的公共关系信息要真实可信，不能用虚假的语言对待公众。如《国际公共关系道德准则》中规定：公共关系人员应该保证做到，在任何时候、任何场合，自己的行为都应赢得有关方面的信赖。

2. 适切原则

语言运用讲究适切性，即语言运用要依据环境场合、交际对象做合乎情景的表达的原则，要求语言表达与语言交际的五要素（即表达主体、接受主体、表达对象、表达手段和交际环境）相适应、相切合。首先，表达主体即交际中构建话语的人，语言表达必须切合

表达主体的身份特征，并注意表达主体角色的转变。其次，语言表达必须为确切传达组织信息、实现公共关系实务目的服务。再次，语言表达必须适应不同公众的不同特点。公众作为公共关系语言的接收者，虽然不能决定传播什么信息，但能够决定接受什么信息，而且，接受信息的程度取决于公众本身的特性。所以，不同的公众由于年龄、知识水平、接受能力、接受特点、心理特点和语言喜好不同，面对他们时要合理地组织语言。最后，语言表达要适应特定语言环境。语言环境主要是指语言活动赖以进行的时间、场合、地点等因素，也包括表达、领会的前言后语和上下文。

3. 规范原则

公共关系语言运用要遵守公认的语言规范，即国际、国内公认或法定的语言及其具体语音、文字、词汇、语法标准。在国内的公共关系活动中，首先，应当使用标准的普通话，以求得良好的公关效果；其次，应严格遵守现代汉语本身的语音、文字、词汇、语法标准，不应出现任何错误。

以上三方面共同构成了公共关系语言的表达原则。三者之间有密切的关系，诚信是基础，没有诚信谈不上适切和规范，但要发挥诚信的功效，必须要适切和规范。因此，在诚信的基础上，必须追求话语与表达主体、接受主体和语言环境特点的适切吻合，讲求语言规范正确，这样才能使公共关系语言表达收到理想的表达效果。

（二）公共关系语言的语言禁忌

在运用公共关系语言的过程中，为了更好地让语言修饰公共关系人员，帮助其达到目标，一定要注意避免一些语言运用中可能出现的忌讳。

1. 人多时应少说话，坚持沉默是金

沉默是金，不是不要说话，而是不要不知节制地任意发表意见。在大家共同讨论问题时，出言要慎重，不要随意地发表未经考虑成熟的观点。

2. 不要为自己说过的话、承诺的事没有做到而一味辩白

“人而无信，不知其可也”。公共关系人员要以真诚的态度对待公众，对公众承诺的事就一定要努力做到，防止因为自己言行的不一致导致公众对组织形象的误解。

3. 要注意相关词汇的使用

尤其是在年长者、身份地位高的人面前，说话一定要有分寸，最好不要说让自己后悔的词句。防止一时不慎，伤害公众的感情，破坏尊重公众的沟通氛围。

4. 在讨论问题时，不要随意附和别人

自吹自擂、不懂装懂是思想不成熟的表现。不懂的问题可以向公众虚心讨教，这样往往更容易与对方沟通。与人谈话时，要先学会听别人说，然后再高明地赞同对方的意见。

【案例 9—1】

三个金人

曾经有个小国的使者到中国来，进贡了三个一模一样的金人，金碧辉煌，把皇帝高兴坏了。可是这小国的使者同时出了一道题目：这三个金人哪个最有价值？皇帝想了许多办法，请珠宝匠检查、称重量、看做工，都是一模一样的。怎么办？使者还等着回去汇报

呢。泱泱大国，不会连这点小事都不懂吧？最后，有一位退位的老大臣说他有办法。皇帝便将使者请到大殿上，老臣胸有成竹地拿出三根稻草，分别插入金人的耳朵里：插入第一个金人的耳朵里的稻草从另一边耳朵出来了；第二个金人的稻草则从嘴巴里直接掉出来；而第三个金人，稻草进去后掉进了肚子，什么响动也没有。于是，老臣说：第三个金人最有价值！使者默默无言，答案正确。

最有价值的人，不一定就是最能说的人。老天给我们每个人两只耳朵一张嘴巴，本来就是让我们多听少说的。沉默是金，善于倾听，是语言运用中最重要的艺术之一。

三、公共关系语言运用的技巧

（一）信息真实准确

公共关系人员表达的公共关系信息必须真实准确，不能模棱两可。在表达对某事物的感受时，公共关系人员可以运用语言稍微地夸张，但绝不能胡编乱造、无中生有。

（二）内容要富有新意

语言的内容要新还要变，即不断地推陈出新。应根据公众的需要和兴趣的变化，不断地调整公共关系语言的内容，用不同的语言表达同一主题。如可口可乐，在近一个世纪的营销活动中，其广告语言始终能随着青年人的兴趣而变化。

（三）语言简洁、语速适度

公共关系人员应将自己的思想观点简单明了的传递出去，让公众在尽可能短的时间内接受尽可能多的信息。在传递信息时，要讲究语速，当快则快，当慢则慢，要根据公众的构成、讲话时的气氛、内容的多少等来调节语速，并且适当的语速要配合语音的韵律，即应注意声音的轻重、语调的高低和节奏的变化等。

（四）生动形象、富于情感

公共关系人员应将复杂的信息具体化，将枯燥的东西变成有趣的内容传递出去。适当地采用轻松、愉快的语言将严肃、庄重的信息传达给公众，以便于公众接受。同时，公共关系人员的语言情感不仅是自己的情感，而且是组织的情感，要注意符合公众的某种需要。

（五）善用非口头语言

除口头语言外，非口头语言，如体态语言、服饰语言、书面语言等，对于公共关系人员表达思想感情、塑造组织良好形象也具有不可忽视的作用。非口头语言既有配合口头语言传递信息的辅助作用，又有代替口头语言传情达意的功能，是实现有效公共关系活动的重要一环。

第二节　公共关系语言的主要形式

公共关系语言，是在公共关系语言交际中产生的语言现象，它的运用非常广泛，除口头语言外，还包括书面语言、体态语言、服饰语言、跨文化的公共关系语言等内容形式。这些内容从不同的方面指出了在公共关系活动中，多种形式的公共关系语言的配合运用，更容易达到公共关系活动的效果。

一、口头语言

口头语言是指以音和义结合而成，以说和听为传播方式的有声语言，它凭借语音、词汇、语法构成的语言体系来传递信息。口头语言是自然语言的其中之一，另一种为书面语言。

（一）口头语言的特点

口头语言表达，通俗地说就是说话。要把话说得好、说得巧，说出人服、言到事成，并不是一件容易的事。只有掌握说话这门艺术的特点和规律，掌握一定的表达技巧，才能使口头语言表达具有强烈的感染力和征服力。

1. 直接性

口头语言是人类社会最直接、最便利、最频繁的交际工具。但在面对面的谈话中，内容、音义瞬间即逝，不能像书面语言那样可以反复理解。因此，口头语言必须用词准确简洁，以便于理解和进一步交流反馈。

在公共关系工作中，公共关系人员首先要明确自己的身份和地位，明确自己的工作任务和岗位职责。在说话时适当考虑措辞，说话尽量客观，具有针对性。

2. 音乐性

语言的音乐性，体现在口头语言的节奏感上。节奏是由速度、停顿、轻重音等多种因素构成的，要根据交际的具体要求来控制。在一般场合或情绪正常的情况下，一般用中速表达；在庄重场合或情绪比较冷静时，一般用慢速；而在情绪大起大落的情况下，语速应快一些。

3. 通俗性

口头语言表达具有通俗易懂、朴实自然的特点，这是由口头交际方式决定的。这种风格特征的语言，简单明了，生动流畅，亲切自如，容易表达真情实感，缩短交际双方的心理距离，从而吸引对方的注意力，加深双方的理解，使表达收到最佳效果。

要使表达具有通俗自然的特点，除了强调上述语音各方面的因素外，词语方面要少用文言词、行话、术语、方言等各种生冷怪癖的词语，而要多用平易朴素的基本词、常用词、口语词，以及一些人们喜闻乐见的谚语、格言。总之，要多用大众化词语。这样既易于上口，又易于理解。句式方面，则要尽量避免使用文言句式、外来词句式、长句、变式句，而要多用短小松散、灵活自如、变化多端的口头语言句式。

4. 灵活多变性

大多数情况下，交际是同步的，表达者可以直接观察交际对方的种种反应及各种突发情况，在表达中随机应变、灵活调整，从而达到调节交际气氛或强化表达的感染力的目的。表达中出现失言或口误的情况时，可根据具体情形及时巧妙地加以纠正，也可沉稳地做出若无其事的样子继续下去。

表达中，有时可能会遇到一些猝不及防的发问、谈论或突发事件，表达者要善于随机应变。这种根据交际场合、对象、话题等具体情形随机应变的能力，与人们的知识、阅历、涵养、语言能力等各种因素密切相关，只要多用心、多实践，是会驾驭自如的。

（二）口头语言在公共关系中的运用

口头语言在公共关系中主要运用于交谈、演讲、谈判、推销等具体场合。我们重点来看一下在最为基础的公共关系交谈方面运用口头语言的相关礼仪。

交谈是人们沟通信息、增进了解、交流思想和表达感情最直接、最快捷的途径。中国人讲究“听其言，观其行”。在公共关系的人际交往中，不注意交谈的礼仪规范，如用错一个词、多说一句话或不注意词语的感情色彩等，很可能导致交往失败或影响人际关系。所以，在交谈中要遵从一定的礼仪规范，注重礼仪、礼节。

人的交际活动存在于一定的环境和氛围之中，谈话气氛和谐与否，会直接影响谈话的效果。创造一个愉快融洽的谈话气氛，可以从下述几个方面入手。

1. 创造一个舒适、安静、整洁的环境

一般情况下，谈话的参与者要主动、积极地适应环境。如有可能，应提前布置交谈环境。例如办公室、会客室、客房等处，在交谈开始前应进行整理，根据谈话的主题安排灯光、摆设等，适宜的环境对交谈氛围的形成是有益的。

2. 人是交谈的主体

交谈参与者的态度、心情和仪态，对交谈氛围的影响是至关重要的。进行交谈时，公共关系人员的态度要认真、诚恳。这不仅是尊重他人，更重要的是只有双方在认真的交谈中寻找到共同点之后，了解才有可能深入。例如，一方娓娓而谈，另一方却心不在焉，或翻阅书报，或看表、打哈欠，正常的交流很快就会中止。

3. 交谈一般是从问候与寒暄开始

成功的寒暄，可以迅速缩短双方之间的感情距离，调节气氛，增进交流。

4. 适当的交谈距离

无论两人交谈还是多人交谈，交谈距离以能够较容易地听清谈话的内容为宜。盲目接近，会使谈话者心理上感到压抑或局促不安，进而破坏谈话的气氛。

人人都有一个把自己圈住的心理上的个体空间。一般情况下，每个人都不愿让他人侵犯自己的空间。双方关系越紧密，人际距离就越短。美国的爱德华·霍尔博士认为，45 厘米以内为亲密距离，45 厘米～119 厘米之间是私人交往的距离，120 厘米～360 厘米之间为社交性、礼节性的正式交往距离，360 厘米以外则为一般公众交往中所使用的距离，交往双方往往是一对多的关系。这种划分只是大致范围，并非固定不变。在人际交往中，每个人都应根据交往双方的关系及环境等因素，考虑自己保持什么样的人际距离是恰当的，以避免侵入对方心理空间，引起对方不快。如双方不是很熟悉，就不要侵入对方的“亲密距离”，更不可动手动脚；否则，就被视为“越礼”。作为公共关系工作人员，更要深谙人际交往的空间距离，从而更好地与公众沟通交往。

5. 选择合适的交谈话题与内容

交谈是信息双向流动的过程，只有交谈双方找到一个共同的话题时，才能使谈话趋向成功。选择交谈话题与内容的最基本标准，就是双方都感兴趣。因此，对交谈内容的选择，应注意以下几点：

(1) 交谈时最忌讳一方自以为是、夸夸其谈、炫耀自己，完全忽视他人。如果听者始终找不到机会参与谈话，心理上就会产生抵触情绪，交谈便会中止。为了促进双方的沟通，在谈话中应尽量使对方多开口，借以了解对方，挖掘双方的共同点，找出双方共同的话题。

(2) 与自吹自擂相反，有些人因为性格内向或缺乏自信，交谈中往往沉默寡言，很少说话，使对方听不到有关的意见和看法，结果使交谈陷入僵局，引起所有参与者的不悦。因此，在交谈时既不能一个人垄断话题，也不要放弃谈话的机会。

（3）在交谈中，应随时注意对方的反应，观察对方的表情、体姿，判断其对谈话的关注程度，并经常征询对方的意见，给予对方谈话的机会。如果一旦发现对方对话题不感兴趣，应立即停住并转移话题，调整谈话的内容和方式。交谈中不要涉及个人隐私、敏感问题，否则谈话会陷入难堪的局面。

（4）交谈中应使用文明的语言，谈论健康的话题。尽量避开粗俗的内容，如黄色内容、讹化谣言等；也不要使用粗俗或不雅的口头语。这些会使人感到格调低下。

（5）在交谈中，交谈双方可能会因对问题的不同看法而发生争论。有时争论是有益的，但争论也容易导致友谊破裂、关系中断。因此，应防止或避免无意义的争论，尤其是不冷静的争论。一旦争执起来，如果对方无礼，不要以牙还牙、出言不逊、恶语伤人，也不要旁敲侧击、冷嘲热讽；应宽容克制，尽可能地好言相劝，再寻找新的话题。

二、书面语言

口头语言的最大缺点就是不严谨，随意性强。我们说话时，很少去考虑表达方式的合理性，为了表达一种思想，我们不厌其烦地重复大量的语言弥补表达方式的缺陷，因为这种语言的重复较之语言的合理性表达更为容易。书面语言则是深思熟虑的产物，它表意清晰严谨，句式完整规范，强调语言的技术性。传统的以古汉语为基础的书面语言，隐含着诸多高深的文字表达技巧，它是融技术和思想于一体的我国几千年民族文化的智慧和结晶。

书面语言是指以字和义结合而成，以写和读为传播方式的语言，是口头语言的文字符号形式。

（一）书面语言的特点

1. 表达规范性

较生活化的口头语言而言，书面语言相对要更加正式，也更严谨。通过将声音转化为文字，靠文字记录书写这一语言符号系统，书面语言可以使信息发出者所要表达的意思更清晰、更有条理、更为规范。同时，由于克服了口头语言在空间和时间两方面的局限，书面语言能积累起比口头语言更丰富的语汇、更精密复杂的语法结构和更多样化的表达方式。

2. 传播单向性

书面语言是信息发出者向信息接受者做出的一种单方向性的传播，它是一种靠视觉感知的语言形式，因此，阅读是理解书面语言最重要的形式。

3. 反馈间接性

信息接受者在理解书面语言时，应该注意理解语言所表达的内容和语言表现形式的统一。书面语言做出的反馈不可能像口头语言那么迅速，而是具有间接性和滞后性。

4. 储存长久性

书面语言所依附的介质可以长久储存，在寻找资料支持或者发生争执等情况时往往能有据可查，这点也是口头语言所无法比拟的优点之一。

（二）书面语言在公共关系中的运用

书面语言在公共关系中可以广泛运用于撰写广告文案、公共关系新闻稿、公共关系说明文、祝贺与迎送文书、公共关系信函与柬帖、公共关系标语口号等方面。公共关系人员必须提高自身的文字素养，必须能够驾驭各种不同的书面语言载体形式。

1. 广告文案

广告文案是指广告作品中的语言文字部分，是通过语言文字来表现的广告内容。语言文字在广告中具有极为重要的地位和作用，在一切形式的广告中，不论是商业广告还是非商业广告，也不论是报纸、杂志、电视、广播还是网络和户外广告，语言文字几乎是不可缺少的。有调查表明，广告效果的50％～75％来自于语言文字表达的广告标题和广告语，所以，广告文案往往是广告的核心部分，对广告效果的优劣起着关键性的作用。

广告文案一般分为广告标题、广告正文、广告语和附文四个部分。在写作时应该努力达到主题鲜明凝练、表达简洁而富于创新的要求，这些要求正是评价广告文案优劣的主要标准。

2. 公共关系新闻稿

公共关系新闻稿是利用简明的文字将公共关系主体新近发生的、公众普遍关注的事实及时报道给公共关系客体的一种应用文体，如消息、通讯等。其发布目的是增进公众对公共关系主体的了解和认识，提高公共关系主体的知名度和美誉度，争取公众的理解、支持和合作，扩大公共关系主体对公众的影响力。

在公共关系新闻稿的写作过程中应注意：选题取材的恰当性、报道方式的适宜性、基本要素的齐全性以及体式结构的规范性。

3. 公共关系说明文

公共关系说明文是公共关系主体采用说明的表达方式向公众介绍本组织的情况或说明本组织产品和服务项目的文体。它除了有介绍知识和情况的功能之外，还担负着树立公共关系主体的良好形象、赢得公众的理解和信任的职责。从说明的对象上看，公共关系说明文主要是事物说明和程序说明，具体来说，主要包括单位简介、产品说明书、公众须知等。

公共关系说明文通常由标题、正文、附文三部分构成。在写作时，应做到：主要采用说明这一客观的表达方式；结构层次要清楚分明；语言表达要简明扼要；用词准确有分寸；要适合目标读者的接受能力。

4. 祝贺与迎送文书

祝贺文书是用来对重大节日、重大活动、重大胜利、突出成就以及各种喜庆之事表达庆贺的应用文体。具有祝贺性是这类文书最突出的特点，因此，祝贺文书应该表达出祝贺之意、喜悦之情、欢庆之感；同时，祝贺文书具有时效性，应该在喜庆之日或喜庆之日前夕及时发出。

相关链接

胡锦涛总书记新年贺词

女士们，先生们，同志们，朋友们：

新年的钟声就要敲响，我们即将开始2009年的崭新岁月。值此辞旧迎新的美好时刻，我很高兴通过中国国际广播电台、中央人民广播电台、中央电视台，向全国各族人民，向香港特别行政区同胞、澳门特别行政区同胞、台湾同胞和海外侨胞，向世界各国的朋友们，致以新年的祝福！

2008年，对于中国人民来说是很不寻常、很不平凡的一年。中国各族人民同心同德、顽强拼搏，成功抗击南方部分地区严重低温雨雪冰冻灾害和四川汶川特大地震灾害，成功举办北京奥运会、残奥会，成功完成神舟七号载人航天飞行任务，成功举办第七届亚欧首脑会议，中国的经济实力和综合国力进一步增强，人民生活水平继续提高。中国人民同世界各国人民加强友好交流和务实合作，共同应对国际金融危机等严峻挑战，为维护世界和平、促进共同发展做出了新的贡献。今年，中国人民隆重纪念了改革开放30周年，在总结经验的基础上对继续推进改革开放作出了部署。中国各族人民正豪情满怀地推进全面建设小康社会进程，为创造更加美好的生活而继续奋斗。

在这里，我谨代表中国政府和中国人民，对世界各国人民今年以来给予我们大力支持和热情帮助，表示衷心的感谢！

2009年对中国人民来说是一个具有历史意义的年份。60年前，中华人民共和国的成立揭开了中华民族发展历史新纪元。60年来，中国的面貌发生了历史性变化，中国同世界的关系也发生了历史性变化。在新的一年里，我们将坚定不移地高举中国特色社会主义伟大旗帜，以邓小平理论和“三个代表”重要思想为指导，深入贯彻落实科学发展观，立足扩大内需保持经济平稳较快增长，加快发展方式转变和结构调整提高可持续发展能力，深化改革开放增强经济社会发展活力和动力，加强社会建设加快解决涉及群众利益的难点热点问题，促进经济社会又好又快发展。我们将坚持“一国两制”、“港人治港”、“澳人治澳”、高度自治的方针，同广大香港同胞、澳门同胞一道促进香港、澳门长期繁荣稳定。我们将坚持“和平统一、一国两制”的方针，牢牢把握两岸关系和平发展的主题，加强两岸交流合作，切实为两岸同胞谋福祉、为台海地区谋和平，维护中华民族根本利益。

当前，世界正处在大变革、大调整之中，国际形势总体上保持稳定，但国际金融危机仍在快速扩散和蔓延，世界经济增长明显减速，国际热点问题此起彼伏，世界和平与发展面临各种严峻挑战。加强国际合作，共同应对挑战，是世界各国人民的共同愿望，也是维护国际形势稳定、促进各国共同发展的必由之路。借此机会，我愿重申，中国将始终不渝走和平发展道路，始终不渝奉行互利共赢的开放战略，积极发展同世界各国的交流合作，积极参与国际社会应对国际金融危机的努力，致力于促进世界经济增长、促进人类文明进步，继续同世界各国一道推动建设持久和平、共同繁荣的和谐世界。

此时此刻，世界各地仍有不少民众遭受着战火、贫困、疾病、灾害等苦难。中国人民对他们的不幸遭遇深表同情，将继续向他们提供力所能及的帮助。我们衷心希望，世界各国相互支持、相互帮助，共同促进世界和平、稳定、繁荣，让各国人民过上和平美好的生活。

最后，我从北京祝大家在新的一年里幸福安康！

二〇〇九年新年贺词

胡锦涛

2008年12月31日

在社会生活中，不同的组织之间总是会有这样或那样的联系，因而迎来送往便成为一项经常性的社会活动。在这种场合，宾主往往需要发表一些礼节性的讲话，以表达彼此间的诚意、谢意和友好之情。迎送文书就是这类礼节性讲话的文稿，它主要包括欢迎词、欢送词和答谢词，其内容一般由标题、称谓、正文三部分构成。迎送文书在语言表达上，要诚恳热情、彬彬有礼，要让对方充分感受到致辞者的诚意和敬意，不要讲对方忌讳的话，不要讲有可能破坏友好气氛的话，要恭敬客气，但不要过于客套，以免给人一种虚情假意的感觉。另外，篇幅要简短，语言要精练，由于迎送文书多用在比较正式、隆重的社交场合，应选择正式程度较高的语体，表达要典雅，过于土、俗的词语不要使用。

5. 公共关系信函与柬帖

信函是人们用来交流思想、沟通信息、商洽事务的一种应用文体。公共关系信函是公共关系主体与其他组织或公众互通信息、商洽联络的信函。它总是代表一个组织说话的，总是为了一定的公共关系目的而起草的。

公共关系信函可以分为公函和一般信函两种类型。公函是平行的或没有隶属关系的各类机关和企事业单位之间用来商洽工作、询问或答复问题的一种公文文体，它具有商洽性、咨询性和双向性，同时在行文格式上有着比较严格的规定。一般信函是指组织出于公共关系目的写给其他组织或公众的、非正式公文的信函，其适用范围非常广泛，可以在各种公共关系活动中使用，既可以用于答复、告知，也可以用于邀请、感谢、慰问，如邀请信、感谢信、慰问信等。一般信函在格式和写法上比较自由，不受公函行文格式的约束。

柬帖是用来将某一信息或某一意愿告知对方的一种庄重、简短的特制信件。公共关系柬帖则是公共关系主体在公共关系活动中为达到特定的公共关系目的而使用的柬帖。它通常是为邀请有关组织或个人参加某项重大活动，或为诚聘对方而发出的，主要有请柬和聘书两种形式。公共关系柬帖的突出特征是简短、庄重，行文典雅。

6. 公共关系标语口号

标语是写于板牌、横幅等物体之上，有宣传鼓动作用的简短语句，口号是供口头呼喊的具有纲领性和鼓动性的简短语句。公共关系标语口号，是指组织为实现公共关系目标而提出和使用的标语口号，一些广告语，特别是以宣传企业宗旨、塑造企业形象为直接目的的广告语，实质上就是一种公共关系标语口号，例如，《光明日报》的广告语“知识分子的精神家园”，诺基亚公司的广告语“科技以人为本”等。

标语口号通常只有一两句话，结构很简单，但必须惜墨如金，不仅要表现出重要的主题，还要能产生打动人心的力量。在写作时应注意：体现人文关怀、准确适度、简明凝练、韵律和谐。

三、体态语言

体态语言，亦称人体示意语言、身体言语表现、态势语、动作语言等，它是指通过面部表情、眼神、动作姿态、体态等来交流思想的辅助工具，属于一种伴随语言。

体态语言与口头语言、书面语言一样，是人际交往中一种传情达意的方式。美国心理学家艾帕特、梅拉别恩等从许多实验中取得了这样一个公式：信息的效果＝7％文字＋38％的音调＋55％的面部表情，从中可见体态语言在信息传达中所起的重要作用。有时，体态语言还能传达某些无法以唇齿表达的信息。在信息交流中，体态语言是一种不可或缺的形式，但它也有一定的规律可循。了解这一点，不仅有助于理解别人的意图，而且能够使自己的表达方式更加丰富，表达效果更加直接，进而使人与人之间更和谐。

（一）体态语言的特点

1. 动作性

体态语言不同于口头语言，口头语言凭借语音、词汇、语法构成的语言体系传递信息，而体态语言则主要依靠举止神态传情达意。

2. 微妙性

体态语言的传情达意，多凭面部表情，特别是用眼睛说话，借眼波传情。因为这样的活动是在无声的情态中进行的，带有含蓄性与隐蔽性。而且，眼睛还具有很大的灵活性，由眼睛可以带出其他的种种表情，形成复杂的感情世界。在一颦一笑之间，往往可以传递各种信息，其作用是微妙的。

3. 感染性

体态语言的传情达意，时而含而不露，时而极富鼓动，这就从两个极端叩动感情的心弦，引发人们积极地去思考问题，语言的感染力也就油然而生。

4. 辅助性

体态语言与口头语言往往结合使用，体态语言在人们传情达意的过程中，主要起辅助的作用。它的辅助功能表现在：一是可以提高口头表达的生动性，二是可以提高信息传递的准确性，三是可以提高传情达意的明确性。

5. 区域性

不同场合下有不同的体态语言，不同的人有不同的体态语言，不同的体态语言表现人的不同的素质。例如，世界上大部分地区都是点头表示肯定，摇头表示否定。然而，用拇指和食指合成一个圆圈往下弯，在美国表示“OK”，在法国却是“无价值”的意思；中国人伸食指和中指表示“二”，西方人则表示“Victory（胜利）”；西方人伸拇指和食指表示“二”，中国人则表示“八”。

（二）体态语言在公共关系中的运用

从体态语言的发出部位和表现力着眼，体态语言可以分为表情语、手势语和体姿语三类。

1. 表情语在公共关系中的运用

表情语是通过面部表情来交流情感、传递信息的一种体态语言，表现力较强。在公共关系中运用非常多的是目光语与微笑语。

（1）目光语。目光语是运用眼神、目光来传递信息、表达情感、参与交际的语言。心理学家认为，眼睛是心灵的窗户，人们心灵深处的东西可以通过这个窗口折射出来，较之其他体态语言，目光语是一种更复杂、更深刻、更富有表现力的语言。

在公共关系实务中，恰当运用目光语，能增添话语的表达效果，反之，如果运用不当，就会伤害公众，收到相反的效果。具体运用目光语时应重视以下几点：

第一，注意把握注视区间。注视区间一般可以分为公务型、社交型、亲密型三种。公务型注视区间是以两眼为底，与前额上部顶点所连成的三角区域，注视这一区域，能造成严肃、认真、居高临下的效果，公共关系人员在与公众尤其是长者、身份地位高的人交往时，不能使用该注视空间；社交型注视区间是以两眼为上线，以下颌为顶点的倒三角形区域，注视这一区域，表达的情感是交往双方是平等的，可以开诚布公地展开交流，公共关系人员在参加酒会、舞会等时要注意使用此注视区间，以使双方在交流时感觉心情舒畅；亲密型注视区间是以胸部为底线，以两眼为上线所构成的梯形区域，交流时视线主要停留在双眼、嘴部或胸部，常在恋人、至爱亲朋间采用。在与平常的异性相视时，一般还是以社交型注视区间为最好。

第二，注意注视时间的长短。在与人交谈时，视线接触对方面部的时间应占全部谈话时间的20%～60%。超过这一平均值，可认为对谈话者本人比谈话内容更感兴趣，如果更长时间地盯着对方，还可以被视为一种失礼或挑衅行为；低于这一平均值，则可表示对谈话内容及谈话者本人不太感兴趣，如果长时间不看对方，则可能意味着隐藏着不愿让对方知道的事情；如果眼神游移不定，则可能被认为是“心里有鬼”。

第三，注意注视的方式。注视的方式有多种，如斜视、扫视、窥视、正视和环视等。斜视表示轻蔑，扫视显得不尊重，窥视表示鄙夷。公共关系活动中的注视方式应以正视和环视为宜。当个别交谈时，用正视表示尊重和庄重；当与广大公众交谈时，既要正视，又要结合环视，这样可以使坐在每个位置上的公众不至于产生被冷落之感，有利于造就和谐友好的气氛，促进公共关系目标的实现。

(2) 微笑语。微笑语是通过略带笑容，不出声的笑来传递信息的体态语言，它除了表示友好、愉悦、欢迎之外，还可表示歉意、拒绝、否定。微笑作为世界性语言，这一礼仪之花在人际交往中，甚至在调节个人心理状态方面都十分重要。

公共关系人员在任何场合，都应该始终保持一张亲切的笑脸，尤其对于初次见面的公众，微笑能大大缩短双方之间的心理距离，彼此获得好感与信任。对于企业而言，微笑服务是获得、维持和改善公司与公众关系的诀窍之一。发自内心的微笑是人们美好心灵的外现，公共关系人员的微笑在塑造自己的个人形象的同时，也塑造了自己所代表的组织形象。

2. 手势语在公共关系中的运用

在社交中，不同的手势，具有不同的表情达意作用，即使是同一个手势动作，如果完成的幅度、速度和力度不同，其中的含义也不同。

手势语运用的原则是：要规范，尊重约定俗成的模式；与人交谈时，手势不宜过多，动作不宜过大，要与表情、口语相配合；同时，还应考虑到不同地区、民族、国家的文化差异、风俗习惯，以免贻笑大方。

(1) 手指语。手指语是指通过手指的各种动作传递信息的体态语言。无论是交谈、谈判或演讲，公共关系人员都会有意无意地使用手指的各种动作来辅助或代替有声语言。手指语的运用要有语境，不同的国家，手指语的运用一定要注意；同时，手指语使用的频率、摆动的幅度以及手指的姿态等都要讲究，使其优美和谐地配合有声语言传递信息。

(2) 握手语。握手语是交际双方伸手相握以传递信息的体态语言。在各种公共关系场合，握手是常用的手势语，有经验的公共关系人员往往在握手的一刹那，就能揣摩出对方的性格特点以及对方对自己的态度。一般而言，习惯用双手握着别人手的人，大多是热情开朗的人；击掌式的握手，大多是表示自己是干净利落的人；完全伸开手掌握手的人，表示自己是乐于交往、注重感情的人。另外，握手的力度也可传递信息：力量适度表示善意，力度均匀表示情绪稳定；手握得很紧表示彼此熟悉，感情很深，如果是陌生人就有可能是有求于人；如果随便拉一拉就放开，或表现得心不在焉，则表示不欢迎或冷淡的意思。

此外，在公共关系活动中，一般是女士、年长者、身份地位高的人、主人、先到者先伸手，男士、年轻者、身份地位低的人、客人、后到者才能伸出右手与之相握。但应注意，主人与客人之间，迎来客人时主人先伸手以示欢迎，当客人要告辞时，客人先伸手以示告别；男士握手时要脱下手套，女士如果是穿着晚礼服，戴着长臂的手套，则可以不用；不能同时与两个人握手或四个人交叉握手。公共关系人员应视公众的具体情况和自己的身份决定是否主动相握以及先与谁握手等问题。

3. 体姿语在公共关系中的运用

体姿语是指通过身体在某一情景中的姿势来传递信息的体态语言。体姿语可以表达出自信、乐观、豁达、庄重、矜持、积极向上、感兴趣、尊敬等或与其相反的语义，人的动作与姿态是人的思想感情和文化教养的外在体现。与公共关系活动密切相关的体姿语是站姿、坐姿和步姿。

（1）站姿。站姿是指通过站立的姿态传递信息的语言。优良的体姿首先要做到“举止有度”，即“站有站相，坐有坐相”。站立是人的最基本的姿势，不同的站姿也传递着不同的信息。站立的要领是：挺胸、收腹、抬头、下颌微收、双目平视、嘴微闭、面带笑容。女士站立时，双脚一般呈“V”字形，膝和脚跟要靠紧，两脚尖张开的距离约为两拳，上半身要保持挺直，下巴要往内收，肩膀要平，腹部要收，臀部不能翘起，两手于腹前交叉。男士站立时，双脚可与肩同宽，身体不能东倒西歪，双臂自然下垂。

（2）坐姿。坐姿是指通过各种坐姿传递信息的语言。一个人的坐姿是其气质、素养和个性的显现。在公共关系活动中，坐姿是不可忽视的，优美得体的坐姿可塑造公共关系人员的形象。

坐姿一般有三种类型：第一种是正襟危坐，表现为身体挺直，双脚并拢或略微分开，如果是女性则是并拢双膝或脚踝交叉并略斜向一侧。第二种是随意坐姿，表现为坐的较深，上肢随意放，下肢可跷二郎腿，上半身完全靠在椅背上。第三种是半随意坐姿，即介于前两者之间，表现为头部微微后仰，身子斜靠在椅背上，一只脚架在另一只脚上。在公共关系活动中，选用什么样的坐姿应受到语境的制约。如在演讲、谈判、正式的会议上，一般应采用正襟危坐的严肃坐姿，这样显得庄重和尊重公众。在一般的交谈、接待、庆典或联谊会上，可以采取半随意坐姿，这样易于造就和谐融洽的气氛，缩短交际双方的心理距离。随意坐姿一般只使用于非公众场合。

（3）步姿。步姿是指通过行走的步态来传递信息的语言。人们的步姿往往不仅与其性格有关，也与其心情和职业有密切的关系，一般要求行走时应昂首、闭口，头部端正，两眼平视前方，挺胸、收腹、直腰，行走时上身不动，两肩不要摇，步态稳健、轻松、灵活，富有弹性。

在公共关系活动中，公共关系人员应根据不同的语境选用不同的步姿。如在接待、讲话、访问或会见等场合，应用轻松、自然、和谐的步姿，步伐稳健、步幅适中、步速恰当；在隆重的场合，可用显得威武、庄重、彬彬有礼的礼仪型步姿，步伐和手的摆动应有强烈的节奏感，眼睛正视前方或斜前方。应注意的是，当有急事时可以走快一些，但不能跑，尤其是女士穿套装和高跟鞋时，跑一方面是慌张的表现，另一方面有容易摔倒的危险；不能边走边吃东西；不能几个人并排走，更不能边走边打闹拉扯，手舞足蹈或指手画脚，对别人任意评头论足。

四、服饰语言

服饰是人的衣着及其装饰的统称，是人形体的外延，有遮体御寒、美化人体的作用。服饰作为一种无声的语言，除了可以修饰一个人的外表外，还可以传达其他一些信息。公共关系人员在社交场合中的衣着服饰，反映其精神面貌、文化涵养和审美情趣，在一定程度上影响其公共关系活动目标的实现。日本著名的推销大王齐腾竹之助在他的自传体著作《高明的推销术》中说："服装虽不能造出完人，但是，初次见面给人印象的30%产生于服装。"

(一) 服饰语言应遵循的基本原则

1. 体现自身个性特点

应注意服饰与个体自身的性别、年龄、容貌肤色和身体体态相适宜，选择时应扬长避短、扬美避丑，要体现出自己的个性特征。进行服饰选择时，首先要合乎性别。一般男士着装要体现刚毅有力、优美潇洒的气概，女士则要展示温柔妩媚、典雅端庄的风韵。其次要合乎年龄。青年人要着力展示青春活泼的气质，中年人要显示稳重扎实的风范，老年人则应讲究素洁、闲适。再次要合乎身材肤色。如身材娇小的女士，宜于选择造型简洁、色彩明快、小花形图案的服饰，"V"形夹克衫较适于双肩过窄的男士，"H"形套裙适于腰粗腹大的女性，肤色偏黄或黑者，要避免穿着与肤色相近或较深暗色彩的服装（如黄、深灰、蓝紫色等）。还应注意的是，服饰与个性气质和职业身份相适宜，通过服饰烘托个性、展示个性，体现自己的职业身份的特点以及表现内在的素养，与所从事的职业和身份的角色形象相协调。

2. 遵循 TOP 原则

着装的 TOP 原则是国际通行的服饰语言应遵循的最基本原则。TOP 是英文 Time、Object、Place 三个词首字母的缩写，即分别代表时间、目的和地点三方面的综合因素。

TOP 原则要求人们的服饰应力求和谐，以和谐为美。着装要与时间、季节相吻合，服饰要符合时代发展的主流和节奏；着装要根据不同的交往目的、交往对象选择服饰，给人留下良好的印象；着装要与所处场合、地点、环境相适应，与不同国家、区域、民族的不同习俗相吻合，要符合着装人的身份。

(二) 服饰语言在公共关系中的运用

服饰是一种特殊的语言，公共关系人员的服饰往往代表着组织的形象，因此，掌握和运用这一特殊的语言，是公共关系人员不容忽视的一个重要方面。

1. 男士着装的基本要求

男士着装应遵循整洁、稳重、和谐、雅致的原则。

(1) 帽子与手套。戴帽子与手套一般在室外，但与人握手时应脱去手套以示礼貌，向人致意时应取下帽子以显尊重，室内社交场合不要戴帽子和手套。

(2) 鞋袜。在正式场合中，以穿黑色或深棕色皮鞋为宜，娱乐场所可穿白色或浅色皮鞋。袜子长度要高及小腿中上部，颜色以单一色调为好，而着礼服时的袜色要与西裤色相近，正式场合忌穿白色运动袜。西服不宜配旅游鞋或布鞋，中山装可配布鞋。

(3) 衣裤。男士在参加隆重场合时，宜穿深色西服或礼服，同时全身上下的颜色，包括上衣、裤子、衬衫、皮鞋、袜子等的颜色不能超过三种。西装的袖长以达到手腕为宜，衬衫的袖长应比上衣袖口长出 1.5cm 左右，衬衫的领口应高出上衣领口 1.5cm 左右。在正式场合穿西装必须打领带，领带的长度不能太长，领带尖抵达腰带即可。还要注意纽扣的系法：西装上衣有单排扣和双排扣之分，一般单排扣较常见，单排扣又有单粒、双粒、三粒之别，在正式的社交场合，单粒扣的一般要系上，两颗纽扣的一般只系上面的一颗，三颗纽扣的，系上面两粒或只系中间一粒都符合规范要求；如果是双排扣或中山装，则应该把所有的纽扣都系上。穿西装时，注意不要挽起袖口，上衣和裤子口袋里不宜放太多东西，内衣不要穿太多，西裤长度要适宜，裤脚在鞋帮的二分之一处即可。西装的款式选择要与人的脸形、体型、年龄和性格相适应，要注意与衬衫、领带、皮鞋、袜子等相互协调。

2. 女士着装的基本要求

女士在着装方面较男士有更大的选择，但是为了提升个人魅力，应体现出整齐整洁、文明大方、美观明快、搭配得体，还应兼顾个性特征，创造和保持自己的独有风格。

(1) 帽子与手套。在正式的场合，无论室内、室外，女士均可戴帽，但帽檐不能太宽；与人握手时可不必脱去手套。

(2) 鞋袜。社交场合，穿鞋要注意鞋子与衣裙色彩和款式的协调，但不可穿凉鞋、拖鞋等，如布鞋配套裙就不恰当。穿袜着裙装时，应配长筒或连裤丝袜，袜口不得短于裙摆边；颜色以肉色或黑色为主，袜子大小松紧要合适；不能穿着挑丝、有洞或缝补过的袜子，也不要当众整理自己的袜子。

(3) 衣裙。正式场合应着典雅大方的套装。职场着装“六忌”：过分杂乱、过分鲜艳、过分暴露、过分透视、过分短小、过分紧身。女性在商务交往场合着裙装，应注意“五不准”：不穿黑色皮裙；不光腿；不穿残破的袜子（随身带备用袜）；不穿便装鞋（应穿前不露脚趾后不露脚跟的皮鞋）；裙袜之间无空白。

(4) 化妆与配饰。女士的化妆应随着时间和场合的改变而变化，白天宜淡雅、自然，忌浓妆艳抹，参加晚会时可适度化浓妆，但也不宜招摇，应讲求整体效果。首饰的搭配不要多，一两件是精巧的装饰和点缀，而多于三件则可能显得庸俗不堪。首饰只起到点缀的作用，用于调节着装，使之与所要展现的气质更为合拍，使女性显得更加端庄美丽、优雅大方。首饰的佩戴一定要与身份、气质、场合、服装、脸型、年龄、季节等相协调。

五、跨文化的公共关系语言

当今世界是一个多极世界，也是一个多元社会。不同国家、不同民族有不同的文化，如何清除彼此之间因文化背景不同而产生的信任、理解障碍，即如何实现跨文化的沟通已成为一个世界性的话题。

(一) 跨文化公共关系语言的含义

跨文化公共关系是指存在于具有不同文化背景的主客体之间的公共关系。在跨文化公共关系实务中，公共关系主体若要在异文化客体中传播组织信息，建立、维系本组织的良好形象和信誉，关键在于消除由于彼此文化背景不同而引起的交际障碍。只有打通文化壁垒，才谈得上信息的顺畅交换，实现相互理解。所以，文化沟通是跨文化公共关系的核心所在。

跨文化公共关系语言是跨文化公共关系活动中所使用的语言。它一方面要受公共关系职能的制约，另一方面又以实现沟通为直接目的。因此，要求公共关系人员应从跨文化公共关系的实质——文化沟通的角度，发展自己的公共关系能力，而不能只停留在熟悉对方语言的结构知识或仅仅拜托翻译就能解决相关问题。具体应表现在：在跨文化的公共关系语言交际中，公共关系人员应注意调整自己的心态，克服文化优越感，以平等的态度参与交际；应将自己的思想感情融入对方的文化之中，直至把自己放在对方的位置上来观察问题；应有意识地挖掘利用含有共识文化的语言材料。

（二）世界主要国家与地区的文化及公共关系语言简述

1. 英国

英国人由于过去曾有的辉煌而常显得傲慢、保守、机械和推崇绅士风度。他们不习惯于在公共场合表现自己且会与其他人保持一定的距离。在最初的接触中，英国人倾向于保守沉默，但随着彼此了解的深入，他们会逐渐与对方接近。英国人很注重礼节和仪式，其公共关系语言的风格表现为平和、平衡、自信、谨慎但缺乏灵活性。

2. 德国

德国人的公共关系语言风格是冷静、勤奋、自信、傲慢、缺乏灵活性和追求完美。他们对事情一向认真、谨慎，非常崇尚个性化，重视个人的意见和能力。德国人有重合同讲信用的传统，并严格遵守和执行所做出的约定。

3. 法国

法国人天性热情乐观，充满幽默和浪漫。他们认为在生意场上友谊是很重要的，并且有非常强的民族文化意识，他们常常以较为轻松和随便但富有逻辑性的话题开始对话。法国人认为享受生活与工作同等重要，所以，应当注意避免在假期来临时与法国人开展公共关系活动。

4. 意大利

由于历史和地理的原因，意大利人常表现得非常独立并且以自我为中心，意大利的领导们具有教条、不灵活和独断专行的特点。在公共关系活动中，意大利人有时会表现出情绪化、易变和爱好争论的特征。

5. 北欧国家

挪威、瑞典、芬兰、丹麦和冰岛这些北欧国家的人们习惯上强调事物的技术性能，重视数字表达和强调实验的结果。总体上说，北欧人独立性强，对人礼貌，性格直率、活跃，喜爱和平，善于提出有创意的提案，但也十分固执，往往不会轻易改变已经决定的事情。

6. 俄罗斯

俄罗斯人热情好客，坚强而且固执，他们善于使用公共关系策略，善于与人讨价还价。与他们做生意最关键的一点是建立良好的人际关系。俄罗斯人办事严重依赖关系网络，因此在与他们开展公共关系活动前，非常有必要通过直接或间接的关系与对方建立联系。

7. 美国

美国人十分开朗、充满信心、幽默善谈、追求实效、喜欢冒险。在公共关系活动中，美国人常表现得外向、直截了当而且坚定自信。他们坚决实施自己的方案，非常注重效率，一般不太重视之前人际关系的建立。美国人强烈的个性化特点通过他们的决策过程得到充分体现——个人有权做出决定，但同时也强调个人应负的责任。

8. 拉丁美洲

拉丁美洲人认为在商业性的公共关系活动中，人际关系是一个十分重要的因素，双方一旦建立起良好的人际关系，拉丁美洲人会毫不犹豫地帮助自己的合作伙伴。但他们在履约上的信用较差，常常毫无理由地破坏约定。

9. 日本

日本人非常看重地位和规则，他们敬仰权利和崇拜自认为高贵的东西，而看不起自认为劣等的事物，有着强烈的自我意识。日本人非常讲究礼节，有很强的时间观念，但是决策的过程十分缓慢，因为日本人的决议都是自上而下，是典型的集体通过方式，没有某个人负有全权责任，但决议一旦通过后其执行效率很高。在开展公共关系活动前，与日本人建立起个人的友谊和信任也是很关键的。日本人与人交往时喜欢用含蓄和间接的方式来表达自己，他们愿意私下讨论比较敏感的事情，避免在公共场合与他人公开辩论。

10. 东亚和东南亚

中国文化在东亚和东南亚有着广泛的影响，如新加坡、韩国、日本、印度尼西亚、马来西亚等国。由于受中国传统文化中孔孟思想的影响，这个地区的人们重视人际关系与和谐，重视信誉。

【案例 9—2】

一个美国人与日本人的对话

美国人：杉本先生，我注意到您在装配线上干得非常出色。我希望其他工人都能注意到应该怎样做事。

日本人：（感到不安）表扬就不必了，我只是在做我的事（他希望其他日本工人什么也没有听见）。

美国人：您是我们在琼斯公司所看到的最优秀、最杰出、最尽心尽力的工人。

日本人：（脸红了，点了好几下头；继续做他的事情）……

美国人：唔，杉本先生，您是打算说声“谢谢”还是保持沉默？

日本人：对不起，琼斯先生，我可以请五分钟假吗？

美国人：当然可以（他很生气地看着杉本先生走开）。我真不敢相信，一些日本工人竟然会这样粗鲁。他们好像对表扬感到不安，不作回答……而只是保持沉默。

第三节 公共关系语言艺术的主要方法

公共关系语言具有艺术性，这是由公共关系活动的性质决定的。公共关系活动不仅是一种信息传播的行为，同时也是一种说服、劝导的过程。这一性质要求公共关系活动中的语言不仅能够准确表述信息，而且能够打动人心，不仅要让公众知道公共关系主体想让他们知道的事情，而且要争取获得他们的理解、赞同、支持和合作，只有这样，公共关系活动才可能达到预期的目标。要取得理想的语言表达效果，使公众愿意听从公共关系主体的意见和建议，甚至要他们放弃已有的成见和误解，转变对公共关系主体的态度，就必须调动各种方法与手段，运用各种语言技巧，即追求公共关系语言的艺术性。

一、委婉法

委婉，在希腊语中是“谈吐优雅”的意思。委婉法就是通过一定的措辞把原来令人不悦或比较粗俗的事物说得听上去比较得体、文雅，即使用一个不直接提及事物不愉快侧面的词来代替原来那个包含令人不悦的内涵的词。

在日常交际中，总会有一些使人们不便、不忍，或者语境不允许直接说出的词语。于是，说话人会故意说些与本意相关或相似的事物，来烘托本来要直说的意思。这是语言交际中的一种缓冲方法，仅仅是一种治标剂，但它能使本来也许困难的交往变得顺利起来，让听者在比较舒适的氛围中领悟本意。例如，“死”是人们一直忌讳的，人们总是在寻找其他的词语替代，“老了”、“睡着了”、“走了”、“安息了”等都是“死”的委婉说法；用餐时上厕所一般称去“洗手间”或“化妆室”等。在社交场合用这些委婉词语，不至于大煞风景。因而也有人说“委婉”是公共关系语言中的“软化”艺术。

公共关系活动通常都会涉及一些国家、组织和个人的利益。涉及利益问题，有时要严阵以待、寸步不让，有时要委婉曲进、旁敲侧击。所谓硬中有软、软中有硬。当对方的地位身份比较高、气势十分强大并已占据有利形势时，以硬碰硬、以直会直就有可能“玉石俱焚”，也达不到说服对方、改变对方主意的目的。

所以，委婉法是公共关系活动中常用到的语言艺术，即要根据时间、地点、气氛、态势、主客双方的身份、关系等因素，采取灵活多样的方法。本章趣味阅读中《触龙说赵太后》的故事就是典型的委婉进言的例子。

在公共关系活动中，公共关系主体的看法、观点可能与公众一致，也可能不一致。当看法、观点不一致时，要能够既不放弃预定的公共关系目标，不改变正确的看法和观点，同时又不激起公共关系对象的反感和抵触情绪，这就需要特别注意表达的技巧，应对这种局面，委婉法可以发挥重要的作用，它可以使语言表达更客气，更符合礼貌原则，可以使请求和拒绝更容易被对方理解和接受。

【案例 9—3】

东方朔的委婉

汉武帝晚年很希望自己能够长生不老。有一天，他对身边的侍臣说：“相书上说，一个人鼻子下面的人中越长，寿命越长，人中长一寸，能活 100 岁，这话是真是假?”侍臣东方朔听了汉武帝的话，知道皇上又做长生不老的梦了，心中很是不以为然。汉武帝见东方朔似有讥讽之意，心中不悦，问道：“你是在笑话我吗?”东方朔毕恭毕敬地回答：“我怎么敢笑话皇上呢？我是在笑彭祖的脸实在太难看了。”汉武帝不解地问：“彭祖的脸有什么可笑的地方吗?”东方朔回答：“传说彭祖活了 800 岁，如果事情真像皇上刚才所说的那样，那他的人中就有八寸长，他的脸不就要有一丈长了吗？这样的脸难道还不可笑吗？”汉武帝听罢，觉得东方朔说得有理，于是哈哈大笑起来。

二、幽默法

幽默并不仅仅是指一般意义上的“笑话”、“滑稽”等，更主要的是指其中最富审美价值的那一层精神现象，即指一种作者或作品的风格。幽默法是指运用令人轻松愉悦的语言表达形式传递信息的方法。林语堂说过：“凡善于幽默的人，其诙趣必愈幽隐，而善于鉴赏幽默的人，其欣赏尤在与内心静默的理会，大有不可与外人道之滋味，与粗鄙显露的笑话不同。幽默愈幽愈默而愈妙。”

幽默的力量绝不仅仅在于博人一笑而已，它被称为公共关系语言中的高级艺术，其作用主要体现在：(1) 在喜庆或者欢乐的场合，制造愉悦的气氛；(2) 当言语交际陷入僵持和紧张的情景时，恰当地运用幽默可以有效地缓解紧张气氛；(3) 有助于融洽人们的思想感情，缩短交际双方的心理距离。心理学家还认为，在语言沟通中，情绪的作用不可低估，语言的刺激影响着情绪的变化，而情绪又可调节和影响人的认识过程。当公共关系的客体有着良好的情绪时，公共关系的主体就会有个如鱼得水、顺流而下的有利的传播基础，以便更好地开展公共关系活动。因此，公共关系人员要掌握幽默在公共关系活动中具有的这些特有效果，要善于运用幽默创造良好的交流氛围，善于用幽默打破尴尬，赢得和谐的沟通环境。

例如，一位顾客在某饭店吃饭，米饭中沙子很多，他不得不把它们吐在桌上。服务员见此情景很是不安，抱歉地说：“尽是沙子吧！”顾客摇摇头微笑地说：“不，也有米饭。”顿时，两个人都笑了。“沙子”和“米饭”本是两个互相对立的事物，而顾客却巧妙地避开“沙子”而谈“米饭”，使本来十分尴尬的场面顿时轻松起来，顾客用奇在意外、巧在理中的回答，消除了服务员尴尬和不安心理，让人觉察到了必须纠正的问题。

我国前总理朱镕基也是一个非常幽默的人，他经常使会场气氛变得轻松活跃。1999年3月25日下午，朱镕基在九届人大二次会议闭幕之后召开的中外记者招待会上，开场白就说：“我只讲一句，欢迎大家向我提出任何问题，没有任何限制。但是由于时间关系，不是所有举手的人都能够发问。因此，我预先向那些没有机会发问的记者表示歉意。”这幽默的话语，自然风趣，诚实可信，即刻使会场气氛活跃起来了，记者们争先恐后地举手请求提问，情绪很是高涨。

黑人约翰·罗克在《要求解放黑人奴隶的演说》中这样开头：“女士们，先生们，我来到这里，与其说是发表讲话，还不如说是给这一场合增添一点‘颜色’。”他的开场白顿时使白人听众们大笑，而这种反馈的信息——笑声，起到了扫除种族障碍、缩短距离的作用。

可见，幽默风趣能增加语言的生动性，吸引住听众。幽默法广泛应用在演讲开场白、扭转场上因意外事故造成的不利局面，改听众的挑剔、疑虑心理为信任、亲近，从而达到被认可的目的。

三、模糊法

模糊，是自然界中物体类别之间的一种客观性，这种客观性导致了人们认识中关于

“对象类属边界和情态的不确定性”。模糊法是指运用不确定的或不精确的语言进行交际的方法。在公共关系语言中，适当地运用模糊法，是一种必不可少的艺术。

模糊法可运用在无法精确测量有关事物的条件下，使语言能够实现区分不同事物的功能，保证言语交际正常进行。人们在社会交际活动中，不可能也没有必要时时、事事都像科学实验那样，对谈论的对象做出精确的测定，在这种情况下，如果没有语义的模糊性，而是要求对所有的语义都必须做出严格的、精确的规定，那么社会的交际活动将难以进行。如“高”与“矮”、“美”与“丑”、“好”与“坏”、“难”与“易”、“幸福”与“不幸”、“聪明”与“愚蠢”等，如果不允许语义模糊的存在，某些人或事物的性质根本就是无法谈论的。同时，在言语交际中，有时候人们尚未了解有关事物的确切数量或者不能保证有关事物数量信息的绝对准确时，模糊法的运用可以保证传递的信息更符合客观事实，精确表达反而可能不准确，特别是当人们还来不及确切掌握有关数字，但又必须发布相关的信息时，模糊法更是不可缺少的。此外，模糊法的运用常常可以提高语言表达的效率，可以使语言表达更概括、更简洁，它可以用较少的言语传递足够的信息，而使用精确表达则可能显得累赘啰唆。模糊法的使用还常常可以提高语言表达的礼貌程度，使语言表达避免绝对化，更富于弹性。例如，发表自己的看法时，说“我基本上同意他的意见”就比“我同意他的意见”留有更大的余地，使“同意”在程度上具有较大的伸缩性，即使将来情况有所变化，这种伸缩性也可以保证说话人当时的表态不至于大错，从这个意义上讲，模糊法也是一种说话人自我保护的方法。

在言语交际中，模糊法运用的基本原则是：应根据说话人要表达的实际需要决定模糊法的运用与否，应该模糊时要模糊，应该精确时则要精确，而不是在任何情况下都只要模糊，不要精确。语义的模糊性和精确性对语言来说都是不可缺少的，它们的存在保证了作为交际工具的语言能够很好地满足社会各种不同的交际需要，我们应根据言语交际的目的、对象等因素来决定，只有这样，模糊法才能够发挥积极的作用，才能使交际艺术达到另一个意想不到的高度。

四、暗示法

暗示，是一种信号化的刺激，它不公开地、隐蔽地给人以启示。从社会心理学的角度看，暗示是在无对抗的条件下用含蓄、间接的方法对人的心理和行为产生影响。公共关系语言艺术中的暗示法是一种通过语言、行为或其他符号把自己的意向传递给他人，并引起反应的方法。

例如，在外地旅游时，曾在一条公路的拐弯处看到一块标语牌这样写着：“这里已经有 6 人死于撞车事故!”表面看起来这是一句很普通的话，但实际上却有着震慑人心的效果。它没有直接提醒人们要注意安全，而是通过以前发生的事实暗示此处为交通事故多发地段，要司机们提高警惕，这比用其他苍白或者警告的语言都要来得有力和有效。再如，“本店再过 5 天就将拆除”的标语在向顾客暗示店里的商品正在以“跳楼”低价销售，然而标语本身并没有这样表达。

暗示法可以通过人的语言、手势、表情来表现，也可以通过图像、声音符号等来传递要暗示的信息。暗示法作为公共关系活动中一种常用的手法，有时比直接点破效果要好得多，在公共关系语言中往往会有一些不能直接表达的事物，此时暗示法就显得尤其重要，正确运用这一方法将使我们在社会的大大小小的公共关系交际活动中受益不少。

【案例 9—4】

轰炸机与维生素

美国前总统里根决定恢复生产新式的 B-1 轰炸机，引起许多美国人的反对。一次，在记者招待会上，面对许多人的责问，里根答道："我怎么不知道 B-1 是一种飞机呢，我只知道 B-1 是人体不可缺少的维生素。我想我们的武装部队也一定需要这种不可缺少的东西。"这里，B-1 既指一种维生素，也指一种轰炸机，里根正是利用这种语义的双关性来暗示美国要恢复生产这种飞机。

以上只是本书归纳的公共关系语言艺术的几种主要方法，此外，还有激励法、倾听法、形象法、时机法、双赢法等新的语言艺术方法被不断提出。总之，公共关系语言艺术为我们提供了口若悬河的技巧，落笔生花的奥妙，左右逢源的诀窍，公共关系交际活动成功的依靠，合理、准确地运用这些语言艺术对我们从事公共关系工作以及自身的学习和生活各个方面都会有着意想不到的帮助。

第四节 公共关系活动中语言艺术的发展趋势

随着时代的发展，社会经济、政治、文化、科技、外交等各个领域都产生了对公共关系活动的迫切而广泛的需要。公共关系工作专业化、职业化，是历史发展的必然趋势。公共关系人员的语言艺术将同样影响其职业生涯，影响到公共关系工作的水平。公共关系作为一门管理艺术，也必然在其专用的、常用的语言这个手段上进行进一步的发展和研究。

目前，已有越来越多的学者、高校老师及公共关系人员对公共关系语言艺术进行深入研究，各抒己见、精彩纷呈。可以说，在公共关系活动中，语言能力强不强，采用何种语言艺术，愈来愈受到重视，而对公共关系活动中语言艺术的研究和探讨也将推动公共关系活动事业的发展。

一、公共关系活动的发展趋势

目前，公共关系活动的发展呈现出了四个趋势，具体表现在以下几方面：

一是全球化。进入 20 世纪 90 年代之后，世界进入了全球化时代。全球化是世界经济发展的必然趋势，信息革命和信息经济的大潮是加速全球化进程最重要的因素。市场经济的全球化和信息传播的全球化，是全球化时代的重要标志。全球化的含义，不仅指经济生活的全球化，而且也包括政治、文化和社会生活的全球化。原来人们对公共关系的认识、理解和实施的公共关系活动大多是局部的、单项的，或者是限于企业和组织利益的，即所谓的"小公关"。随着全球化浪潮的推进，公共关系活动的范围在扩大，公共关系工作的领域在拓展，公共关系的地位因社会需要的增加而得到强化和提升。

二是政府行为公共关系化。政府的管理体制改革已经成为潮流，各国政府正试图从原来的统治者、控制者向协调者、服务者的角色转换。正是基于这样的态势，掀起了全球化政府公共关系活动的大潮，各国政府首脑及主要官员的外交活动都开始以扩大对外贸易、推销本国产品、寻求合作伙伴、拓展投资领域、签订经贸合同作为重点内容。

三是危机公共关系化。如针对地区冲突、民族冲突的时有发生，各国政府和联合国成员一直在寻找合作的机会，共同解决局部冲突带来的诸多问题，许多公共关系人员进入了联合国机构，奔赴世界各地，缓和冲突双方的矛盾，增进冲突双方的了解和沟通。

四是学科化。随着公共关系活动在政治、经济、文化领域中发挥越来越大的作用，人们已经改变“公共关系就是吃饭，公共关系人员就是只需外表美、无需内涵的花瓶”的偏见。公共关系活动从业人员数量的增长、人员的培训、承担任务的增加，都使得社会对公共关系活动的研究进一步加强。

二、公共关系活动中语言艺术的发展与公共关系活动的发展保持一致

语言并不是人类发展到高级阶段才有的，也不是人类在某一领域里所创造的特殊的工具。从人类产生开始，语言就已经存在了，语言伴随着人类而产生，随着人类自身的发展，语言也在不断地完善，以更能表达人类的思想。

公共关系活动与语言密不可分，语言是公共关系活动的有力助手和手段。我们可以看到，语言，尤其是艺术性的语言活动推动了公共关系活动，同时公共关系活动也发展了新的语言艺术，推动了社交语言的发展，并形成一些独特的公共关系语言艺术，为人类文明的进步起到积极作用。

根据公共关系活动的发展趋势，相应的语言艺术应该包括以下趋势：

一是根据全球化这一特性，加强对其他国家、民族、宗教的文化的学习和了解，注意各国家、各民族、各宗教的文化和理解方式，使语言易懂、得体、到位。

二是结合政府行为的公共关系化，势必在政府官员中会掀起学习公共关系活动语言艺术的热潮。公共关系行为不仅仅限于外交官、发言人、大使、特使等外交活动的官员，今后会有更多的政府官员感觉到自己是在协调、交流、沟通而非发号施令，政府官员的公共关系活动的广泛化、群体化会推动相应的对语言艺术的学习。

三是针对危机问题处理的语言艺术将加强研究。全球化、政府体制改革、环保问题、资源短缺等发展改革中的问题带来的除了矛盾，还有亟待解决的危机——政治危机、经济危机、心理危机等。人的情感在高速发展的经济轨道和竞争日趋激烈的社会中，变得越来越脆弱。能安抚人心的，首先是语言。使用什么样的语言艺术达到这个目的就变得非常重要。

四是系统化、规范化、科学化。公共关系活动作为一门独立的研究学科，在其正规的教材中并没有较大篇幅详细阐述相应的语言艺术。语言艺术本身是一门深奥的学问，而相对来说，公共关系活动中的语言艺术又具有一定的局限性、特定性和结合性。公共关系活动中的语言艺术肯定是围绕公共关系活动展开，又必然有一定的时代性、实用性和规范性。众多的公共关系人员也需要系统地学习公共关系语言艺术知识，而不只是个人的领悟和经验的积累，通过系统、规范的学习，可以更快地担当公共关系工作，更好地开展公共关系活动。

可以说，语言艺术成为公共关系人员的个人魅力和工作能力的“必杀技”之一。公共

关系人员要多听、多看、多记、多练，要下苦功锻炼口才的控制和声音的技巧，要注意训练内部语言的外化技能、理解感受能力、运用表达能力、自我调节能力等，还要善于积累丰富的交际专门用语。公共关系人员还应广泛涉猎各种书籍，掌握广泛而翔实的材料，才能为自己创造一个广阔而深厚的知识背景，有了这样的知识背景，公共关系人员就可以在公共关系活动中站住脚跟，在公共关系语言上得到一个取之不尽的源泉。

要点回放

公共关系在现今社会已经被广泛地重视及运用，而作为公共关系中不可缺少的一环——公共关系语言，更是在人们的工作、学习和生活中起着越来越重要的作用。公共关系语言，是指组织的公共关系人员为了塑造组织形象，在传播沟通中向公众传播信息的符号。其主要的功能和作用是畅通信息传播、协调人际关系、影响公众态度、激发公众行为等，是用来实现人与社会沟通的重要工具。功利性、文明礼貌性、情感性是公共关系语言区别于非公共关系语言的特点所在。在公共关系实务中，我们要始终注意遵循公共关系语言的表达原则和语言禁忌。

公共关系语言的运用非常广泛，除口头语言外，还包括书面语言、体态语言、服饰语言、跨文化的公共关系语言等内容形式。在公共关系活动中，多种形式的公共关系语言的配合运用，更容易达到公共关系活动的效果。

研究语言艺术是公共关系活动的需要，公共关系语言艺术的主要方法有委婉法、幽默法、暗示法、模糊法等，灵活运用这些方法对我们日后踏入社会进行公共关系活动以及实现公共关系活动的目标都会颇有帮助。这也需要我们继续研究和探讨公共关系活动中语言艺术的发展方向和趋势，并不断地提高自身的公共关系语言运用技能。

模拟训练

模拟训练一：

1. 台湾诗人余光中参加一次文艺大奖颁奖仪式，获奖者大都是黑发晚辈，只有余光中是白发老者。余光中风趣睿智的致辞赢得了满堂喝彩，他的致辞是（　　）

A. 我这老头子能与年轻人一同获奖，首先感谢评委的公正，一视同仁。

B. 长江后浪推前浪，一代更比一代强，年轻人能赶上我，我十分欣慰。

C. 我虽然是个老头子，但我的心态年轻，我永不服老，所以能与年轻人同台获奖。

D. 一个人年轻时同老头子一同获奖，表示他已经成名。可年老时还能同小伙子一同获奖，说明他尚未落伍。

2. 下列说法得体的一项是（　　）

A. 我们黄海淤泥就是多，但只要你小心点，不就不会弄脏脚了吗？

B. 您看我们黄海淤泥，多么热情好客，沾住您的脚，不想让您走呢！

C. 我们黄海淤泥多么热情好客，它沾住您的脚，就是不让您走。

D. 我们黄海淤泥就是这样，它不想让谁走，就沾谁的脚，您最好别走。

3. 你知道吗？约翰先生为何不高兴？

约翰先生带着他的狗参加狗类比赛得了第一名。比尔向他表示祝贺："约翰先生，祝贺你得了冠军。"约翰先生很不高兴，立即纠正说："不，是我的狗得了冠军。"比尔赶紧表示了歉意，然后小心地问："那么，请问你的狗得了多少奖金？""不，是我得了奖金。"约翰先生怒气冲冲地再次纠正。

4. 李工程师夫妇为他们的日本好朋友举办家宴。席间，日本太太非常客气地说："李太太这样文雅，和我们日本女人一样，不像是中国人。"李太太随即得体地回答："________。"日本太太听后，知道自己的谈吐有失妥当，但又不感到尴尬。李太太是怎么说的呢？请选出正确一项。

A. 太太也很文雅，您的先生也很文雅，和我们中国人一样，不像日本人

B. 太太过奖了，我可比不上中国的知识女性，也比不上你们日本女人

C. 太太说得对，我俩在一起就如两姐妹，分不清谁是中国人，谁是日本人

D. 太太说出了一个事实，中日的文明是同源的，中国文明哺育了日本

5. 下列句子中用语得体的一项是（　　）

A. 一位同学病愈出院，向主治医生连连道谢，医生赶忙回答："不用谢，不用谢，欢迎下次再来。"

B. 当好朋友盛情邀请你看一场有姚明与奥尼尔对决的 NBA 球赛时，你说："都快中考了，没看我忙着吗？"

C. 某镇政府代表在某地举行的招商会上致辞："为加快我镇建设步伐，我们竭诚恳求各位商家到我镇投资办厂……"

D. 张先生在公司不得志，向老板投上辞呈。老板挽留他，张先生说："感谢老板的好意和器重，但我希望多方充实后再回公司效力。"

模拟训练二：

1. 当你不小心踩了别人一脚时，应该怎么对他说？

2. 当你打电话给同学时，接电话的是他爸爸，你应该怎么说？

3. 当老师写在黑板上的字太小，你看不清时，应该怎么对他说？

4. 上课时，另外一个同学讲话，而老师批评了你，认为是你讲的，这时你应该怎么说？

模拟训练三：

请分析下列对话中对话人的言外之意。

20 世纪 50 年代初，周总理接受美国记者的采访时，随手将一支美国派克钢笔放在桌上。记者问道："总理阁下，你们堂堂的中国人，为什么还要用我们美国生产的钢笔呢？"总理答道："提起这支笔，那可就话长了。这不是一支普通的笔。它是我一位朋友从朝鲜战场上得到的战利品，是作为礼物送给我的。我觉得有意义，就收下了贵国的这支笔。"

1. 美国记者：

2. 周总理：

模拟训练四：

校园内有一方清水塘，常见各种漂浮物。为保持塘水干净，学校准备制作一块告示牌，请你代写一句容易让人接受的话语（不要用“禁止”等类似词语，不超过20字）。

复习题

1. 什么是公共关系语言？它具有哪些表达原则和语言禁忌？
2. 为什么要注意倾听？倾听有哪些技巧？
3. 什么是体态语言？体态语言如何在公共关系中运用？
4. 公共关系语言艺术的主要方法有哪些？请举实例对其中的一种进行说明。
5. 现代公共关系语言艺术的发展具有哪些趋势？

经典案例

案例一 接待著名艺术家梅葆玖

经理迎上前与梅葆玖热情握手，同时开腔：“令尊的《洛神》给我留下了深刻的印象！”

葆玖先生吃惊地问：“你也知道我父亲？”

“《洛神》我看过四遍！”经理回答。

葆玖先生久久地握住经理的手。

通过阅读分析下列问题：

经理不直接称赞梅葆玖先生本人，而称赞其父亲，这两种称赞所引起的梅先生的好感有何微妙的差别？

案例二 为何还要住“金陵”

某日，一位来自中国台湾地区的客人来到金陵饭店公关部售票台前。“早上好！”公关小姐很有礼貌地站起来打招呼。“我要三张后天去上海的91次软卧票。”客人不耐烦地说。见客人情绪不好，公关小姐立即将订票单取出，帮客人签订，当写到车次时，公关小姐习惯性地发问：“先生，万一这趟车订不到，311、305次可以吗？它们的始发时间是……”没等公关小姐说完，客人连说“不行！不行！我就要91次。”公关小姐又强调了“万一”，但这番好心反而把客人惹火了：“什么万一，万一！你们是为客人服务的，就不能这么说。”这时公关小姐立即意识到自己的说话方式不妥，转换语气说：“我们一定尽最大努力设法给您买到。”这时客人脸上才露出了笑容。第二天客人来取票时，根据头天打交道的情况，公关小姐改变了公事公办的态度，笑眯眯地说：“先生，您的运气真好，车站售票处明天91次车票好紧张，只剩三张票，全给我拿来了，看来先生您要发财了。”客人闻听此言，立即转身跑去买了一大包糖请公关小姐吃，临走时高兴地说：“下次来南京，一定还住金陵。”

通过阅读分析下列问题：

1. 在客人订票时，公关小姐的那一番话可以说既礼貌又周到，可是为什么仍然会惹怒客人？

2. 请将客人订票与取票时对公关小姐所说的话加以比较，你认为二者的最大区别在哪里？

3. 如果公关小姐没有订到91次车票，她在第二天应该怎么解释才能使顾客满意？她应该怎么做？请充分发挥你的智慧与想象力来解决这个问题。

趣味阅读

触龙说赵太后

战国时期，赵国的太后刚刚掌管赵国的政务，就遇上了秦国攻打赵国的大事。赵国就向齐国求救。齐国说，必须让赵太后的小儿子长安君来当人质，齐国才能发兵救助。许多大臣劝说，赵太后就是不肯。同时发出话说"谁要是再动员我让长安君去当人质，老妇我一定朝他脸上吐唾沫!"这就等于把话说绝了，大臣们谁也不敢再劝说了。这时，已经退位的左师触龙来拜见赵太后。由于触龙资历很老，赵太后收起怒容勉强接待了他。触龙非常迟缓地走到赵太后面前，气喘吁吁地对赵太后说："我的腿脚有毛病，走路非常困难。很长时间没有来拜见太后了。心里很挂念太后玉体的健康，今天特意来拜见太后。"赵太后说："我每天都乘坐车子走路，倒是没什么不方便。"触龙又问："太后吃饭怎么样？饮食没有减少吧?"太后答："还可以。每天喝点粥。"触龙接着说："我吃饭已经不行了。每天不得不强撑着走上三四里路，这样可以增加点饮食，对身体也有好处。"触龙开始根本不谈长安君作人质的事，而是通过拉家常的办法，使太后缓解怒气，放松警惕，一步步打开交流的大门。

等赵太后的态度稍微缓和后，触龙就对她说："我有一个最小的孩子叫舒祺，也没有什么本事。现在我老了，心里就是不放心这个最小的孩子。想托托太后，能不能在皇宫警卫队那里给他安排个差事，我死了也就放心了。"赵太后说："可以呀，这孩子今年多大了?"触龙说："今年十五岁了。虽然不小了，我还是挂念他。希望在我没有进入坟墓之前，能给他安排个好的差事。"赵太后很惊奇地问："你们男人也疼爱最小的孩子吗?"触龙说："比你们女人疼爱得还要厉害。"赵太后听后笑了起来，接着说："还是我们女人最疼爱小儿子。"

触龙反驳说："在我看来，您疼爱您的女儿燕后远远超过长安君。"太后说："你看错了，我对长安君还是疼爱得更多一点。"触龙说："父母爱孩子，就要为他们长远的前途考虑和谋划。当年燕后出嫁的时候，您抱着她的脚哭泣。因为女儿远嫁了，你非常悲伤。但是，走得时间长了，也就习惯了。每当祭祀的时候还祈祷她千万不要回来，您这是为了她的未来考虑，希望她在那里生个儿子能继承王位。"赵太后说："你说得对。"触龙又接着说："三世之前，赵国刚刚建立。那时的诸侯王的子孙们，现在还有享受王侯爵位的人吗?"赵太后想了想说："没有了。"触龙又说："不仅仅是赵国，除了赵国之外，其他诸侯国有这样的人吗?"赵太后说："这我就不清楚了。"触龙说："这些人都是因为虑事短浅，近的祸患自身，远的殃及他们的子孙。不是他们的子孙都不好，而是由于他们没有功劳却得到了很尊贵的权势，没有功劳却享受着很丰厚的待遇，多是借重前辈的权势和功勋。现在您封给长安君尊贵的位子，封给他许多肥沃的土地，又给了他很大的权力，这些都不如让他为国家立功。您百年之后，他靠什么来掌管赵国的政权呢？老臣认为您为长安君想得太短了，还没有为您的女儿燕后想得长远。”赵太后听了之后，觉得很有道理，当场就同意长安君去齐国作人质。

全篇来看，触龙始终没有直接动员赵太后让长安君去当人质，却以拉家常的方式，实现了“说”的目的，这就是语言艺术之巧。

参考文献

1. ［美］乔·马可尼. 公共关系：实践与案例. 北京：电子工业出版社，2008.
2. 周朝霞. 公共关系理论与实务. 北京：高等教育出版社，2005.
3. 蒋楠. 公共关系四步工作法. 北京：中国工商出版社，2004.
4. 陶应虎，顾晓燕. 公共关系原理与实务. 北京：清华大学出版社，2006.
5. 陈向阳. 最佳公共关系案例. 北京：清华大学出版社，2007.
6. 赵文明. 公关智慧 168. 北京：机械工业出版社，2006.
7. 杨丽萍. 公共关系理论与技巧. 北京：高等教育出版社，2005.
8. 张岩松等. 公共关系案例精选精析. 北京：经济管理出版社，2003.
9. 张勋宗. 公共关系理论与实务. 成都：电子科技大学出版社，2006.
10. 乜瑛，郑生勇. 公共关系学. 杭州：浙江大学出版社，2007.
11. 盛新华. 公关语言艺术. 武汉：华中科技大学出版社，2003.
12. 贺阳. 公关语言学. 北京：中国人民大学出版社，2005.
13. 张玲莉. 公共关系原理与实务. 北京：高等教育出版社，2007.
14. 张岩松. 公共关系案例精选精析. 北京：中国社会科学出版社，2006.
15. 黄昌年. 公共关系学教程. 杭州：浙江大学出版社，2004.
16. ［美］唐·米德伯格. 成功的公共关系. 北京：机械工业出版社，2002.
17. 居延安. 公共关系学. 上海：复旦大学出版社，2005.
18. 吕维霞. 案说公共关系. 北京：对外经济贸易大学出版社，2002.
19. 胡锐. 现代公共关系案例评析. 杭州：浙江大学出版社，1998.

图书在版编目（CIP）数据

公共关系实务/蔺洪杰主编．—北京：中国人民大学出版社，2012.10
21世纪高职高专精品教材．经贸类通用系列
ISBN 978-7-300-16451-9

Ⅰ.①公…　Ⅱ.①蔺…　Ⅲ.①公共关系学-高等职业教育-教材
Ⅳ.①C912.3

中国版本图书馆CIP数据核字（2012）第226210号

21世纪高职高专精品教材·经贸类通用系列
公共关系实务
主　编　蔺洪杰
副主编　范　平　张雅琳　吴雪贤　王珏瑜

出版发行	中国人民大学出版社		
社　　址	北京中关村大街31号	**邮政编码**	100080
电　　话	010－62511242（总编室）		010－62511398（质管部）
	010－82501766（邮购部）		010－62514148（门市部）
	010－62515195（发行公司）		010－62515275（盗版举报）
网　　址	http://www.crup.com.cn		
	http://www.ttrnet.com（人大教研网）		
经　　销	新华书店		
印　　刷	北京东君印刷有限公司		
规　　格	185mm×260mm　16开本	**版　　次**	2012年10月第1版
印　　张	14.75	**印　　次**	2012年10月第1次印刷
字　　数	345 000	**定　　价**	28.00元

版权所有　侵权必究　　印装差错　负责调换

教师信息反馈表

为了更好地为您服务，提高教学质量，中国人民大学出版社愿意为您提供全面的教学支持，期望与您建立更广泛的合作关系。请您填好下表后以电子邮件或信件的形式反馈给我们。

您使用过或正在使用的我社教材名称		版次	
您希望获得哪些相关教学资料			
您对本书的建议（可附页）			
您的姓名			
您所在的学校、院系			
您所讲授课程的名称			
学生人数			
您的联系地址			
邮政编码		联系电话	
电子邮件（必填）			
您是否为人大社教研网会员	□是，会员卡号：________ □不是，现在申请		
您在相关专业是否有主编或参编教材意向	□是 □否 □不一定		
您所希望参编或主编的教材的基本情况（包括内容、框架结构、特色等，可附页）			

我们的联系方式： 北京市海淀区中关村大街31号

中国人民大学出版社教育分社

邮政编码：100080

电话：010-62515912

网址：http：//www. crup. com. cn/jiaoyu/

E-mail：cruplya@126. com